1880 | 1914 | 1917 | 1918 | 1933 | 1939 | 1945 | 1975 | 1991

1880 bis 1918
Imperialismus und
Erster Weltkrieg

1917 bis 1939
Europa zwischen
Demokratie und
Diktatur

1939 bis 1945
Der Zweite Weltkrieg
und die Schweiz

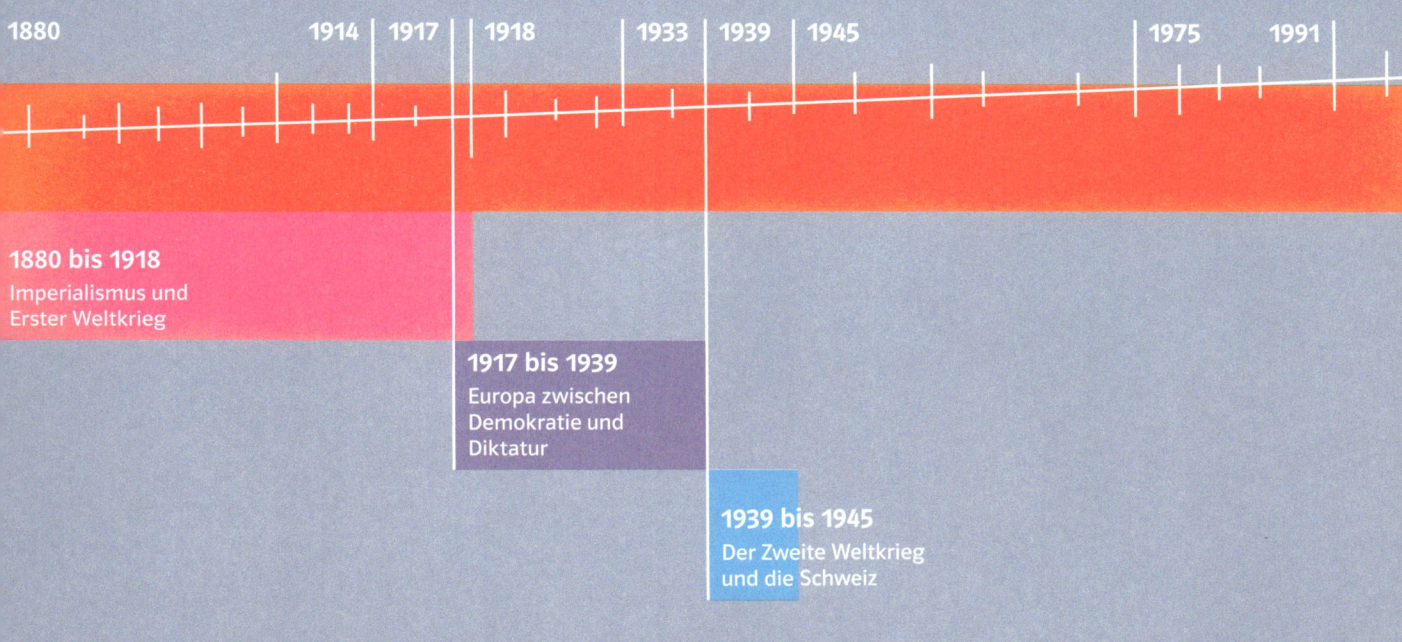

zeitreise 2

Das Lehrwerk für historisches Lernen und politische Bildung im Fachbereich «Räume, Zeiten, Gesellschaften»

Sekundarstufe I

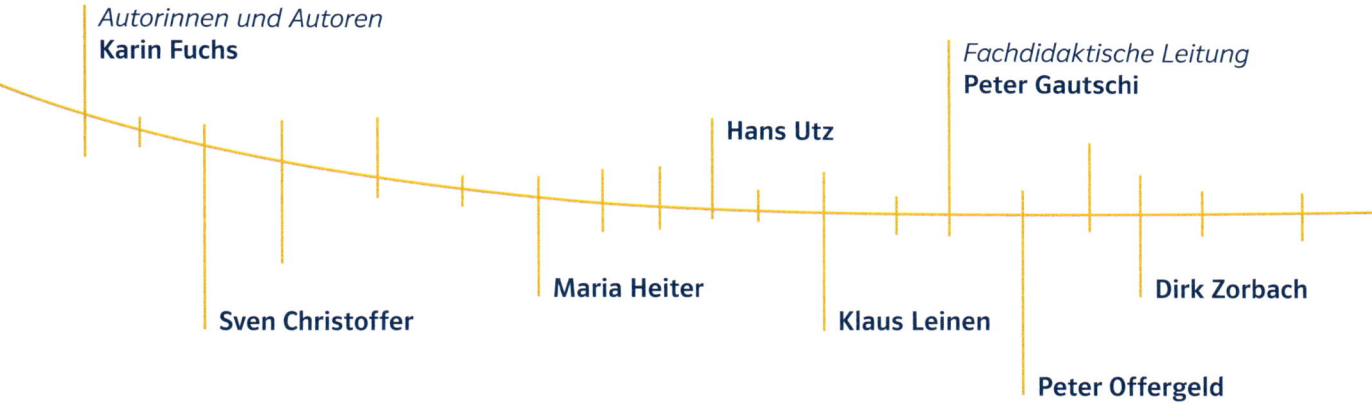

Autorinnen und Autoren
Karin Fuchs

Sven Christoffer

Maria Heiter

Hans Utz

Klaus Leinen

Fachdidaktische Leitung
Peter Gautschi

Peter Offergeld

Dirk Zorbach

Klett und Balmer Verlag

Inhalt

Auf Zeitreise gehen

Geschichte ist überall. Sie ist in unserer Umgebung. Wir treffen auf sie in älteren Fotografien. Auch Häuser, Plätze, Denkmäler oder Strassen haben ihre Geschichte. Und das Wichtigste: Geschichte prägt unser Leben! Deshalb gehen wir auf «Zeitreise».

Sich mit Geschichte zu beschäftigen ist interessant und oft unterhaltsam. Wer in die Vergangenheit blickt, erweitert seinen Horizont. Wir können aus der Geschichte lernen. Sie stellt uns Antworten auf grosse Fragen bereit: Wie sind wir zu dem geworden, was wir sind? Was ist richtig? Was ist wahr?

Geschichte beeinflusst unser Leben aber auch dann, wenn wir uns nicht bewusst der Vergangenheit zuwenden. Denn alles, was wir heute tun, ist geprägt durch unsere Erfahrungen und Erinnerungen – oft ohne dass wir es merken.

Es ist also doppelt wichtig, dass wir kompetent mit Geschichte umgehen. Dabei helfen dir die folgenden vier Schritte:

1. Vergangenheit und Geschichte wahrnehmen

Sicher bist du schon an vielen Denkmälern vorbeigegangen, ohne dass du sie wahrgenommen hast. Wenn du Geschichte nicht verpassen willst, musst du zuerst deinen Blick schärfen. Wie eine Detektivin, ein Detektiv suchst du Spuren, die in die Vergangenheit führen, und betrachtest sie genau. Dann stellen sich dir viele interessante Fragen.

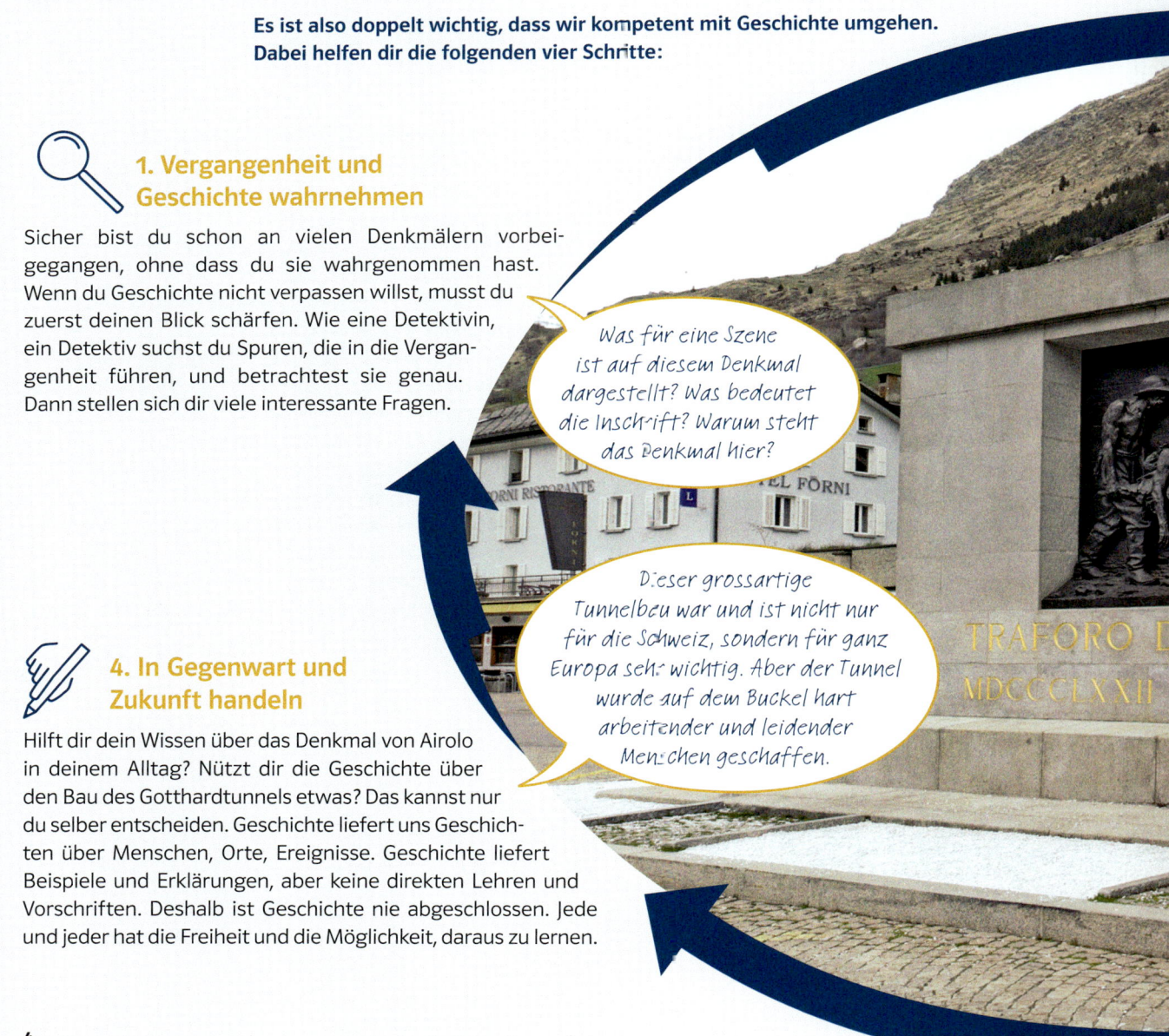

Was für eine Szene ist auf diesem Denkmal dargestellt? Was bedeutet die Inschrift? Warum steht das Denkmal hier?
Dieser grossartige Tunnelbau war und ist nicht nur für die Schweiz, sondern für ganz Europa sehr wichtig. Aber der Tunnel wurde auf dem Buckel hart arbeitender und leidender Menschen geschaffen.
EL FORNI
TRAFORO D
MDCCCLXXII

4. In Gegenwart und Zukunft handeln

Hilft dir dein Wissen über das Denkmal von Airolo in deinem Alltag? Nützt dir die Geschichte über den Bau des Gotthardtunnels etwas? Das kannst nur du selber entscheiden. Geschichte liefert uns Geschichten über Menschen, Orte, Ereignisse. Geschichte liefert Beispiele und Erklärungen, aber keine direkten Lehren und Vorschriften. Deshalb ist Geschichte nie abgeschlossen. Jede und jeder hat die Freiheit und die Möglichkeit, daraus zu lernen.

Auf Zeitreise gehen, das bedeutet wahrnehmen, erschliessen, sich orientieren und handeln. In deinem Schulbuch begegnest du diesen vier Schritten immer wieder. Die Aufgaben im Aufgabenblock rechts unten auf den Themenseiten richten sich danach.

Die Methodenseiten und die linken Abschlussseiten orientieren sich an ihnen; dort kennzeichnen Symbole die einzelnen Schritte.
Am Schluss des Schulbuchs findest du ab S. 142 Materialien, die dir bei der Arbeit behilflich sind.

«Durchstich des Gotthards 1872–1882» lautet die Inschrift. Beim Bau des Gotthardtunnels gab es offenbar schwere Unfälle.
177 Männer starben beim Bau des Tunnels. Ihnen hat der Bildhauer Vincenzo Vela das Denkmal in Airolo gewidmet. Er schuf es aus eigenem Antrieb und wurde dafür nicht bezahlt.
OTTARDO
DCCCLXXXII

2. Sich die Vergangenheit und die Geschichte erschliessen

Um deine Fragen zum Denkmal zu beantworten, suchst du nach weiteren Informationen. Du gehst den Spuren entlang, die du gefunden hast. Du betrachtest das Ganze von verschiedenen Seiten. Du recherchierst und hältst fest, was du herausgefunden hast.

3. Sich in Geschichte und Gegenwart orientieren

Du weisst jetzt schon mehr über das Denkmal und die Menschen. Aber eine Geschichte hast du noch nicht. Deshalb dehnst du als Detektivin, als Detektiv deine Untersuchungen aus: Du befragst andere Menschen, du suchst weitere Materialien und neue Zusammenhänge. So entwickelst du neue Interpretationen und gewinnst neue Erkenntnisse.

So arbeitest du mit der «Zeitreise»

Die «Zeitreise» ist in Themeneinheiten aufgebaut. Sie behandeln einen bestimmten Ausschnitt aus der Geschichte. Die vier Themeneinheiten dieses Bandes sind mit verschiedenen Farben gekennzeichnet.

Wichtige Seiten in deinem Buch:

Themenseite

Der **Titel** führt dich ins Thema ein.

Auf der rechten Seite findest du passende **Materialien:** Quellen und Darstellungen.

Ein **Vorspann** weckt dein Interesse und bringt das Thema der Seite auf den Punkt.

Lexikonartikel klären Begriffe, die im Text vorkommen.

Auf der linken Seite geben dir **Verfassertexte** einen Überblick zum Thema.

1880 bis 1918 | Imperialismus und Erster Weltkrieg

4 Die koloniale Schweiz

Viele europäische Staaten profitierten von ihren Kolonien. Exotische Produkte gehörten bald zum Alltag. Fremde Menschen aus Übersee wurden in Europa vorgeführt. Die Schweiz besass keine Kolonien. Warum war sie trotzdem Teil der kolonialen Welt?

Q1 An einer Völkerschau in Deutschland 1901 wurden dem interessierten Publikum exotische Fremde aus Togo vorgeführt. Die bühnenhafte Kulisse soll einen passenden Hintergrund für den Einblick in das Leben in Afrika geben. Das Publikum zahlt Eintritt, wie für eine Theatervorstellung oder einen Zirkusbesuch.

Kolonialismus
Die Ausdehnung der Herrschaftsmacht von europäischen Staaten auf aussereuropäische Gebiete. Die wirtschaftliche Ausbeutung war ein zentrales Motiv. Es ging um billige Rohstoffe, neue Möglichkeiten für Exporte und Geldanlagen.

Völkerschau
Bezeichnet die Zurschaustellung von Angehörigen fremder Volksgruppen in Europa und Nordamerika. Völkerschauen fanden vor allem zwischen 1870 und 1940 statt. Sie lockten Millionen von Zuschauern an.

Das Exotische nach Europa bringen
Die europäischen Staaten kämpften um immer grössere Kolonialgebiete. Riesige Kolonialreiche waren unter europäischer Herrschaft entstanden. Billige Rohstoffe, aber auch exotische Produkte wie Kaffee, Tee oder Kakao wurden aus den Kolonien in die europäischen Länder eingeführt. Solche Produkte wurden «Kolonialwaren» genannt. Auch in der Schweiz setzte sich dieser Begriff durch – zahlreiche Läden verkauften Kolonialwaren.

Nicht nur Produkte, auch Menschen wurden aus den Kolonien nach Europa gebracht. Die Menschen, die in Europa lebten, wollten die «Fremden» aus Übersee sehen. Seit 1870 wurden deshalb immer häufiger Ausstellungen organisiert. Ganze Familien wurden nach Europa transportiert, damit die Leute sie an einer sogenannten «Völkerschau» betrachten konnten. Oft wurden diese Menschen in Zoos ausgestellt. Dort stellte man auch die fremden und wilden Tiere zur Schau, die von Europäern gefangen und nach Europa transportiert worden waren.

Völkerschauen auch in der Schweiz
Mehr als 300 solcher Menschengruppen aus aller Welt waren allein in Deutschland zwischen 1870 und 1940 zu sehen. Sie lockten bis zu 60 000 Besucher pro Tag an. Die Besucher sollten Einblick ins Leben der aussereuropäischen Menschen bekommen. Mit sogenannten «Eingeborenendörfern» wollte man zeigen, wie die Menschen in ihrer Heimat lebten. Manchmal wurden auch Theaterstücke einstudiert und aufgeführt, die das exotische Leben der Fremden vorführen sollten. Die Zuschauer waren begeistert: Sie empfanden es als Unterhaltung und stillten dabei ihre Neugier.

Auch in der Schweiz gab es solche Völkerschauen. Sie erlangten in allen Teilen der Schweiz grosse Beliebtheit. Allein im Basler Zoo wurden damals 21 Völkerschauen durchgeführt. An der Landesausstellung 1896 in Genf gab es ein sogenanntes «Negerdorf», in dem das exotische Leben von Schwarzen gezeigt wurde. Obwohl die Schweiz selbst nie Kolonien besass, wurde sie ein Teil der kolonialen Welt und beteiligte sich an der Kultur, die für die Kolonialmächte typisch war.

48

Q2 Auch in der Schweiz wurde die Überlegenheit der weissen Rasse betont. Ein Beispiel aus der «National-Zeitung», 21.5.1899:

(…) Man sollte die Gelegenheit niemals versäumen, die Schaustellung wilder Völkerscharen zu besuchen; eine solche bildet stets ein gewisses kulturhistorisches Interesse. Alle diese wilden Stämme, seien es nun Schwarze aus Afrika oder Braune vom australischen Inselland oder Rothäute aus Amerika, sind zum Aussterben verurteilt. Ihre Vernichtung als Barbaren wird sich in unseren und den nächsten Zeiten, dank der überall mit Riesenschritten vordringenden Zivilisation, mit wachsender Raschheit vollziehen. (…)

Q3 Wenige kritische Stimmen äusserten sich zu den Völkerschauen. Ein Beispiel aus dem «Christlichen Volksboten», 22.7.1885:

(…) Es ist an dieser Stelle anlässlich einer Kalmükenausstellung [mongolische Volksgruppe] schon darauf hingewiesen worden, wie entwürdigend es sei, Menschen in einem Tiergarten zur Schau auszustellen. Europa brüstet sich gerne mit seiner Kulturaufgabe der übrigen Welt gegenüber. Wir fragen, was wohl ein Singhalese, der ein bisschen nachdenkt, von uns weissen Kulturmenschen halten mag, wenn er uns in hellen Haufen herzuströmen sieht, allein um ihn hinter seiner Verzäunung zu begaffen und weiter nichts?! (…)

1896·EXPOSITION NATIONALE SUISSE·1896
LE CONTINENT NOIR
AU PARC DE PLAISANCE DE GENÈVE
200 VILLAGES NÈGRES INDIGÈNES

Q4 Mit diesem Plakat wurde 1896 für das «Negerdorf» an der Landesausstellung in Genf geworben. 200 Einheimische sollten dem Schweizer Publikum ein «unvergessliches Erlebnis» des «Schwarzen Kontinents» vermitteln.

Q5 Eine Touristin fotografiert eine Gruppe von Massai-Frauen. Foto, undatiert

Aufgaben

1 Äussere Vermutungen, weshalb Kolonialwaren in Europa so beliebt waren (VT1).

2 a) Beschreibe Q4 genau.
b) Das «Negerdorf» war an der Landesausstellung in Genf 1896 ein grosser Erfolg. Formuliere mögliche Gründe (VT2, Q4).

3 Stelle Zusammenhänge zwischen Q1 und Q5 her und halte diese fest.

4 Wie könnte der Verfasser von Q3 die Fotografie Q5 kommentieren? Formuliere mögliche Aussagen aus seiner Sicht.

5 Im Zusammenhang mit Völkerschauen stösst man auch auf den Begriff «Menschenzoo». Was hältst du von diesem Begriff? Nimm Stellung.

6 Erkläre den Titel des Kapitels «Die koloniale Schweiz» (VT1, VT2, Q2, Q4).

KV 4 Arbeitsblatt

49

Dieser Seitentyp ist der häufigste. Die **Themenseiten** stellen ein ausgewähltes Thema mit verschiedenen Materialien übersichtlich auf einer Doppelseite dar.

Mit den **Aufgaben** werden die Materialien bearbeitet. Leichte Aufgaben stehen am Anfang.

Auftaktseite

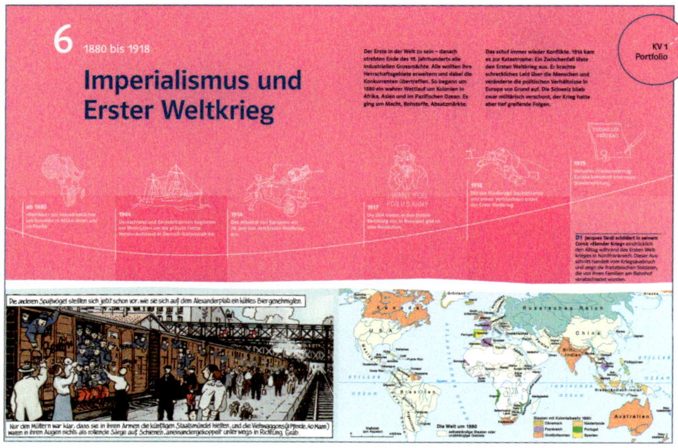

Portfolio

Jede Themeneinheit beginnt mit einer **Auftaktseite.** Ein kurzer Text, ein Zeitstrahl, eine Abbildung und eine Übersichtskarte zeigen dir, worum es in dieser Themeneinheit geht.

Zu jeder Themeneinheit gibt es einen **Portfolio-Auftrag.** Er leitet dich dazu an, ein eigenes Produkt zu entwickeln. Dadurch lernst du das Handwerk der Historikerin, des Historikers. Den Portfolio-Auftrag findest du auf dem Arbeitsblatt, das du von deiner Lehrerin, deinem Lehrer erhältst.

Abschlussseite

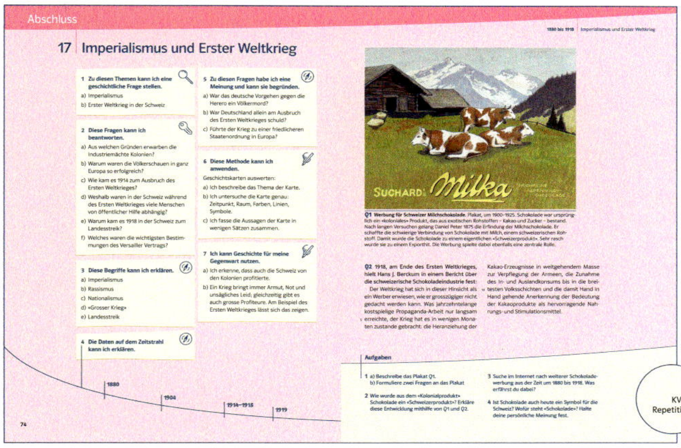

Jede Themeneinheit endet mit einer **Abschlussseite.** Hier kannst du das Gelernte noch einmal repetieren und dich selber testen. Zur **Repetition** kannst du das Arbeitsblatt verwenden, das du von deiner Lehrerin, deinem Lehrer erhältst.

Repetition

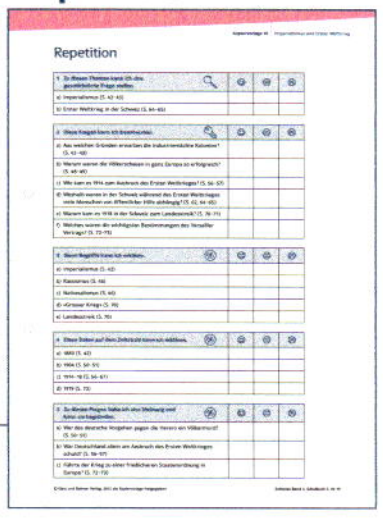

Methode, nah dran, Rundblick

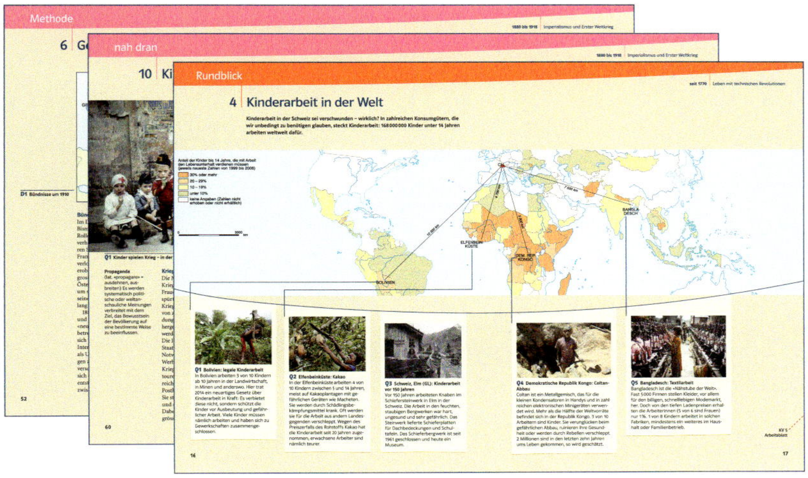

Methode: Hier lernst du Methoden kennen, die du im Umgang mit Geschichte brauchst: historische Texte verstehen, Bilder untersuchen, über Vergangenes erzählen usw.

nah dran: Hier begegnest du der Vergangenheit, wie sie sich in unserer heutigen Welt zeigt. Grossformatige Abbildungen machen Geschichte in allen Details greifbar.

Rundblick: Hier blickst du in die weite Welt. Du erfährst, was zum selben Thema an anderen Orten zur gleichen Zeit geschah. So lernst du andere Kulturen kennen.

Folgende Abkürzungen und Symbole sollst du dir merken:

Q1 Das Q-Symbol steht für **Quellen:** Texte, Bilder und Gegenstände, die aus vergangenen Zeiten übrig geblieben sind. Quellen dienen dir dazu, selber etwas über die Vergangenheit herauszufinden.

D1 Das D-Symbol bezeichnet **Darstellungen** von Geschichte: Es sind Berichte heutiger Forscherinnen und Forscher, die dir etwas erklären wollen. Auch heute entwickelte Schaubilder oder Karten zählen zu den Darstellungen.

VT Steht für **Verfassertext.** Das ist eine besondere Form einer Darstellung, die von einer Autorin, einem Autor für die «Zeitreise» geschrieben wurde. Der Verfassertext ist in Abschnitte gegliedert. VT1 bedeutet «erster Abschnitt des Verfassertextes», VT4 bedeutet «vierter Abschnitt des Verfassertextes».

ET Steht für **Erzähltext.** Dabei handelt es sich um einen erfundenen Text, den sich die Autorin, der Autor ausgedacht hat. Die Geschichte könnte so passiert sein.

Weitere **Lernangebote** zu den Themen dieses Buches gibt es als Arbeitsblätter und 3D-Modell. Deine Lehrerin, dein Lehrer stellt dir die Materialien zur Verfügung.

5 seit 1770

Leben mit technischen Revolutionen

1776
James Watt stellt eine Dampfmaschine her, die nicht einmal halb so viel Kohle benötigt wie die bisherigen.

1847
Die erste schweizerische Bahnlinie, Baden–Zürich, wird eröffnet.

1882
Eröffnung des Gotthardtunnels

Fährst du Tram, statt zu Fuss zu gehen – dann ersparst du dir Muskelarbeit. Siehst du fern – dann siehst du weiter, als deine Augen blicken können. Telefonierst du mit dem Handy – dann musst du keine Nummern im Kopf haben. Seit jeher hat sich der Mensch Geräte konstruiert, die ihm mehr Möglichkeiten eröffnen, als ihm sein Körper bietet. In den letzten 250 Jahren wurden es so viele Möglichkeiten, dass man von «technischen Revolutionen» spricht: Bei der Ersten (seit etwa 1770) ging es um die Erleichterung der Muskelarbeit, bei der Zweiten (seit etwa 1850) um die Erweiterung des Sehens, Hörens sowie Sprechens und bei der Dritten (seit etwa 1970) um die Entlastung des Gehirns.

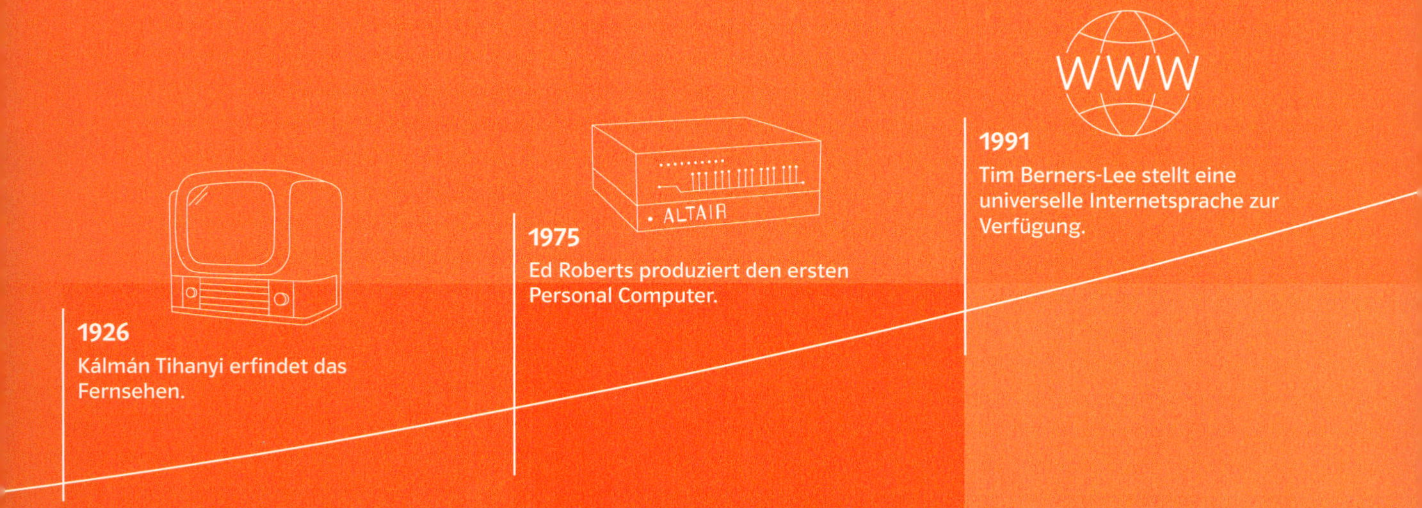

Q1 Foto aus der Werbung zu Charlie Chaplins Film «Moderne Zeiten», 1936

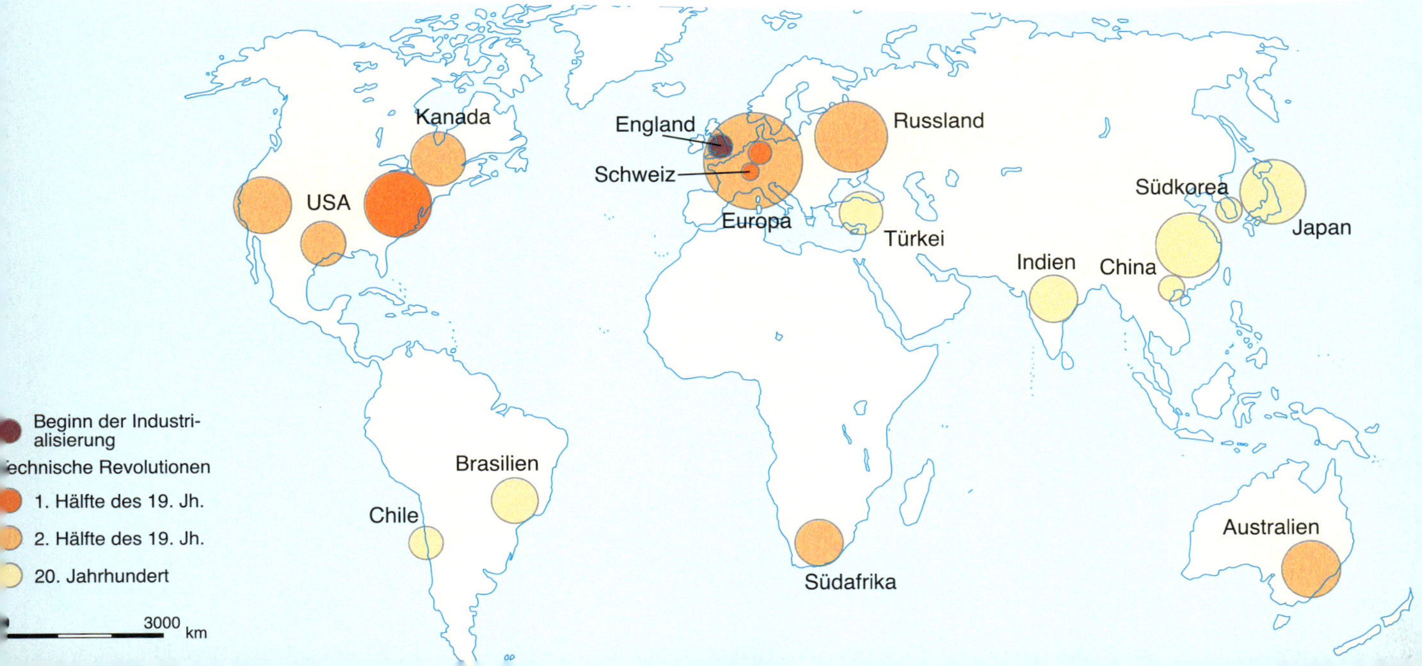

1 Aufbruch ins Industriezeitalter

Seit 250 Jahren häufen sich Erfindungen, die das Alltagsleben grundlegend verändern. Wir sprechen von «technischen Revolutionen». Diese begannen in Grossbritannien um 1770, in der Schweiz dreissig Jahre später.

Heimarbeit
Arbeit, die zuhause für einen auswärtigen Arbeitgeber verrichtet wird.

Verlagssystem
Produktion von Gütern in Heimarbeit. Im Zentrum steht der Verleger, der Rohstoffe liefert und Fertigprodukte abnimmt sowie vereinzelt die Arbeitsgeräte zur Verfügung stellt.

Verlagssystem

Im 18. Jahrhundert wuchs in der Schweiz die Bevölkerung, und der Boden ernährte nicht mehr alle Familien. So begannen ärmere Menschen, neben ihrer Bauernarbeit bei sich zuhause Baumwolle zu spinnen, zu weben, Uhrenteile herzustellen und Uhren zusammenzusetzen. Diese Arbeit zuhause wird Heimarbeit genannt. Die Rohstoffe erhielten die Heimarbeiter von Händlern in der Stadt. Ihnen lieferten sie die fertige Ware wieder ab. Dies ermöglichte den Heimarbeitern einen zusätzlichen Verdienst. Damit konnten sie Nahrungsmittel kaufen. Für diese Produktionsart wird auch der Begriff «Verlagssystem» verwendet, weil die Händler Verleger hiessen.

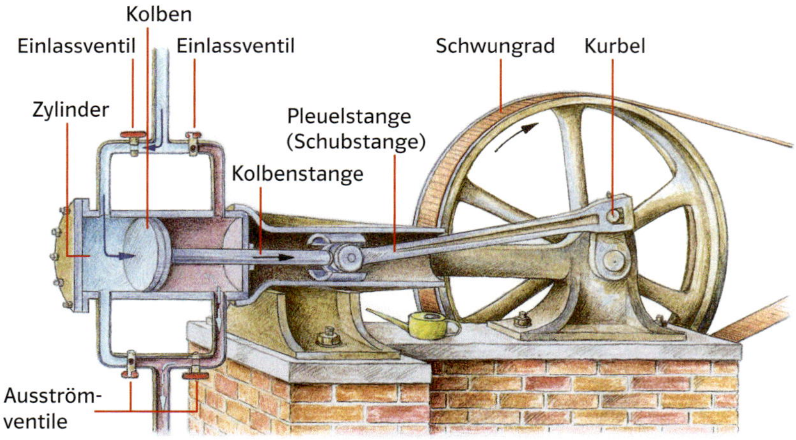

D1 Schnitt durch eine Dampfmaschine: Der Dampf strömt abwechselnd durch das rechte und linke Einlassventil in den Zylinder ein. Dadurch wird der Kolben in eine gleichmässige Bewegung versetzt. Ein riesiges Schwungrad treibt über einen Riemen eine Reihe von Maschinen an.

Bevölkerungswachstum

In reinen Bauernfamilien konnte jeweils nur der Hoferbe heiraten, und die ledigen Geschwister mussten ihm als Knechte oder Mägde dienen. In Heimarbeiterfamilien hingegen konnten die Söhne und Töchter leichter eine eigene Familie gründen. Denn es genügten eine Kammer und ein Spinnrad, um Geld zu verdienen. Auch die Aufklärung bestärkte die Menschen darin, das eigene Leben selbst gestalten zu wollen und eine Partnerschaft einzugehen. All das hatte zur Folge, dass die Bevölkerung rasch anwuchs.

Dampfmaschine

Ebenfalls die Aufklärung veranlasste Forscher und Tüftler, mit vorhandenen Geräten nicht einfach zufrieden zu sein, sondern sie zu verbessern. Die entscheidendste Erfindung gelang dem Schotten James Watt 1776. Er war unzufrieden mit den bisherigen Dampfmaschinen. Bei diesen drückte der Dampf den Kolben im Zylinder nur auf eine Seite weg; dann musste der Zylinder abgekühlt werden; die kalte Luft darin zog sich zusammen und sog den Kolben zurück. Watt hatte die Idee, den Dampf abwechslungsweise auf beiden Seiten des Zylinders einströmen zu lassen. Solche leistungsfähigen Dampfmaschinen trieben bald einmal viele Spinn- und Webmaschinen an und machten die Handarbeit der Heimarbeiter und vieler Handwerker wertlos. Deshalb mussten sie neue Arbeit in den Fabriken suchen. So begann das Industriezeitalter um 1770 in England, um 1800 in der Schweiz.

Q1 **Volkslied «Mir Senne hei's lustig», 4. Strophe:**

Und es Spinnrad und e Bettstatt und e tschäggeti Chue
Das git mir my Ätti, wenn i hürate tue.

Q2 **Johann Heinrich Pestalozzi urteilte 1787 in seinem Roman «Lienhard und Gertrud» folgendermassen über die Heimarbeit:**

Das Baumwollspinnen, welches damals ganz neu war und auf einmal einriss, trug auch vieles zum Elend der Heimarbeiter bei.

Die wohlhabendsten Leute in unsrer ganzen Gegend hatten kein Geld. Ihr Wohlstand bestand darin, dass ihnen Essen, Trinken, Kleider und was sie brauchten im Überfluss auf ihren Gütern wuchs. Sie begnügten sich damit und wussten für ihren Gebrauch von gar wenigen Sachen, die Geld kosteten.

Die neuen Baumwollspinner hingegen hatten bald die Säcke voll Geld; und da das Leute waren, die vorher weder Güter noch Vermögen hatten, folglich von Haushalten und der Hausordnung nichts wussten, wussten sie auch nichts vom Sparen, verbrauchten ihren Verdienst für Essen, Kleider und hundert Sachen, von denen kein Mensch bei uns etwas wusste. Zucker und Kaffee kamen allgemein bei uns auf.

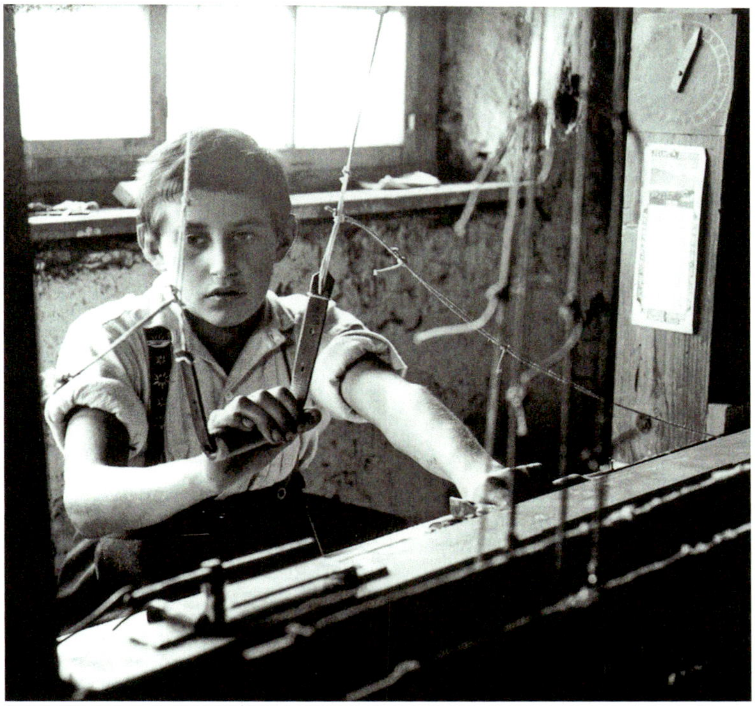

Q3 **Knabe am Webstuhl in der Heimindustrie.** Foto, 1920er-Jahre. Mit der Industrialisierung wurde die Heimarbeit verdrängt, aber sie hielt sich vereinzelt bis ins 20. Jahrhundert.

Aufgaben

1 Suche einen Zusammenhang: Was hat Q1 mit VT2* zu tun?

2 a) Vergleiche Pestalozzis Haltung zur Heimarbeit (Q2) mit der Darstellung in VT1 und VT2.
b) Wie beurteilst du die Heimarbeit?

3 Erkläre anhand von D1, wie James Watts Dampfmaschine funktioniert. Welches sind ihre Vorteile? Erkennst du auch erhöhte Risiken (VT3, D1)?

4 Für die Verbesserung der Dampfmaschine brauchte der Laborant James Watt elf Jahre! Er war auf Geldgeber angewiesen, die ihn in dieser Zeit unterstützten. Finde heraus: Welches ist also neben Aufklärung und Bevölkerungswachstum eine dritte Vorbedingung für die Industrialisierung?

5 a) Deute Haltung und Aussehen des Knaben in Q3.
b) Betrachte den Arbeitsplatz des Knaben genau: Was sagt er über die Heimarbeit aus (Q3)?

KV 2
Arbeitsblatt
3D-Modell
Dampfmaschine

* VT2 bedeutet: Die Aufgabe bezieht sich auf den zweiten Abschnitt des Verfassertextes (VT).
Die Abschnitte ergeben sich durch die blauen Zwischenüberschriften.

2 Massenproduktion in Fabriken

Kannst du dir vorstellen, dass Autofensterscheiben von Hand mit einer Kurbel bedient wurden? Heute nehmen uns Maschinen jede kleinste Anstrengung ab. Das ist das Ergebnis einer Entwicklung, die vor 200 Jahren einsetzte: der Industrialisierung.

Q1 Maschinenfabrik des Caspar Honegger um 1855. Abbildung auf einem Firmenprospekt

Fabrik
Anlage, in welcher mithilfe von Fremdenergie (z. B. Strom) und Maschinen in Arbeitsteilung Produkte hergestellt werden.

Massenproduktion
Herstellung von Gütern in grosser Zahl.

Industrialisierung
Umstellung auf Massenproduktion in Fabriken mithilfe von Fremdenergie (z. B. Strom).

Fabrik

Dampfmaschinen erleichterten den Menschen die mühsame Muskelarbeit. In der Schweiz war es allerdings umständlich, die Kohle für Dampfmaschinen zu beschaffen. Deshalb wurde auch die Wasserkraft an den Flussläufen genutzt. Kohle und Wasser produzierten viel Kraft. Damit konnten gleich mehrere Maschinen angetrieben werden. So entstand die Fabrik. In der ersten Hälfte des 19. Jahrhunderts wurde zuerst das Spinnen, dann auch das Weben in die Fabrik verlagert. Weil die Maschinen repariert, weiterentwickelt oder neu erfunden werden mussten, wandelten sich einige Spinn- und Webfabriken zu Maschinenfabriken. Diese stellten auch Lokomotiven, Dampfschiffsmotoren, Automobile und später Turbinen her, welche zu den grössten von Menschen entworfenen Maschinen gehören.

Massenproduktion

Die Handwerker hatten früher auf Bestellung produziert, und die Bauern hatten ihre wenigen Produkte auf dem lokalen Markt verkauft. In Fabriken konnten hingegen grosse Mengen von Gütern produziert werden. So wurden zum Beispiel in der Schweiz im Jahr 1814 680 Tonnen Garn hergestellt, fünfzig Jahre später waren es bereits 9 700 Tonnen! Die Massenproduktion von Gütern begann. Diese Mengen konnten aber nicht mehr nur im Inland abgesetzt, d. h. verkauft werden. Schweizer Fabrikanten und Kaufleute reisten in alle Welt; gerade in Asien konnten sie ihre Produkte gut verkaufen, wenn die Qualität den hohen Preis rechtfertigte. So exportierte die Schweiz bereits im 19. Jahrhundert teure, qualitativ gute Produkte.

Konkurrenz

Die Schweizer Unternehmen mussten sich gegenüber der Konkurrenz behaupten: Grossbritannien, Deutschland oder die USA hatten in der industriellen Produktion einen Vorsprung. Auch in der Schweiz selbst standen die Unternehmen untereinander im Wettbewerb. Sie mussten deshalb günstig produzieren – und das ging zulasten der Arbeiter: Obwohl ihre Arbeitszeiten lang waren, verdienten sie nur Hungerlöhne.

Q2 **Caspar Honegger (1804–1883) aus seinen Lebenserinnerungen.**
Über seine Jugend als Kinderarbeiter im Betrieb seines Vaters (gekürzt):

Man konnte nie genug arbeiten, und während andere darüber staunten, wie ich als 10- bis 12-jähriger Knabe schon arbeiten musste, verlangte der Vater stets noch ein höheres Mass, wobei selbstverständlich der Schulunterricht versäumt werden und ich hier also eine unersetzliche Einbusse erleiden musste.

Q3 **Nach der Übernahme der Fabrik:**

Kaum hatte ich mich in den Jahren 1834 und 1835 eingearbeitet, sah ich sofort die Unzulänglichkeit dieser Art Webstühle ein. Ich musste selbst erst studieren, pröbeln, verwerfen und wieder neu beginnen, zerstören und wieder konstruieren, eine endlos lange, mühselige Arbeit. Oft überkam mich Missmut, Ungeduld, wenn die Idee meines Kopfes die Ausführung durch meine Hände nicht fand. Es war mein unschätzbares Glück, dass mir von Jugend an keine Arbeit zu viel und zu andauernd war. Oft sass und stand und lag ich über und unter und neben meinem Modell eines Webstuhles, 12, 24, ja 36 Stunden lang, ohne etwas Wesentliches an Nahrung zu mir zu nehmen oder mir Ruhe zu gönnen.

Q4 **Über seinen Erfolg:**

Lieber als dass ich kostbare Häuser gebaut oder meine Wohnung mit Luxus ausgestattet hätte, schaffte ich aus diesem Gelde wieder neue Webstühle an.

Q5 **Caspar Honegger.** Foto, 1878

1814	Salomon und Regula Honegger errichten eine mechanische, mit Wasserkraft betriebene Spinnerei in Rüti (ZH).
1821	Der Sohn Caspar wird technischer Leiter der Fabrik,
1834	... gründet eine Weberei in Siebnen (SZ),
1842	... erweitert sie zur Maschinenfabrik,
1847	... verlegt sie wegen des Sonderbundskriegs nach Rüti.
1929	Die Maschinenfabrik Rüti zählt 2080 Angestellte, dazu mehrere Firmen im Ausland,
1969	... wird übernommen von der Firma Georg Fischer AG,
1982	... von der Firma Sulzer AG
2001	... und integriert in die italienische Itema-Gruppe: noch 100 Angestellte.
2009	Ende der Webmaschinenproduktion in Rüti, Übergang in eine Immobilienfirma.
2010	60 Maschinen kommen ins Spinnereimuseum Neuthal bei Bäretswil.

D1 **Geschichte der Maschinenfabrik Rüti**

Aufgaben

1 Ermittle, in welchem Alter Honegger welche Aufgaben übernahm (D1, Q2).

2 Suche vier Berufsbezeichnungen für Honegger (Q2–Q4).

3 Der Engländer John Bowring berichtete 1835 dem britischen Parlament: «Es muss in der Tat Aufmerksamkeit erregen, dass die Schweizer Fabrikanten fast unbeachtet, gänzlich unbeschützt, sich allmählich siegreich ihren Weg zu allen Märkten der Erde gebahnt haben.» Erkläre, warum gerade das britische Parlament sich für die Schweiz interessierte (VT1–VT3).

4 Schreibe als Arbeiter der Maschinenfabrik Rüti einen Brief an deinen Chef Honegger. Stelle darin mindestens zwei Fragen.

5 So schön wie auf dem Firmenprospekt (Q1) sah eine Fabrik damals nicht aus. Zeichne das Bild so um, dass es einen Text illustriert, der sich kritisch mit dem Fabrikwesen befasst.

KV 3
Arbeitsblatt

3 Die Fabrikarbeit schafft Probleme

Zwei Dinge hat die Schule von der Fabrikarbeit übernommen: Sie verlangt, dass man pünktlich erscheint und dass alle ungefähr dasselbe lernen. Aber sonst gibt es doch beträchtliche Unterschiede.

Q1 Automatendreherei der Landis & Gyr in Zug. Foto, 1920. Hier wurden Scheiben und Zylinder für elektrische Geräte gedreht. Auf dem Plakat hinten an der Wand verfügt der Direktor, dass jeder Unfall spätestens vor Arbeitsende zu melden sei.

Familienleben

In den Bauern- und Heimarbeiterfamilien arbeitete man dort, wo man wohnte. Als die Bevölkerung in Europa um 1800 stark anwuchs, suchten Frauen, Männer und Kinder in den Fabriken Arbeit. Doch nun trennte ein Arbeitsweg Arbeitsort und Heim. Das brachte verschiedene Nachteile mit sich: Der Arbeitsweg raubte Zeit, kleine und kranke Kinder waren nicht mehr versorgt, die Hausarbeit blieb liegen und musste von der Mutter nach dem strengen Arbeitstag erledigt werden. Fürs Kochen und Essen blieb wenig Zeit, sodass man sich einseitig mit Kartoffeln und billigem Kaffee ernährte.

Ausbeutung der Arbeiter

In den Fabriken konnten die Unternehmer den Familien ihre Bedingungen diktieren: lange Arbeitstage, tiefe Löhne, schlechte Sicherheitsvorrichtungen. Sie wollten möglichst hohen Gewinn erzielen und standen in Konkurrenz zueinander. Für die Arbeiter stellte die Fabrikarbeit eine massive Umstellung dar: Die Fabrikuhr bestimmte den Tagesablauf auf die Minute genau.

Kinderarbeit

In den Fabriken ersetzte die Maschine die Körperkraft der Männer. Bei den Frauen waren ihre Geschicklichkeit und Genauigkeit gefragt, bei den Kindern ihre Beweglichkeit. Weil für den Lohn aber immer noch die körperliche Leistung zählte, bezahlten die Unternehmer den Frauen und Kindern weniger. Die Familien waren aber nicht nur auf den Lohn der Männer, sondern auch auf das Einkommen der Frauen und Kinder dringend angewiesen.

Diese verschiedenen negativen Folgen der Industrialisierung für die Fabrikarbeiter bezeichnen wir als «Soziale Frage».

Soziale Frage
Sammelbegriff für die sozialen Probleme, die mit der Industrialisierung entstanden: Kinderarbeit, lange Arbeitszeiten, schlechte Wohnverhältnisse sowie Verelendung der Arbeiterschicht.

Kinderarbeit
Erwerbsarbeit von Kindern, wobei die Altersgrenze je nach Land unterschiedlich angesetzt ist. Es wird zwischen ausbeuterischer und gesetzlich geregelter Kinderarbeit unterschieden.

Q2 Das 12-jährige Anneli wurde durch eine Kameradin in die Arbeit an den Webmaschinen eingeführt; aus der Erzählung ihrer Tochter Olga Meyer, 1927:

Nun stand Anneli in dem grossen Fabriksaal mit den vielen trüben, verschlossenen Fenstern. Maschinen rasselten. Schwungräder sausten. Breite Lederriemen durchbrachen Boden und Decke. «Schau, jetzt muss man springen», schrie Babettli zu Anneli. Flugs huschte es unter das Dach von Fäden. (...) Da schrie Anneli erschrocken auf: «Babettli!» Im letzten Augenblick huschte dieses noch unter dem Fadendach hervor. Der schwere Maschinenwagen schnellte zurück. Babettli lächelte überlegen: «Ich bin mich gewöhnt. Aber du musst gut aufpassen, Anneli. Der Wagen könnte einen erdrücken.» Zuerst brachte es Anneli auch wirklich fertig. Aber mit einem Mal fühlte es sein Brot in der Tasche. Wenn die Pause kam, wollte es in eine Ecke sitzen und still und langsam davon essen. Ein ganzes Jahr schon hatte es sich auf dieses Brot gefreut! Ein ganzes, langes Jahr! Anneli wartete und wartete. Da griff Babettli plötzlich in die Tasche und steckte einen Brocken Brot in den Mund. Dann huschte es wieder unter die Maschine. Anneli sagte: «Ich warte lieber bis zur Pause.» Babettli lachte hell auf. «Meinst, wegen unseres Vesperbrotes werden die Maschinen abgestellt! Wir haben doch keine Pause, sind nicht mehr in der Schule!» In Annelis Augen erlosch für einen Augenblick aller Glanz.

Q3 Unfälle von Kindern in Fabriken

28.9.1849, Zell, Spinnerei Stahel:

Der 14-jährige Korrodi, wegen seiner Fähigkeit zu verschiedenen Beschäftigungen zugelassen, wollte aus Lernbegierde in einem Zimmer, in dem er sich mit einem ebenfalls jungen Kinde allein befand, den Versuch machen, ein sonst dem Oberaufseher vorbehaltenes Geschäft zu verrichten, ohne dazu Auftrag oder Bewilligung zu haben; es glückte ihm nicht, er wurde vielmehr von einem Riemen, den er nicht fahren lassen wollte, um den Stellbaum geschlagen und so getötet.

13.10.1849, Spinnerei H. Kunz:

Die 13-jährige Elisabetha Manz wurde von einem Wendelbaum [Achse des Wasserrades] bei den Kleidern ergriffen, zwischen das Stiegengeländer gedrückt und zerdrückt. Das Kind wollte einmal die Turbine besehen und konnte dazu gelangen, weil die betreffende Tür nur mit einem Riegel verschlossen war. Anbringung eines Schlosses wurde verordnet.

23.6.1854, Spinnerei Bühler:

Eine senkrechte Antriebsstange, an der die 14-jährige Margaretha Bräm vorbeiging, ergriff ihre Kleider und drehte sie circa 5 Minuten, bis abgestellt wurde, herum. – Der amtliche Bericht bezeichnet die Unglücksstelle als gar nicht gefahrvoll.

Aufgaben

1 Erläutere, wie sich das Familienleben unter dem Einfluss der Fabrikarbeit veränderte (VT1).

2 Zeichne die in VT2 und VT3 erwähnten Personengruppen und ihre Beziehungen zueinander auf. Mächtige stehen oben.

3 Vergleiche die Beschreibung der Fabrikhalle in Q2 und die Fotografie Q1: Was siehst du wo?

4 Beschreibe die Arbeit, die Babettli verrichtet, und worin die Gefahr besteht (Q2).

5 Stelle die Gefahren zusammen, denen Kinder und Erwachsene in der Fabrik ausgesetzt waren (Q1–Q3).

6 Beurteile die in Q3 protokollierten Sicherheitsmassnahmen.

KV 4
Arbeitsblatt

4 Kinderarbeit in der Welt

Kinderarbeit in der Schweiz sei verschwunden – wirklich? In zahlreichen Konsumgütern, die wir unbedingt zu benötigen glauben, steckt Kinderarbeit: 168 000 000 Kinder unter 14 Jahren arbeiten weltweit dafür.

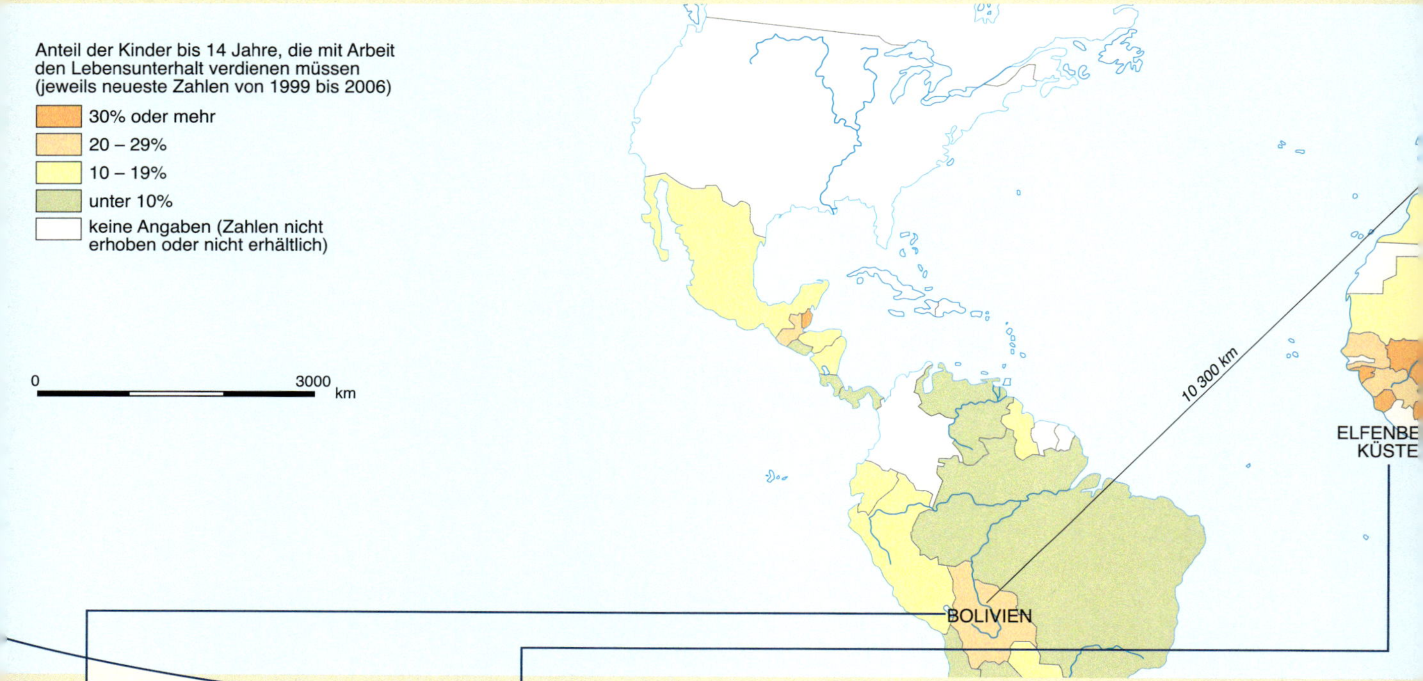

Q1 Bolivien: legale Kinderarbeit
In Bolivien arbeiten 3 von 10 Kindern ab 10 Jahren in der Landwirtschaft, in Minen und anderswo. Hier trat 2014 ein neuartiges Gesetz über Kinderarbeit in Kraft: Es verbietet diese nicht, sondern schützt die Kinder vor Ausbeutung und gefährlicher Arbeit. Viele Kinder müssen nämlich arbeiten und haben sich zu Gewerkschaften zusammengeschlossen.

Q2 Elfenbeinküste: Kakao
In der Elfenbeinküste arbeiten 4 von 10 Kindern zwischen 5 und 14 Jahren, meist auf Kakaoplantagen mit gefährlichen Geräten wie Macheten. Sie werden durch Schädlingsbekämpfungsmittel krank. Oft werden sie für die Arbeit aus andern Landesgegenden verschleppt. Wegen des Preiszerfalls des Rohstoffs Kakao hat die Kinderarbeit seit 20 Jahren zugenommen; erwachsene Arbeiter sind nämlich teurer.

Q3 Schweiz, Elm (GL): Kinderarbeit vor 150 Jahren
Vor 150 Jahren arbeiteten Knaben im Schiefersteinwerk in Elm in der Schweiz. Die Arbeit in den feuchten, staubigen Bergwerken war hart, ungesund und sehr gefährlich. Das Steinwerk lieferte Schieferplatten für Dachbedeckungen und Schultafeln. Das Schieferbergwerk ist seit 1961 geschlossen und heute ein Museum.

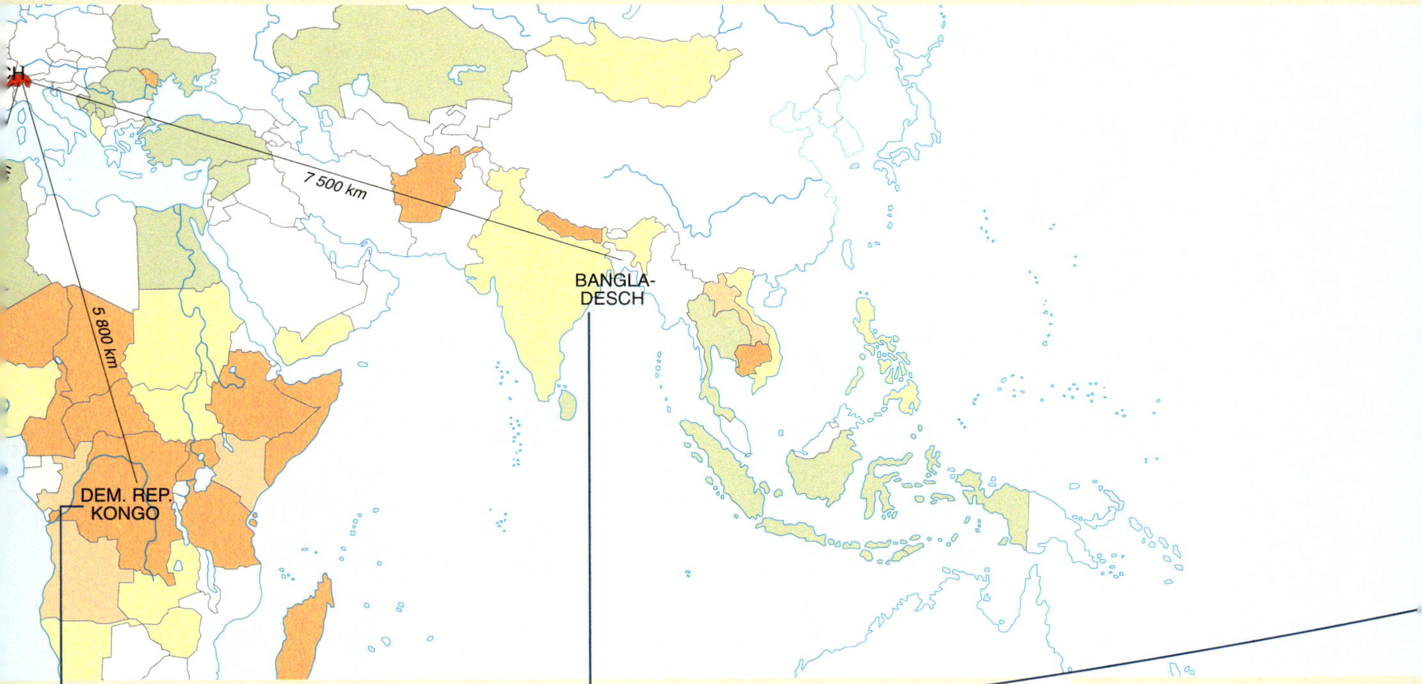

Q4 Demokratische Republik Kongo: Coltan-Abbau
Coltan ist ein Metallgemisch, das für die kleinen Kondensatoren in Handys und in zahlreichen elektronischen Minigeräten verwendet wird. Mehr als die Hälfte der Weltvorräte befindet sich in der Republik Kongo. 3 von 10 Arbeitern sind Kinder. Sie verunglücken beim gefährlichen Abbau, ruinieren ihre Gesundheit oder werden durch Rebellen verschleppt. 2 Millionen sind in den letzten zehn Jahren ums Leben gekommen, so wird geschätzt.

Q5 Bangladesch: Textilarbeit
Bangladesch ist die «Nähstube der Welt». Fast 5000 Firmen stellen Kleider, vor allem für den billigen, schnelllebigen Modemarkt, her. Doch von den tiefen Ladenpreisen erhalten die Arbeiterinnen (5 von 6 sind Frauen) nur 1%. 1 von 8 Kindern arbeitet in solchen Fabriken, mindestens ein weiteres im Haushalt oder Familienbetrieb.

KV 5
Arbeitsblatt

5 Vom Dampf zum Strom

«Der Kluge fährt im Zuge»: Der Werbespruch der SBB ist ein Sprichwort geworden und drei von vier deutschsprachigen Schweizern bekannt. Die Eisenbahn ist populär und ihr dichtes Streckennetz eine Folge der Industrialisierung.

Konzession
Staatliche Bewilligung, ein öffentliches Gut (Eisenbahnlinie, Funkwellen, Fluss/Bach) nutzen zu können.

Kredit
Geld, das ausgeliehen wird und wofür Zins bezahlt werden muss.

Eisenbahnbau

Die Fabrikindustrie bezog die Rohstoffe von weit her. Ihre Massenprodukte brachte sie ebenfalls über weite Strecken zu den Konsumenten. Sie war also auf leistungsfähige Transportmittel angewiesen. In England wurde die erste bewegliche Dampfmaschine erfunden: die Dampflokomotive und mit ihr die Eisenbahn. Auch diese Erfindung verbreitete sich. 1844 wurde eine französische Bahnlinie ab Strassburg bis nach Basel gebaut. 1847 nahm die erste Eisenbahn zwischen Baden und Zürich den Betrieb auf. Bald folgten weitere Privatbahnen, die in Konkurrenz zueinander standen. Sie wetteiferten bei den Kantonsregierungen um die Konzessionen für die ertragreichsten Strecken.

Alfred Escher

Als «Eisenbahnkönig» tat sich der Zürcher Alfred Escher (1819–1882) hervor: Er gründete und leitete die Nordostbahn mitten im Gebiet der blühenden Textilindustrie. Escher war reich, aber ein Bahnnetz konnte er nicht allein finanzieren. So gründete er eine Bank (die Vorgängerin der Credit Suisse), um Geld von Privatpersonen sammeln und gebündelt einsetzen zu können. Zusammen mit seinen politischen Ämtern wurde er so mächtig, dass er ein Jahrhundertprojekt in Angriff nahm.

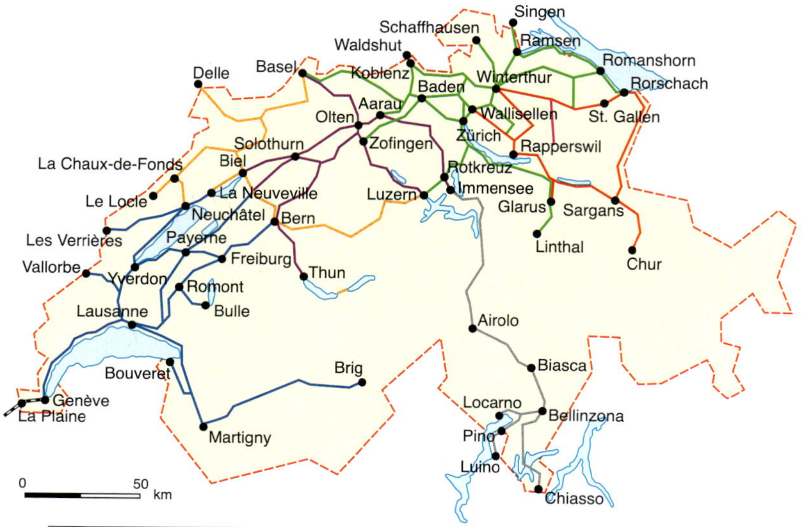

D1 Eisenbahnnetz der Schweiz, 1882. Die verschiedenen Privatbahnen sind in unterschiedlichen Farben gezeichnet, z. B. grün die Nordostbahn, grau die Gotthardbahn.

Gotthardbahnbau

Eine Eisenbahnlinie durch das Gotthardmassiv sollte die Schweiz beidseits der Alpen verbinden. Dafür brauchte Escher die finanzielle Unterstützung durch das Deutsche Reich, Italien und die Schweiz. Seine Gotthardbahngesellschaft schloss 1872 mit dem Ingenieur Louis Favre einen Vertrag ab, wonach in acht Jahren der Tunnel von Göschenen nach Airolo gebohrt werden sollte. Als Favre einem Herzinfarkt erlag, der Zeitplan nicht eingehalten werden konnte und Escher die Eidgenossenschaft um einen Kredit bitten musste, verlangte der Bundesrat vom «Eisenbahnkönig» den Rücktritt vom Direktorium der Gotthardbahngesellschaft (1878). Verbittert starb Escher kurz nach der Eröffnung der Linie 1882.

Elektrifizierung

Der Bau der Gotthardbahn hatte gezeigt, dass die Eisenbahn in der Schweiz nicht allein von Privaten betrieben werden konnte. Von 1902 an übernahm der Bund die wichtigsten Privatgesellschaften und schloss sie in den SBB, den Schweizerischen Bundesbahnen, zusammen. In den nächsten Jahrzehnten wurden die Strecken von Dampf- auf Strombetrieb umgestellt. Kohle musste die Schweiz aus dem Ausland importieren, die neu entdeckte Elektrizität konnte sie hingegen aus eigenen Wasserkraftwerken beziehen.

Q1 Alfred Escher und seine Tochter Lydia.
Foto, um 1865

Q2 Alfred Escher und seine Tochter Lydia im Dokudrama «Die Schweizer», 2013. Eschers Frau und eine Tochter starben früh. Die andere Tochter Lydia wurde Eschers Begleiterin und Beraterin. Hier bringt sie Escher ein Telegramm, worin sein Rücktritt als Gotthardbahnpräsident gefordert wird.

1855	Pferdepost und Dampfschiff: 1. Tag: Basel ab mit Pferdepost 07.30 Uhr, Luzern an 18.05 Uhr 2. Tag: Luzern ab 05.00 Uhr (Dampfschiff) Flüelen an 07.45 Uhr, ab mit Pferdepost 08.00 Uhr Bellinzona an 23.00 Uhr, ab 23.20 Uhr 3. Tag: Chiasso an 06.00 Uhr
1885	Eisenbahn: Basel ab 07.35 Uhr, Chiasso an 17.25 Uhr

D2 Die Reise von Basel nach Chiasso

Aufgaben

1 Erzähle die Fahrt von Basel nach Chiasso aus der Sicht eines Reisenden in den Jahren 1855, 1885 und heute. Die aktuellen Angaben kannst du dem SBB-Fahrplan entnehmen (D2).

2 Erläutere zwei Gründe, warum sich in der Schweiz viele Privatbahnen der staatlichen Gesellschaft SBB anschlossen (VT1, VT3, VT4, D1).

3 Jakob Dubs schreibt über seinen früheren Freund Escher: «Absolut in seinem ganzen Wesen, liebenswürdig gegen Freunde, abstossend gegen Gegner, beachtet er stets nur die Stellung eines Menschen gegenüber seinem Ich; danach gilt er viel oder nichts. Das macht ihn unfähig, die Menschen nach ihrem wahren Wesen zu erkennen, was ihn zu öfterem Wechseln seiner Freunde nötigt.» Arbeite aus dem Text heraus, was Dubs Escher vorwirft. Vergleiche Dubs' Urteil mit VT2.

4 Vergleiche bei den Bildern Q1 und Q2 Aufnahmetechnik und Bildgestaltung.

5 Vergleiche bei den Bildern Q1 und Q2 das Verhältnis zwischen Tochter und Vater.

6 Streik am Gotthard

Q1–Q4 Streik der Gotthardarbeiter, 1875. Illustration von Ingenieur Specht in der «Leipziger Illustrierten Zeitung». Fotografien konnten damals noch nicht gedruckt werden.

Eine spontane Aktion

Die Arbeiter am Gotthardtunnel, meist Italiener, litten unter schrecklichen Arbeitsbedingungen. Sie hausten in schmutzigen, überbelegten und teuren Unterkünften. Unter Zeit- und Kostendruck sprengten sie von Norden und Süden her den 15 Kilometer langen Tunnel. Je weiter sie vorrückten, desto knapper wurde die in die Schächte geblasene Luft. Auch daran sparte der Direktor Louis Favre. Unter Atemnot löste 1875 ein Arbeiter einen Alarm aus, indem er schrie, Sprengstoff gerate in Brand. Erst vor dem Tunnel erkannten die Arbeiter, dass sie unerlaubt ihre Arbeit verlassen hatten, also in den Streik getreten waren. Nun versammelten sie sich im Dorf Göschenen. Ein Gedränge entstand auf der Hauptstrasse. Einige von Favre eilig bestellte Polizisten wurden eingekreist und mit Steinen beworfen. Ein Polizist eröffnete das Feuer. Fünf Arbeiter starben, der Streik brach zusammen.

Zwar verhafteten die Polizisten einige Arbeiter als «Rädelsführer». Aber die Schweizer und die Urner Regierung hatten kein Interesse an einem Prozess. Da wären nämlich die Missstände zur Sprache gekommen. Die Urner Regierung hätte sich ausserdem dafür rechtfertigen müssen, dass sie zugunsten des Unternehmers eingegriffen hatte. Sie liess also die Verhafteten über die Alpen entkommen.

Q5 **Zeitschrift der Fédération jurassienne, Nr. 2, 1875:**

Eine Sache fehlte den Regierungen der republikanischen Schweiz noch, um genau im Schritt mit den Monarchien marschieren zu können: ein Massaker an den Arbeitern. Das Massaker hat stattgefunden.

Die Streikenden, die nur Luft zum Atmen forderten, sahen sich vor die Wahl gestellt, in der vergifteten Luft, wegen Hunger oder durch Geschosse getötet zu werden.

Q6 **«Neue Zürcher Zeitung», Nr. 392, 5. August 1875 (gekürzt):**

Was wir an den Vorgängen in Göschenen am meisten beklagen, ist das, dass die Kugeln statt die Arbeiter nicht jene Halunken getroffen haben, welche die Arbeiter gegen deren Interesse aufhetzen, im Momente der Gefahr aber stets feige sich verstecken. Je freier der Staat, desto grösser seine Pflicht, diese Freiheit nicht von übelwollenden Faulenzern zur Einschüchterung und Unterdrückung der arbeitsamen Leute missbrauchen zu lassen.

Streik
Arbeitnehmer verweigern gemeinsam ihre Arbeit, um bessere Arbeitsbedingungen zu erreichen. Streiken die meisten oder alle Arbeitnehmer einer Region oder eines Landes, spricht man von einem Generalstreik. Damit sollen politische Forderungen durchgesetzt werden.

Massaker
Brutale Tötung mehrerer Menschen im Krieg oder bei der Niederschlagung von Aufständen.

Aufgaben

1 Eine Zeichnung (Q1) kann noch mehr von der Realität abweichen als eine Fotografie. Überlege warum. Arbeite die Unterschiede zu den Informationen im Verfassertext heraus.

2 Bezieht Specht Stellung für eine der beiden Konfliktparteien? Beurteile die Ausschnitte Q2–Q4 unter diesem Gesichtspunkt.

3 Untersuche, für welche Seite das Bild Q1 Partei nimmt.

4 In zahlreichen Zeitungen erschienen Berichte und Kommentare zur Niederwerfung des Streiks. Für welche Seite ergreifen Q5 und Q6 Partei? Belege deinen Entscheid. Vertritt deine Meinung vor der Klasse.

5 Ergreift auch der Verfassertext Partei? Entscheide und belege.

KV 6
Arbeitsblatt

7 Die Zweite Technische Revolution

Was wir jeden Tag benutzen, verdanken wir der Zweiten Technischen Revolution in der Zeit ab etwa 1850: elektrisch betriebene Geräte, viele Medikamente und erstaunlich viele Lebensmittel.

Aktie
Wertpapier, das belegt, dass man am Kapital (Vermögen) einer Firma beteiligt ist.

Aktiengesellschaft
Ein Zusammenschluss von Personen, die ihrem Unternehmen Kapital (Geld) zur Verfügung stellen und dafür an dessen Ertrag (Gewinn) beteiligt sind.

Wissenschaft

Praktiker hatten Dampf-, Spinn- und Webmaschinen durch Experimentieren entwickelt. Seit etwa 1850 bestimmten forschende Wissenschaftler die technische Entwicklung: Sie entdeckten, wie sie Erdöl zu einem Treibstoff für bewegliche Motoren verarbeiten konnten.

Sie entdeckten die nicht sichtbare Elektrizität als Antrieb für handliche Geräte, die elektromagnetischen Wellen für den Funkverkehr sowie die Verfahren zum Speichern von Tönen (Grammofon) und Bildern (Filmbilder). Mithilfe von Röntgenstrahlen und chemischen Modellen erforschten sie den lebenden Körper sowie seine Krankheiten, und sie entwickelten Medikamente gegen diese. Zu den natürlichen Lebensmitteln kamen solche hinzu, die chemisch verarbeitet oder gar neu konstruiert wurden. Für die Schweiz hiess dies: Neben der Maschinen- und Textilindustrie in der Ostschweiz blühten die chemische Industrie in Basel und die Lebensmittelindustrie in der West- und Zentralschweiz auf.

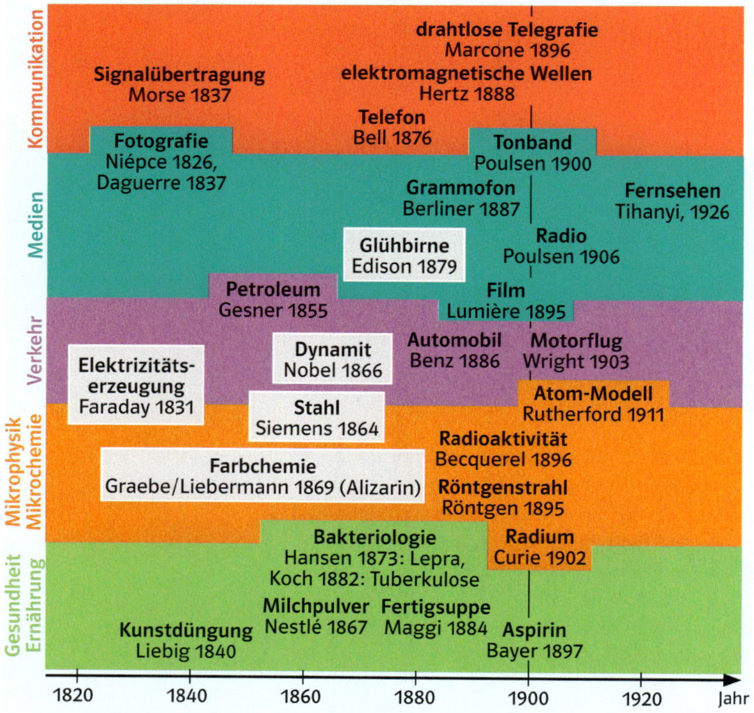

D1 Erfindungen und Entdeckungen der Zweiten Technischen Revolution

Ein Beispiel: Schokolade

Schokolade wurde vor über 500 Jahren von Kolumbus nach Europa gebracht. Sie war ein Luxusprodukt, das die Reichen als Getränk schätzten. Im 19. Jahrhundert wurde entdeckt, wie sich Kakaobohne und Milch mechanisch und chemisch zerlegen liessen. Aus beidem konnte Milchschokolade in fester Form und in grossen Mengen hergestellt werden. Damit wurde sie auch für untere Bevölkerungsschichten erschwinglich.

Die milchreiche Schweiz exportierte dank der Eisenbahnen ihre Milch in Form von Milchpulver oder Milchschokolade. Beides liess sich leicht transportieren.

Aktiengesellschaft

Die Schokoladefirma des Alexander Cailler in Broc im Greyerzerland zählte 1888 gerade acht Angestellte, 1905 schon 1373. Der rasche Aufschwung verlangte nach neuen Fabrikationsanlagen und Niederlassungen im Ausland. So wandelte Cailler seine Privatfirma in eine Aktiengesellschaft um. Nun konnten vermögende Personen Wertpapiere (Aktien) der Firma kaufen; damit stellten sie Geld zur Verfügung und waren am Gewinn der Firma beteiligt. Viele Unternehmen wurden jetzt Aktiengesellschaften. Später, vor allem während Krisenzeiten, übernahmen noch grössere Firmen die Aktienmehrheit; so wurde auch die Firma Cailler 1929 eine Tochterfirma des Nestlé-Unternehmens.

Q1 Einweihung eines Kollektorgebäudes in Zürich. Foto, 1898. Auf dem Gebäudedach liefen die Telefonleitungen zusammen. Für jeden Anschluss brauchte es damals einen separaten Draht und eine Isolierglocke.

Q2 Erste Telefonzentrale in Genf. Foto, 1882. Die Damen, laut Stellenbeschrieb «grossgewachsen, wohlerzogen, mit guten Sprachkenntnissen», verbanden die Telefonierenden mit Stöpselleitungen. Telefonistin war ein typischer Frauenberuf. Ein Telefongespräch von 15 Minuten kostete den Stundenlohn einer Näherin oder Putzfrau (20 Rappen).

Schokolade			Bier		
Jahr	Export in Zentnern	Wert Mio Fr.	Jahr	Konsum Schweiz in Hektolitern	Brauereien
1887	5000	1,9	1883	2354	483
1901	41208	25,5	1911	12740	138
2013	10922780	792	2013	4595196	418

D2 Schokolade und Bier, zwei alte, aber «moderne» Lebensmittel
(1 Zentner = 100 kg; 1 Hektoliter = 100 l)

Aufgaben

1 Zähle auf, bei welchen Erfindungen der Zweiten Technischen Revolution wir nicht direkt sehen können, wie sie funktionieren (VT1).

2 a) Wähle zwei Erfindungen, die dich interessieren, und suche den entsprechenden Oberbegriff dazu (D1).
b) Warum wohl sind fünf Begriffe in grauen Kästchen aufgeführt?

3 Beschreibe in Worten die Entwicklung der Schokoladeindustrie (VT2, D2).

4 Vergleiche Schokolade- und Bierproduktion: Gibt es Gemeinsamkeiten (D2)?

5 Recherchiere, was dich heute ein Telefongespräch kostet verglichen mit damals (Q2).

6 Die Telefontechnik war neu. Stelle fest, welche Arbeiten dabei die Männer, welche die Frauen übernahmen (Q1, Q2).

7 Erfinde einen Dialog eines Telefongesprächs, wenn man den gewünschten Teilnehmer nicht direkt selbst anwählen konnte.

8 Emanzipation der Arbeiter

Wenn du erwerbstätig sein wirst, dann bist du es unter komfortableren Bedingungen als die Menschen vor 170 Jahren. Damals mussten sie sich noch sehr dafür einsetzen, dass sich ihre Arbeitsverhältnisse verbesserten.

Emanzipation
Befreiung von gesellschaftlichen Zwängen aus eigenem Antrieb.

Genossenschaft
Zusammenschluss von Konsumenten oder Produzenten mit dem Ziel, dadurch die eigene Stellung am Markt als Nachfrager oder Anbieter zu verbessern.

Aufstieg der Arbeiterschaft

Während der Ersten Technischen Revolution hatten die Arbeiter unter schlechten Bedingungen gelitten: lange Arbeitszeiten, gesundheitsschädigende Arbeit und ständig drohende Entlassung. Häufig waren sie gar nicht oder schlecht ausgebildet. In der Zweiten Technischen Revolution wurde das Produzieren anspruchsvoller. Der Unternehmer brauchte Fachleute: gut ausgebildete Techniker und Angestellte. Auch die Fabrikarbeiter mussten besser eingearbeitet werden.

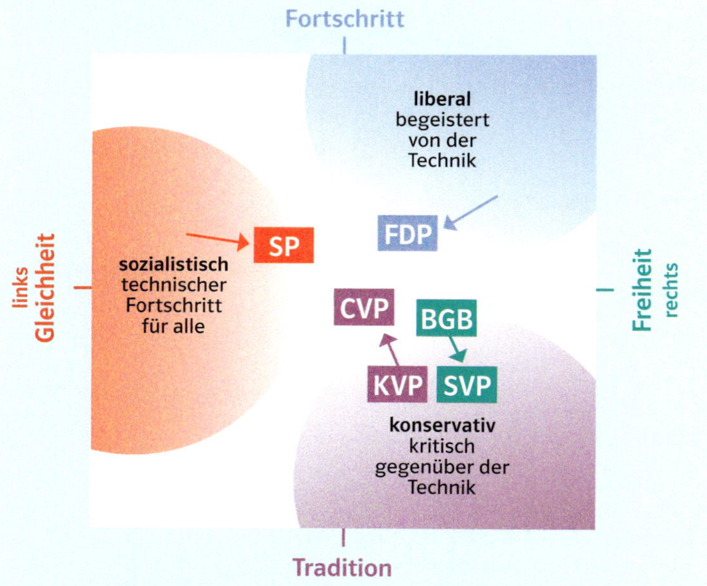

FDP Freisinnig-Demokratische Partei
CVP Christlichdemokratische Volkspartei, früher KVP Konservative Volkspartei
SVP Schweizerische Volkspartei, früher BGB Bauern-, Gewerbe- und Bürgerpartei
SP Sozialdemokratische Partei
Die Pfeile zeigen die Richtung an, in welche sich die Parteien entwickelten.

D1 Die drei Parteifamilien in der Schweiz, ihre Entwicklung in den letzten 150 Jahren und ihre Einstellung zur Technik

Emanzipation

Die Arbeiter begannen sich zu organisieren. Sie setzten sich für bessere Arbeits- und Lebensbedingungen ein. Dies machten sie in drei Rollen:

Als Staatsbürger konnten sie bei Abstimmungen und Wahlen auf die Politik Einfluss nehmen. Sie schlossen sich zur Sozialdemokratischen Partei zusammen. Diese trat neben die liberale (Freisinnige) und die konservative Bewegung.

Als Arbeitnehmer gründeten sie Gewerkschaften, um gemeinsam mit ihrem Arbeitgeber zu verhandeln. Im Betrieb durften sie nicht mitbestimmen, aber sie konnten damit drohen, ihre Arbeit niederzulegen: Ein Streik setzt den Unternehmer unter Druck. Denn dieser ist auf motivierte Mitarbeiter angewiesen.

Als Konsumentinnen schlossen sich Arbeiterinnen zu Genossenschaften zusammen. Indem sie gemeinsam in eigenen Geschäften einkauften, konnten sie billigere Preise durchsetzen. Grosse Genossenschaftsunternehmen sind heute Coop, Migros, Raiffeisenbank, fenaco/Landi, Schweizerische Mobiliar oder Reka.

Fabrikgesetz

Sozialdemokraten und Konservative setzten ein Gesetz gegen die Ausbeutung der Fabrikarbeiter durch: Das Fabrikgesetz von 1877 beschränkte den Arbeitstag auf elf Stunden, verbot Fabrikarbeit für unter 14-Jährige, schrieb einen unbezahlten Schwangerschaftsurlaub vor und verpflichtete die Unternehmer zur Vorsorge gegen Arbeitsunfälle. Ferner begannen sich die Kantonsregierungen um die Arbeiter und die armen Menschen zu kümmern: Sie untersuchten ihre Lebenssituation, verbesserten die Wohnbedingungen und leiteten zu gesunder Lebensführung an.

Q1 J. A. Zumbühl zum Fabrikgesetz, 1877:

Übrigens sind wir fest überzeugt, dass die Mehrheit der Arbeiter den elfstündigen Normalarbeitstag nicht wünsche. Die Arbeiter dieser Kategorie sind gesund an Geist und Körper, haben kräftige Nahrung und arbeiten unter Pfeifen und Singen 12 bis 13 Stunden per Tag. Wie der Fabrikant, so lassen auch sie die Gelegenheit nicht unbenutzt vorübergehen; sie arbeiten und sparen in den gesunden Tagen, um in den Zeiten der Krise nicht darben zu müssen. Da hat das goldene Sprichwort «Arbeit macht das Leben süss» noch seine volle Geltung.

Q2 Der Fabrikinspektor Fridolin Schuler, 1897:

Wir gelangen nun zum schwersten Stein des Anstosses, über den noch mancher Industrielle sich ärgert – dem Normalarbeitstag [11-Stunden-Tag]. Man verweist auf die meisten andern Länder, wo die Männer frei arbeiten dürfen. Was die Männer anbetrifft, darf wohl zuerst gefragt werden: Sind sie denn immer frei, wenn sie zu übermässiger Überzeit «ja» sagen? Und weiter: Ist es wohl ein Vorteil für unsere Industrie, wenn man den Männern zu viel zumutet? Die Antwort wird wohl heute lauten wie vor zwanzig Jahren: Wir schützen die Männer im Interesse der Arbeiterschaft, im Interesse der Industrie!

Q3 Eine Arbeiterfamilie im Imbergässlein in Basel. Undatiertes Foto. Arme Menschen waren selten eine teure Fotografie wert. Für diese hier gab es einen bestimmten Anlass: den Besuch des Inspektors, der die Wohnverhältnisse prüfte.

Gewerkschaft
Zusammenschluss von Arbeitnehmern, die sich für ihre Rechte und die Verbesserung ihrer Arbeitssituation einsetzen.

Partei
Politische Organisation, in der sich Menschen mit der gleichen politischen Überzeugung zusammenschliessen, um ihre Vorstellungen und Interessen im Staat durchzusetzen.

Bewegung
Gruppierung, die sich für eine Verbesserung der politischen und sozialen Verhältnisse einsetzt.

Aufgaben

1 Arbeite aus VT1 heraus, wie sich die Situation der Arbeiter in den beiden technischen Revolutionen veränderte.

2 Arbeite auf der Plattform www.parteien-kompass.ch und finde heraus, wo du politisch stehst (VT2, D1).

3 Recherchiere: Aus welchen Gründen schlossen sich Menschen zu den sechs in VT2 genannten Genossenschaften zusammen und wann?

4 Deute die Fotografie Q3! Beachte dabei Kleidung und Blickrichtung der Menschen.

5 Soll ein «Normalarbeitstag» vorgeschrieben werden? Vergleiche die Meinungen in Q1 und Q2. Wäge Für und Wider ab (VT3).

6 Jemand von euch spielt einen Fabrikdirektor, jemand einen Arbeiter, der ihm gegenübersitzt und bei einem Anstellungsgespräch seinen Lohn von 1.80 auf 1.90 Fr. pro Stunde erhöht haben möchte. Es gibt zwei Spielvarianten mit
a) Arbeitern, die sofort bereit sind, zu 1.80 Fr. angestellt zu werden,
b) Arbeitern, die eine Lohnerhöhung um 10 Rappen fordern.
Vergleicht, wie die beiden Spielrunden ausgehen.

9 Frauen-Emanzipation mit Verspätung

Im 19. Jahrhundert verbesserten die Männer ihre Stellung in der Politik, am Arbeitsplatz und in der Gesellschaft. Die Frauen gerieten dabei in Rückstand. Was unternahmen sie dagegen?

Kommunismus
Lehre von Karl Marx, dass alle Güter allen Menschen gemeinsam gehören sollten. Marx setzte auf eine Weltrevolution, um den Zustand einer kommunistischen Gesellschaft zu erreichen.

Armenpflege, heute Sozialarbeit
Private und staatliche Unterstützung bedürftiger Menschen.

Frauenrollen

Im 19. Jahrhundert arbeitete die Mehrheit der erwerbstätigen Menschen ausser Haus. Nur die gutgestellten, verheirateten Frauen konnten oder mussten daheimbleiben und sich dem Haushalt widmen. Die Frauen der Arbeiter arbeiteten zwar in Fabriken, aber zu tieferen Löhnen als die Männer. Frauen konnten zudem ihr Vermögen nicht selbst verwalten, sondern das tat ihr Ehemann, Vater oder Bruder. Auch in der Politik bestimmten die Männer. In der Schweiz konnten sie seit 1848 wählen und abstimmen. Die Frauen hingegen hatten kein Mitbestimmungsrecht.

Frauenorganisationen

Die Frauen mussten sich ihren Platz in der Arbeitswelt und in der Gesellschaft schrittweise erkämpfen: Mutige Arbeiterinnen wurden Mitglieder in Gewerkschaften und Genossenschaften. Lehrerinnen und Hebammen gründeten eigene Verbände. Andere fortschrittliche Frauen, sogenannte Pionierinnen, organisierten Frauenvereine und führten sie 1900 zum «Bund Schweizerischer Frauenorganisationen» (seit 1999 «alliance F») zusammen.

Q1 Mentona Moser. Foto, 1905

Mentona Moser

Mentona Moser wurde 1874 in eine reiche Schaffhauser Familie geboren. Sie begann ein Zoologie-Studium, wechselte aber bald in die Soziale Arbeit, weil sie etwas in der Gesellschaft bewirken wollte. In London lernte sie eine neue Form der Sozialarbeit kennen: Begüterte Familien zogen in Armenviertel und lebten im Alltag den Armen vor, wie sie sich selbst helfen konnten. In der Schweiz stiess Mentona Moser mit diesem Gedanken auf Widerstand: Die Armenpfleger, alles Männer, wollten über arme Menschen entscheiden, nicht mit ihnen zusammenleben.

Mentona Moser dagegen engagierte sich für benachteiligte Menschen: Tuberkulosekranke, Blinde, Mütter mit Kleinkindern und schwangere Frauen. Sie heiratete, aber liess sich scheiden, weil ihr Mann ihre Sympathie für den Kommunismus nicht teilte. Mentona Moser wollte nämlich nicht mehr nur helfen, sondern die Gesellschaft verändern. Ihre Kinder zog sie allein auf. 1929 bis 1934 engagierte sie sich für die Kommunistische Partei in Deutschland, verlor ihr Vermögen und kehrte mittellos in die Schweiz zurück. Sie beanspruchte den Freiraum einer modernen Frau und wurde dafür an den Rand der Gesellschaft gedrängt. «Ich habe gelebt» lautet der Titel ihrer Lebenserinnerungen. Sie starb 1971.

Q2 Putzfrauen in Zürich. Foto, 1890. Marie Obrist-Högger (rechts) gründete einen Wasch- und Putzfrauenverein.

Q3 Mentona Moser trat 1903 für die Berufstätigkeit der Frau, auch in der Sozialen Arbeit, ein:

Der Knabe wird gleich von Anfang an zu einem Beruf erzogen. Seine Fähigkeiten kommen dabei wenig in Betracht, da er unter allen Umständen in irgendeinem Fach gründliche Ausbildung erhalten muss, damit er später frei dasteht.

Warum werden die Mädchen nicht ebenso zu einem Beruf erzogen? «Die Konkurrenz ist heutzutage so gross, dass es ein Unrecht wäre, den Leuten, die darauf angewiesen sind, die Stellen und den Verdienst fortzunehmen.» Aber diese Entgegnung ist falsch; jeder Mensch hat das Recht, zu arbeiten und seiner Arbeit entsprechend bezahlt zu werden. Für den Staat im Allgemeinen kann es nur vorteilhaft sein, wenn die Zahl seiner arbeitsfähigen Mitglieder recht gross ist.

Q4 Der Armenpfleger Albert Wild besprach 1903 ihr Buch:

Ohne harte Arbeit aber, ohne «dienen» und «sich unterordnen» wird auch die Verfasserin nicht Krankenpflegerin sein können.

Das, wozu Frauen in der Armenpflege zu gebrauchen wären, können sie schon jetzt hier in der Heimat lernen, und viele haben es denn auch bereits erlernt. Andere wollen rechte Armenpflege sich nicht aneignen. Wir wollen also Frl. Moser den Rat geben, unsere Verhältnisse und Einrichtungen näher kennen zu lernen, bevor sie in Zukunft ihre Ratschläge kundgibt.

Aufgaben

1 Trage zusammen, welche Berufe Frauen zuerst ergreifen konnten (VT2, VT3, Q2, Q2 auf S. 23). Vergleiche mit Frauenberufen heute.

2 «Das 19. Jahrhundert bedeutete für die Frau einen Rückschritt.» Nimm Stellung zu dieser Behauptung (VT1).

3 Setze dich so hin wie Mentona Moser auf ihrer Fotografie (Q1) und vergleiche mit Q2. Wie fühlst du dich?

4 Deute: Wie fühlten sich die Frauen in der Fotografie Q2?

5 Arbeite mindestens drei Merkmale in Mentona Mosers Leben heraus, die damals aussergewöhnlich waren, aber es heute nicht mehr sind.

6 Ermittle aus Q3 und VT3, welche Form von Sozialarbeit Mentona Moser vorschwebte.

7 Charakterisiere die Reaktion des Albert Wild auf Mentona Mosers Buch. Belege deine Ergebnisse mit Textstellen (Q4). Nehmt zu zweit die gegensätzlichen Rollen von Wild und Moser ein und führt eine Diskussion.

KV 7
Arbeitsblatt

10 Statistiken auswerten

Lebenserwartung
Lebensdauer, mit der ein Mensch in einem bestimmten Alter im Durchschnitt rechnen kann.

Woher wissen wir das?

Mit der Zweiten Technischen Revolution begann es den Menschen besserzugehen. Woher wissen wir das? Es gibt ja keine Dokumente, in denen die Menschen massenhaft geschrieben haben: «Es geht mir nun besser.»

Eine solche Erkenntnis wird möglich, wenn wir Zahlenreihen interpretieren, sogenannte Statistiken, die über verschiedene Lebensbereiche Auskunft geben. Sie werden oft als Tabellen oder Diagramme, siehe D1–D3, dargestellt.

Haushaltstatistiken

Eine besonders wertvolle Quelle sind die Haushaltstatistiken. Sie enthalten Zahlen zu Ausgaben und Einnahmen im Haushalt einer Familie. Vor allem die Frauen begannen im 19. Jahrhundert diese Zahlen in ihren Haushaltbüchern genau aufzuschreiben. Sie wollten ihre Familien damit vor unüberlegten Ausgaben und vor Armut schützen. Statistiker errechneten aus solchen Zahlen zum Beispiel, welchen Anteil an den Ausgaben die Nahrungsmittel ausmachten. Wir können die Daten mit der heutigen Situation vergleichen. Siehe D2 und D3.

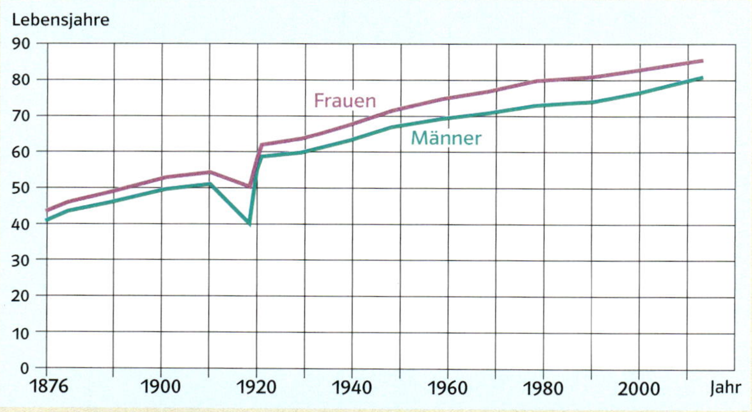

D1 Lebenserwartung eines Neugeborenen in der Schweiz. Liniendiagramm
Lesebeispiel: Im Jahr 1918 sank die Lebenserwartung vorübergehend auf 50 (Frauen) bzw. 40 Jahre (Männer); damals starben viele an der Spanischen Grippe.

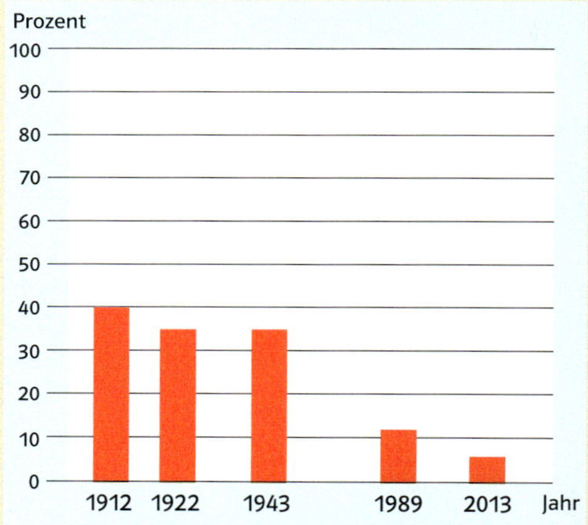

D2 Anteil der Nahrungsmittel an den Ausgaben eines Haushalts im Verlauf der letzten hundert Jahre. Säulendiagramm
Je weniger Geld eine Familie für Nahrungsmittel ausgeben muss, desto mehr bleibt ihr für andere Ausgaben. Der Anteil der Nahrungsmittel an den Haushaltausgaben ist also ein Hinweis dafür, wie gut es den Menschen geht.

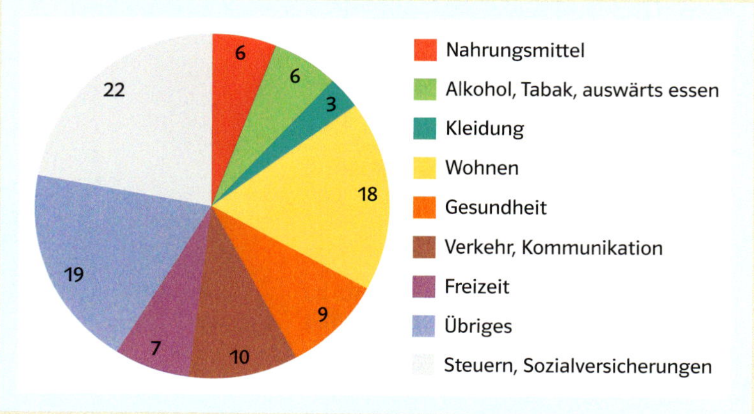

D3 Ausgaben eines Haushalts in % im Jahr 2012. Kreisdiagramm mit erklärender Legende

Q1 Eine Arbeiterin begründete dem Statistischen Amt, warum sie die Haushaltstatistik nicht führen konnte (Frühling 1918):

Tut mir leid, dass ich Ihnen diese Hefte wieder unverrichtet zurücksenden muss. Da ich nebst einer fünfköpfigen Familie noch in die Fabrik muss und alle Hausarbeiten wie Waschen, Flicken und Bügeln selbst verrichte. Und für diese Arbeiten ist mir die kurze Zeit von abends 7 Uhr an gestattet. Wo manch bessere Frau um diese Zeit in die Ruhe kann, so müssen wir armen Fabrikfrauen manchmal todmüde noch bis nachts 11, ja sogar bis morgens 1 Uhr Hausgeschäfte besorgen. Achtungsvollst zeichnet Frau M.

Q2 Eintrag in einem Haushaltbuch vom Oktober 1910. Ein Liter Milch kostete damals 25 Rappen, ein Ei 10 Rappen, ein Kilogramm Käse 2.50 Franken.

Arbeitsschritte: Statistiken auswerten

Erschliessen

1 Beachte Titel oder Legende. Auf welche Frage gibt die Zahlentabelle oder das Diagramm eine Antwort?

2 Greife eine Zahl aus einer Tabelle oder einen Punkt aus einem Diagramm heraus und formuliere eine Aussage.

3 Vergleiche dann mehrere solcher Zahlen oder Punkte. Formuliere eine Aussage mit: «Je …, desto …»

Orientieren

4 Was will die Tabelle/das Diagramm aufzeigen?

Handeln

5 Erstelle selbst ein Diagramm: Wähle den Massstab auf der waagrechten Achse und ermittle den höchsten und tiefsten Wert auf der senkrechten Achse. Werte sind Jahreszahlen, Prozentangaben u. a.

6 Lege die Art des Diagramms fest: ein Liniendiagramm zur Darstellung von ununterbrochen verlaufenden Werten; ein Säulendiagramm bei vereinzelt gemessenen Werten; ein Kuchendiagramm zur Darstellung von Anteilen.

Wahrnehmen

7 Welche neue Frage ergibt sich aus dem Diagramm? Wie liesse sie sich beantworten?

Aufgaben

1 Bearbeite das Diagramm D1 anhand der methodischen Arbeitsschritte 1–4.

2 Formuliere ein Lesebeispiel zum Diagramm D2. In der Legende zu D1 findest du ein Beispiel dafür.

3 Welcher Wert kommt sowohl in D2 als auch in D3 vor?

4 Interpretiere den Unterschied in der Lebenserwartung von Männern und Frauen (D1).

5 Wie hat sich das Leben der Menschen in der Schweiz in den letzten hundert Jahren verändert? Fasse die Aussagen von D1–D3 in wenigen Sätzen zusammen.

6 Versuche Q2 zu entziffern. Erstelle daraus ein Säulendiagramm mithilfe der methodischen Arbeitsschritte 5 und 6.

7 Frau M. hat nicht zur Statistik beigetragen (Q1). Deute das, was sie uns trotzdem hinterlassen hat.

KV 8
Arbeitsblatt

11 Suche nach einem besseren Leben

Die Schweiz ohne Zürich, Basel, Genf und Bern? Mehr Menschen, als diese vier grössten Städte im Jahr 1900 zählten, verliessen zwischen 1845 und 1918 die Schweiz: gut 400 000. Die meisten waren Wirtschaftsflüchtlinge.

Wirtschaftsflüchtling
Jemand, der aus wirtschaftlichen Motiven auf eigene Initiative in ein anderes Land zieht. Im Gegensatz zum in der Heimat verfolgten oder bedrohten Flüchtling hat er kein Recht auf Aufnahme (Asyl).

Verbreitete Armut und fehlende Chancen

Vor 150 Jahren lebten die meisten Menschen noch nicht im Überfluss. Im Gegenteil, sie konnten kaum etwas sparen. Wirtschaftskrisen bedeuteten für sie Mangel, Hunger und Krankheit. Besonders schlimm war dies in den Jahren um 1850 und um 1880. Bauern hatten immer weniger Land zur Verfügung, Handwerker wurden durch die Industrie konkurrenziert. Für diese Menschen bot die Auswanderung einen Ausweg aus der Sackgasse. So wanderten zwischen 1845 und 1918 im Schnitt 5500 Menschen pro Jahr aus der Schweiz aus.

Auswanderung

In Amerika, insbesondere in den USA, waren Land und Arbeit leichter zu finden. Briefe von erfolgreichen Auswanderern motivierten die Menschen, Geld für die Überfahrt zusammenzusuchen, ihre Habe zu verkaufen und oft mit der ganzen Familie den Weg über den Atlantik zu wagen.

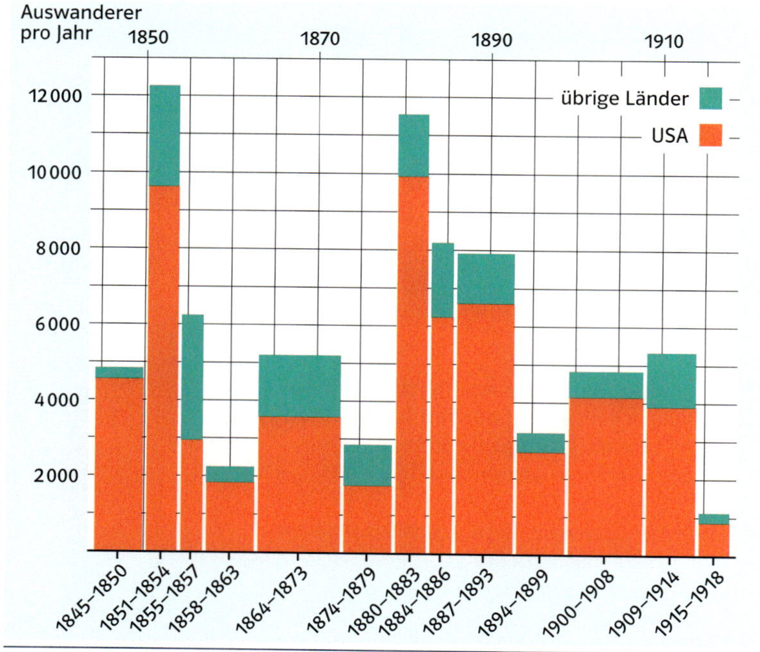

D1 Durchschnittliche Zahlen der Auswanderer aus der Schweiz, 1845 bis 1918, Säulendiagramm

Anna Barbara Keller

Anna Barbara Keller (geb. 1831) aus Hottwil (AG) musste nach dem frühen Tod ihrer Mutter dem Vater auf dem Bauernhof helfen – ohne Lohn. Zwei Brüder wanderten 1854 und 1860 in die USA aus. Als der Vater starb, erbte sie etwas Geld, dreimal so viel wie die Überfahrt kostete. Aber als Frau konnte sie nicht frei darüber verfügen. Erst nach hartnäckigem Nachfragen bewilligte der Gemeinderat ihr die Ausgabe. Anna Barbara streckte ein weiteres Drittel ihres Vermögens ihrer Freundin vor, damit sie die Reise zusammen hätten unternehmen können. Bei ihrer Abschiedstournee durchs Dorf erhielt die Freundin allerdings ein Heiratsangebot – und blieb.

Anna Barbara reiste also 1861 allein ab und fand Arbeit bei ihrem Bruder in Fremont. 1864 heiratete sie und erhielt endlich den Rest ihres Erbes vom Gemeinderat ausbezahlt. Drei ihrer fünf Söhne starben allerdings früh und der vierte betrog die Eltern. Anna Barbara Keller erkrankte mit 53 Jahren und verbrachte die Zeit bis zu ihrem Tod 1898 in einer Anstalt für Geisteskranke in den USA.

Einwanderung

Schon während die Auswanderung allmählich zurückging, nahm die Einwanderung in die Schweiz zu. Die Einwanderer aus Südeuropa zogen vor allem in die Städte, wo sie Fabrikarbeit und Arbeit auf dem Bau verrichteten. Inzwischen ist die Schweiz vom Auswanderer- zum Einwandererland geworden.

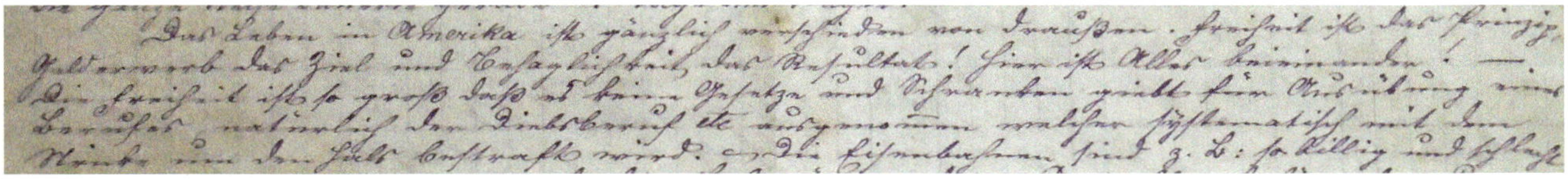

Q1 Brief des Auswanderers Joseph Gschwind aus Therwil (BL), 1880. Auf vier Blättern aus dünnem Papier beschrieb er Reise, Ankunft und Unterkunft bei einem Onkel, um sein Dorf über die Auswanderung nach Rhode Island (USA) zu informieren. Manches war ihm ganz fremd: dass er einen Beruf ausüben durfte, ohne zuerst eine Bewilligung zu erbitten, oder dass die Polizei den Menschen half und sie nicht schikanierte.
Im Ausschnitt oben steht: «Das Leben in Amerika ist gänzlich verschieden von draussen. Freiheit ist das Prinzip, Gelderwerb das Ziel und Behaglichkeit das Resultat! Hier ist Alles beieinander! – Die Freiheit ist so gross, dass es keine Gesetze und Schranken giebt für Ausübung eines Berufes, natürlich der Diebsberuf etc. ausgenommen, welcher systematisch mit dem Stricke um den Hals bestraft wird.»

Q2 Auf der Insel Ellis Island vor New York werden Einwanderer gleich beim Eintreffen auf die ansteckende, gefährliche Augenkrankheit Trachoma untersucht. Foto, um 1910

Ein armer Immigrant

Die Einwanderungsbehörde hat es zu tun mit einem Theodor Meier, 43-jährig, von Bärschwil, Kanton Solothurn, Schweiz. Meier behauptet, er habe seinem Vater auf einem kleinen Bauernbetrieb geholfen, aber dieser sei Konkurs gegangen. Der Gemeinde-Vizepräsident habe ihn mit einer Schifffahrkarte ausgestattet. Er ist missgestaltet und kann keine Arbeit leisten. Er will nicht heimkehren, weil er dann ins Armenhaus müsste. Aber die Behörde will ihn zurückspedieren.

Q3 Meldung in der «New York Times», 8. November 1879

Aufgaben

1 Finde heraus und erkläre, warum die Säulen im Diagramm D1 unterschiedlich breit sind.

2 Beschreibe die zahlenmässige Entwicklung der Auswanderung aus der Schweiz. Erkläre, warum einige Säulen besonders hoch sind (D1, VT1, VT2).

3 a) Welches Bild der USA vermittelt Joseph Gschwind seinen Lesern? Vergleiche es mit deinen Kenntnissen und Vorstellungen über die USA.
b) Vergleiche dieses Bild mit Q3 und Q2.

4 Vergleiche die Motive zur Auswanderung von Anna Barbara Keller und Theodor Meier (VT3, Q3).

5 Von Wirtschaftsflüchtlingen ist auch heute die Rede. Stelle zusammen, was du über sie weisst, recherchiere Meinungen über sie (VT4).

6 Welche der drei Auswandererschicksale VT3, Q1 und Q3 entsprechen am ehesten der heutigen Art, wie Wirtschaftsflüchtlingen begegnet wird? Belege deine Entscheidung mit Argumenten.

12 Die Schweiz wird entdeckt

Der höchste Berg in der Schweiz, die Dufourspitze, der berühmteste Berg, das Matterhorn, und die 2014 getaufte Dunantspitze haben eines gemeinsam: Englische Expeditionen bestiegen sie zum ersten Mal.

Dienstleistungssektor
Dritter Sektor der Wirtschaft, der Dienstleistungen anbietet. Dazu gehören Tourismus, Schulen, Spitäler, Transport, Banken oder Versicherungen. Dem ersten Sektor der Wirtschaft werden Landwirtschaft und Bergbau zugeordnet, dem zweiten Sektor die Industrie.

Tourismus

Charles Hudson erklomm 1855 die Dufourspitze; Schlagzeilen machte die Besteigung des Matterhorns unter der Leitung von Edward Whymper 1865. Weniger sportliche, wohlhabende Menschen begannen ab 1870 Ferien zu machen. Diese liessen sie sich als Kuren verschreiben, um ihr Ausspannen zu rechtfertigen. Für sie entstanden komfortable Kurhäuser, die oft mit spektakulären Zahnradbahnen erschlossen wurden. Menschen, die in bescheidenen Verhältnissen lebten, konnten sich erst später Ferien leisten.

Schweiz als Alpenland

Die Schweiz wurde wegen ihrer Alpen ein Magnet für den Tourismus. Je rascher die Städte wuchsen, desto intensiver erlebten die Menschen die Alpenlandschaft als eine heile Welt. Ein Beispiel dafür ist der Roman «Heidi» von Johanna Spyri aus den Jahren 1880/81. Heidi verkümmert in der Stadt Frankfurt. Sie lebt erst in der Bündner Bergwelt wieder auf und wird gesund.

Q1 Heidi auf einer Fotografie zu einer Werbekampagne, 2015

Dienstleistungsgesellschaft

Der Tourismus produziert weder Nahrungsmittel wie die Landwirtschaft noch Maschinen wie die Industrie, sondern Dienstleistungen. So entstanden im 19. Jahrhundert Hotels, Casinos, Sanatorien, Bäder für Erholungsbedürftige oder Seil- und Zahnradbahnen. Verkehrsvereine und Reiseveranstalter boten ihre Dienste an. Mit dem Tourismus wuchs in der Schweiz ein dritter Wirtschaftssektor heran: der Dienstleistungssektor. Dazu gehören auch Spitäler, Schulen, Banken und Versicherungen, Verkehr, Transport und Handel. Heute arbeiten in der Schweiz drei von vier Menschen im Dienstleistungssektor.

1871	Vitznau-Rigi-Bahn (erste Bergbahn Europas)
1875	Arth-Rigi-Bahn
1879	Giessbachbahn
1887	Biel-Magglingen-Bahn
1888	Bürgenstockbahn
1889	Pilatusbahn
1890	Monte-Generoso-Bahn
1890	San-Salvatore-Bahn
1892	Brienz-Rothorn-Bahn
1892	Glion-Rochers-de-Naye-Bahn (1909 Montreux-Glion)
1893	Stanserhornbahn
1893	Schynige-Platte-Bahn
1893	Wengernalpbahn
1898	Gornergratbahn
1899	Reichenbachfall-Bahn
1899	Gurtenbahn (Bern)
1900	Vevey-Chardonne-Mont-Pèlerin
1906	Interlaken-Heimwehfluh
1907	Braunwaldbahn
1908	Harderbahn (Interlaken)
1910	Niesenbahn
1912	Jungfraubahn

D1 Eröffnung von Bergbahnen zum Einsatz im Tourismus (Auswahl)

Q2 Ansichtskarte zur Hotelanlage am Giessbach (Brienzersee), um 1900. In der Mitte das erste Hotelgebäude (1857), links das «Grandhotel» (1875/1883) und rechts, ins Bild hineinretouchiert, das unscheinbare Hotel «Beau-Site» für die Dienerschaft der Gäste. Die Anlage umfasste eine «Wasserheilanstalt», Badekabinen, Wasserklosetts, Tennisplatz, Wandelhalle. Das Hotel bot drei Konzerte täglich, Milchkuren und vieles mehr. Als 1979 das Hauptgebäude (links) einem «Jumbo-Chalet» weichen sollte, kaufte die Stiftung «Giessbach dem Schweizervolk» das Areal auf und restaurierte die Anlage.

Q3 Lage des Grandhotels Giessbach (Google Earth), mitten im Wald

Aufgaben

1 Die Zeit um 1900 wird als «Belle Époque» bezeichnet. Der Baustil von Anlagen wie dem Grandhotel Giessbach wird «Belle Époque»-Stil genannt. Überlege dir, was der Begriff bedeutet und für wen er zutrifft (VT1, VT2).

2 Suche in Q1 nach Elementen, die in die «Heidi-Welt» passen. Welche passen weniger?

3 Stelle die Informationen von D1 in einem Diagramm dar. Erkläre Zeitraum und Orte der Anlage von Touristenbahnen.

4 Vergleiche die Ansichtskarte Q2, welche die Gegend idealisiert darstellt, mit der wirklichen Lage der Hotelanlage (Q3).

5 Suche in deiner Umgebung nach Gebäuden, Bahnen, Plätzen, Denkmälern, die dem Tourismus dienen bzw. dienten. Beschaffe Informationen darüber.

6 Tragt zusammen, wer von euren Eltern in Dienstleistungsberufen arbeitet. Fragt sie, was das Spezielle an ihrem Beruf ist.

KV 9
Arbeitsblatt

13 Eroberung des Denkens?

Die ersten zwei technischen Revolutionen sind bereits Geschichte – jetzt befinden wir uns in der Dritten Technischen Revolution: am Anfang oder bereits in der Mitte? Wir wissen es nicht.

Informationsgesellschaft
Die heutige, von elektronischer Datenverarbeitung abhängige Gesellschaft wird so bezeichnet. Sie hat die Möglichkeit, Informationen günstig, rasch und weit zu verbreiten, sicher zu speichern und effizient zu verarbeiten.

elektronische Datenverarbeitung
Verarbeitung von Daten in einem elektronischen Gerät wie dem Computer.

Entwicklung des Computers

Die ersten Computer verarbeiteten Daten mithilfe von Schaltröhren und Transistoren. Erst mit den integrierten Schaltkreisen (Chip) wurden sie handlich und günstig: 1975 kam der erste Personal Computer (PC) auf den Markt. Bald erhielt er einen Bildschirm, eine Tastatur, eine Maus, eine grafische Oberfläche und vor allem einen Mikroprozessor sowie ein Betriebssystem, das Befehle verarbeiten konnte. Seit etwa 2005 gelten PCs zunehmend als unhandlich und werden durch Laptops und Tablets ersetzt.

Entlastung von Denkarbeit?

Mit den Computern begann die elektronische Datenverarbeitung. Ihr Erfolg wird als Dritte Technische Revolution bezeichnet. Sie besteht darin, uns einfache Denkarbeit abzunehmen. Noch bis in die 1980er-Jahre konnte beispielsweise das Rechnen von Hand nur durch Rechenschieber etwas erleichtert werden. Heute leisten Taschenrechner oder auf dem Smartphone als Applikation vorhandene Rechner ein Vielfaches der ersten Computer. Rechnen «von Hand» und erst recht Kopfrechnen sind weitgehend aus dem Berufsalltag verschwunden.

Informationsgesellschaft

Seit den 1990er-Jahren werden Computer nicht nur zum Rechnen, Schreiben und Zeichnen eingesetzt, sondern auch für die Kommunikation. Dank ihrer Verbindung zum Internet (1991) lösen sie Telefon, Radio und Fernsehen ab, erst recht das Lexikon. Dabei können wir nicht nur Informationen beziehen und gezielt austauschen, sondern sie auch bewusst verbreiten oder – meist unbewusst – hinterlassen. Die Dritte Technische Revolution hat uns in eine Informationsgesellschaft verwandelt.

D1 Die Entwicklung der Computertechnologie

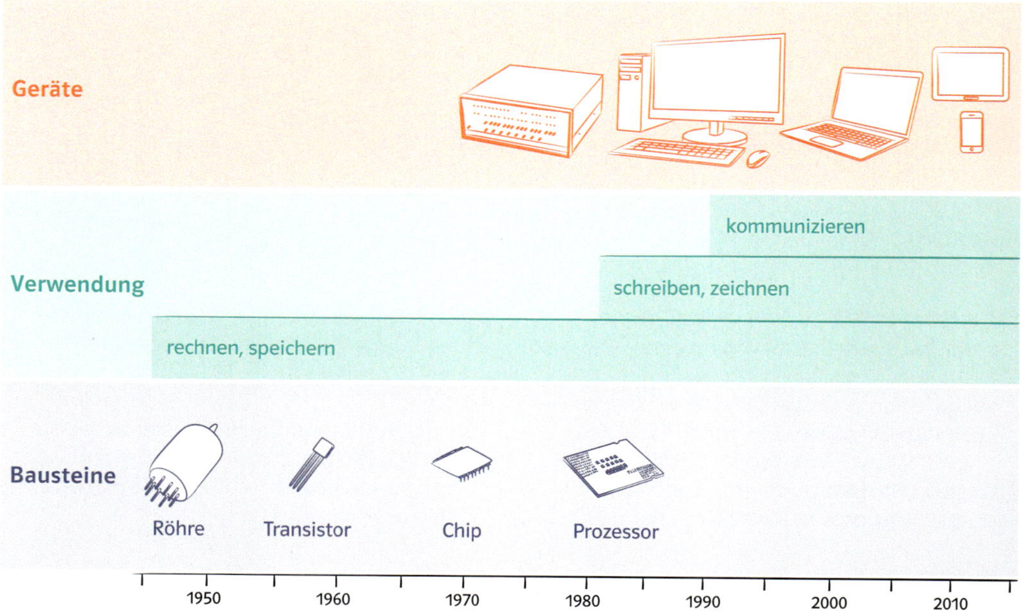

Q1 Der Psychiater und Gehirnforscher Manfred Spitzer (geb. 1958) äussert sich in einer Fernsehsendung:

Verzichten können wir sicherlich nicht auf den Computer, die moderne Gesellschaft wäre ohne Computer undenkbar. Aber wie alles, was Wirkungen hat, gibt's eben auch Risiken und Nebenwirkungen, und gerade was den Bildungsbereich betrifft, kann der Computer dadurch, dass er uns geistige Arbeit abnimmt, dafür sorgen, dass unser Geist abnimmt. Wer dauernd mit dem Navi unterwegs ist, der wird irgendwann merken, dass er sich nicht mehr so gut zurechtfinden kann, weil er sein gehirneigenes Navi nicht oder weniger verwendet. Und wir wissen, dass, wenn wir das Gehirn viel verwenden, es wächst, und wenn wir es nicht verwenden, wird's wieder schrumpfen. Das erkennt die Hirnforschung sehr deutlich: Je mehr wir vom Gehirn auslagern in irgendwelche Kisten, desto weniger findet im Gehirn statt. (Sendung «Peter Voss fragt» vom 13.08.2012)

Q2 Mensch und Computer:

Der Mensch braucht keine Sorge zu haben, wie ein Computer zu werden, dazu ist er zu langsam.

Hans-Jürgen Quadbeck-Seeger, bekannter deutscher Chemiker (geb. 1939)

Q3 Der erste Personal Computer aus dem Jahr 1975 hatte weder Tastatur noch Bildschirm, dafür Kippschalter und Lämpchen.

1001 0000 1110 1100 1101 0000 0000 1100
0000 0101 1100 0000
0101 0000 1101 0000 1100 0000 0101 0110
0100 0001 1111 0000 1100 0000 0101 0010
0101 0000 1111 1101 0000 0000 0000 1000
0001 1000 1101 1111
0100 0101 0001 0000 1100 0000 0001 0110
1000 1111
0000 0000 0000 0001 0000 0000
0000 1010 0001 0011
0101 1000 0010 0000 1100 0000 1001 1010
0101 1000 0011 0000 1100 0000 0001 1110

Q4 Die Multiplikation «3 × 60» programmiert in Maschinensprache. Die ersten Computer mussten so programmiert werden. Heute werden alle Anweisungen durch die Software in die Maschinensprache übersetzt.

Aufgaben

1 Vermute, wie der erste Personal Computer ohne Bildschirm und Tastatur funktionierte (VT1, Q3).

2 Tippe die Multiplikation 3 × 60 auf einem elektronischen Gerät ein. Vergleiche diese Arbeit mit der Eingabe der gleichen Rechnung in Maschinensprache (Q4, VT2).

3 Frage deine Eltern und Grosseltern, mit welchen Hilfsmitteln sie gerechnet haben. Bitte sie um ihre Meinung zu Q1.

4 Finde heraus, wie sich Manfred Spitzer zur Dritten Technischen Revolution stellt (Q1).

5 Entscheide: Ist das Zitat in Q2 positiv oder negativ gemeint? Entwickle eine eigene Kurzaussage zum Computer.

KV 10
Arbeitsblatt

14 Erst der Anfang?

An den Computer musst du dich immer noch setzen. Das Smartphone ist «mobil», du kannst es jederzeit zur Hand nehmen. Doch die Forschung versucht es uns noch einfacher zu machen.

Robotik
Technik, welche die Datenverarbeitung in die Geräte und Maschinen so zu integrieren versucht, dass diese möglichst selbstständig funktionieren.

«Internet der Dinge»

Die elektronische Datenverarbeitung «schlüpft» in Alltagsgegenstände, die auf diese Weise mit uns «kommunizieren». Die Verkehrsampel schaltet nicht mehr nach einem festen Rhythmus von Rot auf Grün, sondern «erkennt» mit Sensoren im Asphalt, von wo der meiste Verkehr anrollt und wer schon am längsten wartet. Dahinter steckt eine komplexe Programmierung, die eine optimale Lösung für alle «sucht». Ja, die Alltagsgegenstände sollen sogar selbstständig miteinander «kommunizieren» können, etwa Autos beim Einparken, um einen Zusammenstoss zu vermeiden. Oder wir selber sollen Geräte nicht mehr mit unseren Händen bedienen, sondern mithilfe der Spracheingabe. Diese Entwicklung wird «Internet der Dinge» genannt.

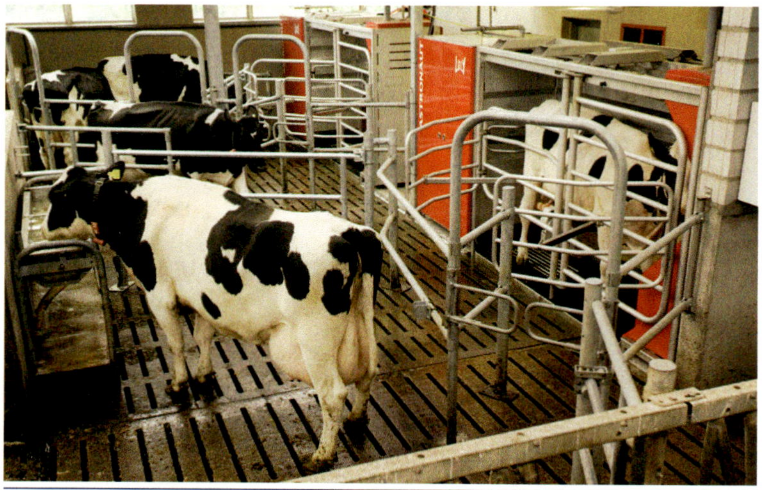

Q1 Melkroboter. Die Kuh geht selbstständig zum Roboter. Ein kleines Funkgerät, das sie am Hals trägt, identifiziert sie. Der Roboter ertastet ihr Euter, wäscht es, saugt die Milch ab und analysiert deren Fettgehalt. Er gibt der Kuh anschliessend im Fressnapf das Quantum Futter frei, das sie mit ihrer Milchleistung «verdient» hat. Der Roboter meldet dem Landwirt Auffälligkeiten in der Zusammensetzung der Milch und sendet Daten über den Gesundheitszustand der Kühe.

Roboter werden Alltag

Eine Vorstellung davon, wie sich Lebewesen und Elektronik miteinander verbinden, vermittelt die moderne Landwirtschaftstechnik: Ein Navigationssystem steuert den Traktor bei der Bestellung der Felder. Sensoren stellen für jede Fläche Düngerbedarf und Schädlingsbefallsrisiko fest, und ein Programm steuert die Dosierung der entsprechenden Mittel. Früher hatte im Stall die Melkmaschine das Melken übernommen. Nun ersetzt der Melkroboter die ursprüngliche Muskelarbeit des Landwirts. Er kann sich via Computer oder Smartphone über das Leben seiner Tiere informieren lassen. Sein Beruf wandelt sich.

Berufe verändern sich

Die Fähigkeit, sich mit elektronisch gesteuerten Systemen zurechtzufinden, wird immer wichtiger. Einzelne Berufe sind inzwischen schon ausgestorben, wie etwa derjenige des Setzers. Der Setzer hatte den Text für den Druck vorbereitet. Heute kann jeder Computerbenutzer dank elektronischer Datenverarbeitung seine Texte weitgehend selbst gestalten. Die Dritte Technische Revolution hat erst begonnen und verändert viele Berufe. Dies gilt auch für Berufe, die sich mit Menschen befassen, wie im Gesundheitswesen, in der Ausbildung oder in der Seelsorge. Wie wird unser Alltag in zwei, drei Jahrzehnten aussehen, sei dies zuhause, im Beruf oder in der Freizeit?

Q2 1983 skizzierten zwei amerikanische Computerforscher, Edward Feigenbaum und Pamela McCorduck, einen «Altenroboter»:

Der Altenroboter ist eine wunderbare Sache. Er hält sich nicht deshalb im Haus auf, weil er hofft, einmal Ihr Geld zu erben. Er lungert nicht herum, weil er gerade nichts zu tun hat. Er ist da, weil er Ihnen gehört. Er badet Sie nicht nur, füttert Sie und rollt Sie hinaus in die Sonne, wenn Sie Sehnsucht nach frischer Luft haben und einmal etwas anderes sehen wollen, obwohl er dies natürlich auch alles kann. Das Allerbeste am Altenroboter ist, dass er zuhört. «Erzählen Sie mir noch einmal», sagt er, «wie wundervoll/schrecklich Ihre Kinder sind. Erzählen Sie mir noch einmal, wie Sie 1963 den tollen Erfolg hatten …» Und er meint es ernst. Er wird nie müde, die Geschichten zu hören, so, wie Sie nie müde werden, sie zu erzählen. Er kennt Ihre Lieblingsgeschichten, und es sind auch die seinen.

D1 «Paro»:

Bereits Realität ist, dass Roboter «Paro» bei der Pflege von demenzkranken Menschen eingesetzt wird, deren Gehirn sich im Alter abbaut. Der Roboter ist als kuscheliges Robbenbaby eingekleidet. Die 6000 Franken teure «Robbe» lässt sich nicht nur streicheln, sondern registriert Berührungen, Helligkeit und Stimmen. Er reagiert mit behaglichem Brummen, Augen- und Schwanzbewegungen oder jault bei Schlägen auf.

Selbstbedienung
SMV
FRISCHE MILCH
HEUTE 58
H.M.
Mätzener
Man gehe mit der Zeit und stelle um auf Selbstbedienung

Q3 Karikatur, 1958. So stellte sich der Karikaturist H. Mätzener 1958, als die Selbstbedienungsläden aufkamen, das Melken vor.

Aufgaben

1 In VT1 sind einige Verben in Anführungszeichen gesetzt. Suche eine Erklärung dafür.

2 Zeichne ein Plakat, mit dessen Hilfe du erklären kannst, worin die Entwicklung hin zum «Internet der Dinge» besteht (VT1).

3 Erkläre, wie ein Melkroboter funktioniert. Erläutere Vor- und Nachteile dieses Geräts aus der Sicht eines Landwirts, einer Landwirtin.

4 Vergleiche die Karikatur Q3 mit dem Bild Q1. Ermittle den Unterschied.

5 Arbeite aus Q2 heraus, welches Bild von pflegenden Menschen die beiden Spezialisten entwerfen.

6 Vermute, warum «Paro» gerade bei demenzkranken Menschen eingesetzt wird (D1).

7 Diskutiert über den Einsatz von Robotern in der Pflege aus Sicht der alten Menschen, der Pflegenden und der Gesellschaft (VT3, Q2, Q3).

15 Leben mit technischen Revolutionen

1 Zu diesen Themen kann ich eine geschichtliche Frage stellen.

a) Jeweiliges Hauptmerkmal der drei technischen Revolutionen

b) Vor- und Nachteile des technischen Fortschritts

2 Diese Fragen kann ich beantworten.

a) Zu welchen drei Zeitpunkten setzte jeweils eine neue technische Revolution ein?

b) Wie wirkte sich die Erste Technische Revolution auf die Menschen aus, wie die Zweite?

3 Diese Begriffe kann ich erklären.

a) Kinderarbeit

b) Soziale Frage

c) Industrialisierung

d) Emanzipation

e) Dienstleistungssektor

4 Die Daten auf dem Zeitstrahl kann ich erklären.

5 Zu diesen Fragen habe ich eine Meinung und kann sie begründen.

a) Welche weiteren Fortschritte soll die Computerentwicklung machen?

b) Welche Bedeutung hat die Gleichberechtigung der Geschlechter?

c) Sollen Kinder arbeiten müssen/dürfen?

6 Diese Methode kann ich anwenden.

Statistiken auswerten:

a) Ich kann ein Diagramm verstehen.

b) Ich verstehe auch die Erklärungen zum Diagramm und bringe beides in einen Zusammenhang.

7 Ich kann Geschichte für meine Gegenwart nutzen.

a) Ich kann die grösseren politischen Parteien der Schweiz unterscheiden.

b) Ich kenne ihre grundsätzliche Einstellung zum technischen Fortschritt.

c) Ich kenne Zusammenhänge zwischen unserem Konsum und der Kinderarbeit in der Welt.

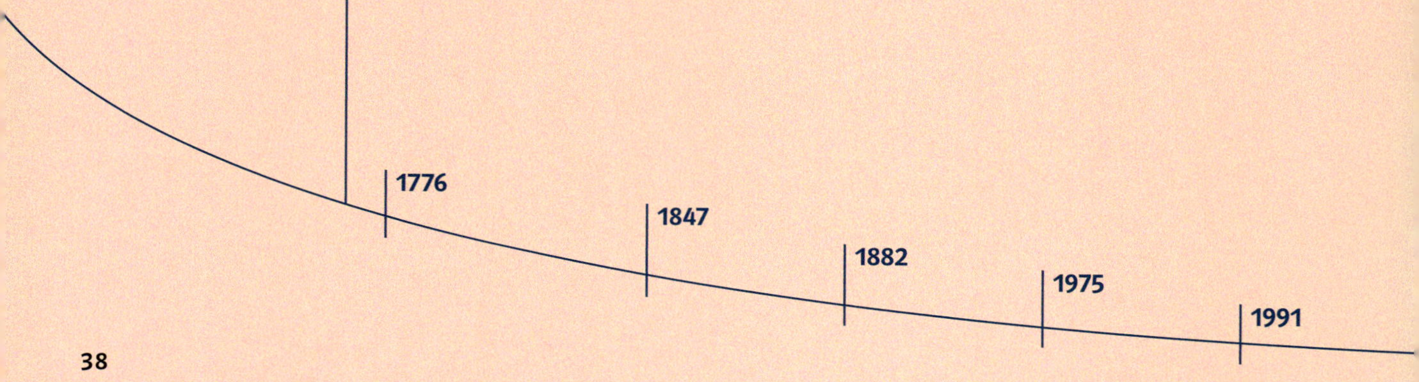

D1

D2

D3

1.
Technische Revolution ab 1770
Erleichterung der Muskelarbeit

2.
Technische Revolution ab 1850
Erweiterung von Hören, Sehen, Sprechen

3.
Technische Revolution ab 1970
Erleichterung der Denkarbeit

D4

D5

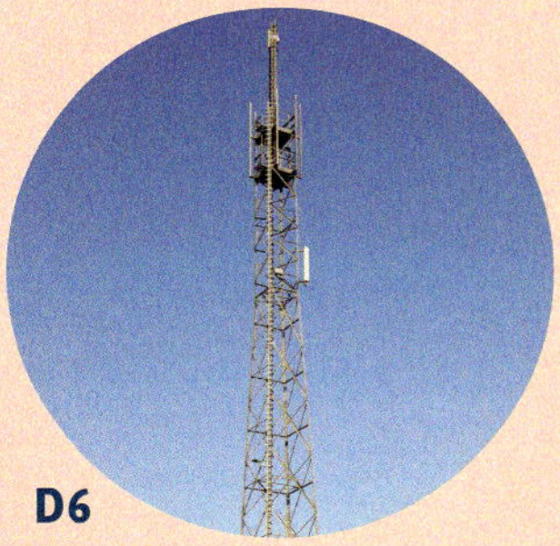

D6

D7

D1–D7 **Technische Revolutionen und zugehörige Geräte**

Aufgaben

1 Verfasse für die Bilder D1–D7 je eine Legende.

2 Ordne die Geräte der Bilder D1–D7 je einer technischen Revolution zu.

3 Nenne für jedes Gerät ein zweites aus der gleichen technischen Revolution, das mit ihm in Zusammenhang steht.

4 Suche, erkunde und fotografiere einen weiteren Gegenstand aus einer der technischen Revolutionen in einem Museum in deiner Nähe.

KV 11
Repetition
KV 12
Arbeitsblatt

6 1880 bis 1918

Imperialismus und Erster Weltkrieg

ab 1880
«Wettlauf» der Industriemächte um Kolonien in Afrika, Asien und im Pazifik

1904
Deutschland und Grossbritannien beginnen ein Wettrüsten um die grösste Flotte. Herero-Aufstand in Deutsch-Südwestafrika

1914
Das Attentat von Sarajewo am 28. Juni löst den Ersten Weltkrieg aus.

Die anderen Spaßvögel stellten sich jetzt schon vor, wie sie sich auf dem Alexanderplatz ein kühles Bier genehmigten.
Nur den Müttern war klar, dass sie in ihren Armen die künftigen Staatsmündel hielten, und die Viehwaggons (8 Pferde, 40 Mann waren in ihren Augen nichts als rollende Särge auf Schienen, aneinandergekoppelt unterwegs in Richtung Grab.

Der Erste in der Welt zu sein – danach strebten Ende des 19. Jahrhunderts alle industriellen Grossmächte. Alle wollten ihre Herrschaftsgebiete erweitern und dabei die Konkurrenten übertreffen. So begann um 1880 ein wahrer Wettlauf um Kolonien in Afrika, Asien und im Pazifischen Ozean. Es ging um Macht, Rohstoffe, Absatzmärkte.

Das schuf immer wieder Konflikte. 1914 kam es zur Katastrophe: Ein Zwischenfall löste den Ersten Weltkrieg aus. Er brachte schreckliches Leid über die Menschen und veränderte die politischen Verhältnisse in Europa von Grund auf. Die Schweiz blieb zwar militärisch verschont, der Krieg hatte aber tief greifende Folgen.

1917
Die USA treten in den Ersten Weltkrieg ein. In Russland gibt es eine Revolution.

1918
Mit der Niederlage Deutschlands und seiner Verbündeten endet der Erste Weltkrieg.

1919
Versailler Friedensvertrag: Europa bekommt eine neue Staatenordnung.

D1 Jacques Tardi schildert in seinem Comic «Elender Krieg» eindrücklich den Alltag während des Ersten Weltkrieges in Nordfrankreich. Dieser Ausschnitt handelt vom Kriegsausbruch und zeigt die französischen Soldaten, die von ihren Familien am Bahnhof verabschiedet wurden.

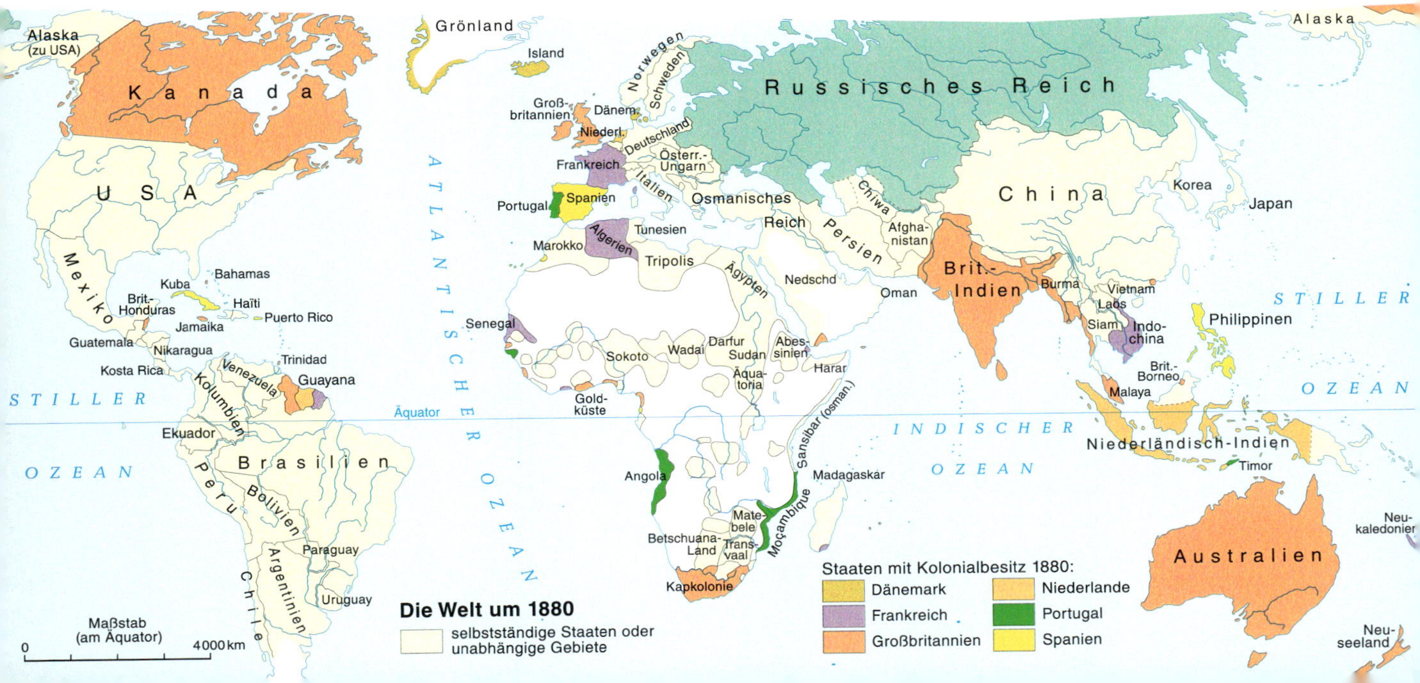

1 Die Erde wird aufgeteilt

Schon seit mehr als 300 Jahren hatten Europäer Kolonien in vielen Teilen der Erde erworben. Aber zwischen 1880 und 1914 entwickelte sich daraus ein Wettkampf um Kolonien, wie es ihn bis dahin noch nicht gegeben hatte.

Q1 «Wenn das Wetter hält, soll nächstens die Fassade unseres Erdballs frisch gestrichen werden.» Von links: Ein Brite, ein Russe und ein Franzose markieren «ihre» Gebiete in Afrika und Asien. Karikatur aus der Zeitschrift «Kladderadatsch» vom 23. März 1884

Imperialismus
(lat. «imperium» = Herrschaft, Reich)
Allgemein bezeichnet der Begriff die Herrschaft eines Landes über die Bevölkerung anderer Länder. Im Zeitalter des Imperialismus von 1880 bis 1914 beherrschten die Industriestaaten Kolonialreiche in Afrika, Asien und im Pazifik.

Das Zeitalter des Imperialismus

Mit Deutschland, den USA und Japan waren neue mächtige Industriestaaten entstanden, die nun auch nach Kolonien verlangten. So wollten sie ihren Herrschaftsbereich vergrössern. In den Jahrhunderten zuvor waren es meist private Handelsgesellschaften gewesen, die Kolonien gegründet hatten. Nun aber wurde der Kolonialerwerb zur Staatsangelegenheit. Die Staatsregierungen hatten die militärischen Mittel, um ihre Erwerbungen gegen Rivalen und gegen den Widerstand der Kolonialvölker zu behaupten. Dabei gingen die Kolonialstaaten zunehmend strategisch vor: Vergrösserte ein Staat sein Kolonialgebiet, zogen die anderen Staaten nach. Diese Konkurrenz hatte zur Folge, dass innerhalb weniger Jahre die meisten noch nicht kolonisierten Gebiete verteilt waren. Es entstanden riesige Kolonialreiche unter der Herrschaft einiger Industriestaaten. Die Zeit von 1880 bis 1914 nennen wir heute das Zeitalter des Imperialismus.

Wirtschaftliche Interessen

Die Industriemächte erwarben Kolonien vor allem aus wirtschaftlichen Gründen. Sie hofften, die Kolonien würden die Wirtschaft ihrer Staaten ankurbeln. Unternehmer und Kaufleute versprachen sich hohe Gewinne: Rohstoffe aus den Kolonien wie Baumwolle oder Kautschuk verkauften sie zu günstigen Preisen an die heimische Industrie. Dadurch konnten die heimischen Fabrikanten billiger produzieren als ausländische Konkurrenten. Und wer günstig produziert, kann seine Waren auch günstig verkaufen. So erwarteten sich die Firmen höhere Absätze.

Ausserdem hofften sie, ihre Produkte auch in die Kolonien verkaufen zu können und so neue Absatzmärkte zu erschliessen. Doch diese Hoffnung erfüllte sich kaum. Zwischen den Kolonien und ihren Mutterländern wurde wenig gehandelt; die meisten Geschäfte machten die Industriestaaten untereinander. Auch war es sehr teuer, die Kolonien zu verwalten, sie militärisch zu schützen sowie Strassen und Eisenbahnstrecken anzulegen. Insgesamt kosteten die Kolonien die Industriestaaten mehr Geld, als sie ihnen einbrachten.

Politische Ziele

Trotz der hohen Kosten hielten die Industriestaaten an ihren Kolonien fest. Denn fast überall waren führende Politiker davon überzeugt, dass in Zukunft nur die mächtigen Staaten mit grossen Kolonialreichen in der Weltpolitik etwas zu sagen hätten. Das verschärfte den Kampf um Kolonien so sehr, dass es mehrfach beinahe zu Kriegen zwischen den Industriemächten kam.

Q2 **Aus einer Rede des französischen Ministerpräsidenten Jules Ferry, 1884:**

Meine Herren, so, wie Europa beschaffen ist, inmitten der Konkurrenz so vieler Rivalen, die wir in unserem Umkreis erstarken sehen, (…) bedeutet eine Politik der (kolonialen) Abkapselung oder Enthaltsamkeit ganz einfach das Einschlagen des breiten Weges zum Niedergang. (…) Ohne zu handeln, (…) indem man jegliche Expansion nach Afrika oder in den Orient (…) als ein Abenteuer ansieht, ein solches Leben (…) ist für eine grosse Nation gleichbedeutend mit Abdankung und führt in kürzerer Zeit, als Sie zu glauben vermögen, zum Abstieg vom ersten Rang auf den dritten oder vierten.

Q3 **Aus einer Rede des britischen Kolonialministers Joseph Chamberlain, 1903:**

Unsere nationale Existenz beruht auf unserer industriellen Leistungsfähigkeit und Produktion. Wir sind nicht etwa ein wesentlich Ackerbau betreibendes Land, dies kann niemals die Hauptquelle unseres Wohlstandes sein. Wir sind ein grosses industrielles Land.

Daraus folgt eins: dass der Handel innerhalb unseres Weltreiches für unser Gedeihen in der Gegenwart unbedingt notwendig ist. Geht dieser Handel nieder oder hört er nur auf, im Verhältnis zu unserer Bevölkerung zuzunehmen, dann sinken wir zu einer Nation fünfter Klasse herab.

In Afrika gibt's jede Menge Rohstoffe zu holen: Eisenerz, Kupfer, Zink, Kohle, Gold … Genau das Richtige für unsere Industrie.
Ich könnte dort meine Maschinen verkaufen, das bringt richtig Geld.
Leckere Sachen wie Kaffee, Kakao, Gewürze und Früchte lassen sich hier in Europa bestimmt prima verkaufen.
Vielleicht können wir auch ein paar Tausend Arbeitslose in die Kolonien verschicken.

D1 **Wirtschaftliche Ziele des Kolonialerwerbs**

Aufgaben

1 Arbeite heraus, wie und warum sich der Kolonialerwerb von ca. 1880 an veränderte (VT1*).

2 Zähle auf, aus welchen Gründen die Industriemächte Kolonien erwarben (VT2, VT3, D1).

3 Erläutere, warum Kolonien für die meisten Industriestaaten ein Verlustgeschäft waren (VT2).

4 a) Erkläre anhand der Karikatur Q1 den Begriff «Imperialismus».
b) Passt der Titel der Karikatur zum Dargestellten? Begründe deine Meinung.
c) Bewerte die Folgen des in Q1 dargestellten Verhaltens für die Menschen in den Kolonien.

5 Vergleiche Q2 und Q3: Prüfe, in welcher Rede eher wirtschaftliche und in welcher eher politische Motive im Mittelpunkt stehen.

6 Beurteile, welche Folgen die Politik der Industriestaaten für ihr Verhältnis zueinander hatte (VT3, Q2, Q3).

7 D1 zeigt eine Diskussionsrunde im Jahr 1880 zum Thema «Braucht unser Land Kolonien?»: Vertreter aus vier Ländern, darunter Frankreich und Grossbritannien, begründen ihre Positionen. Spielt die Szene nach.

KV 2
Arbeitsblatt

* VT1 bedeutet: Die Aufgabe bezieht sich auf den ersten Abschnitt des Verfassertextes (VT). Die Abschnitte ergeben sich durch die blauen Zwischenüberschriften.

2 Die Welt im Jahr 1914

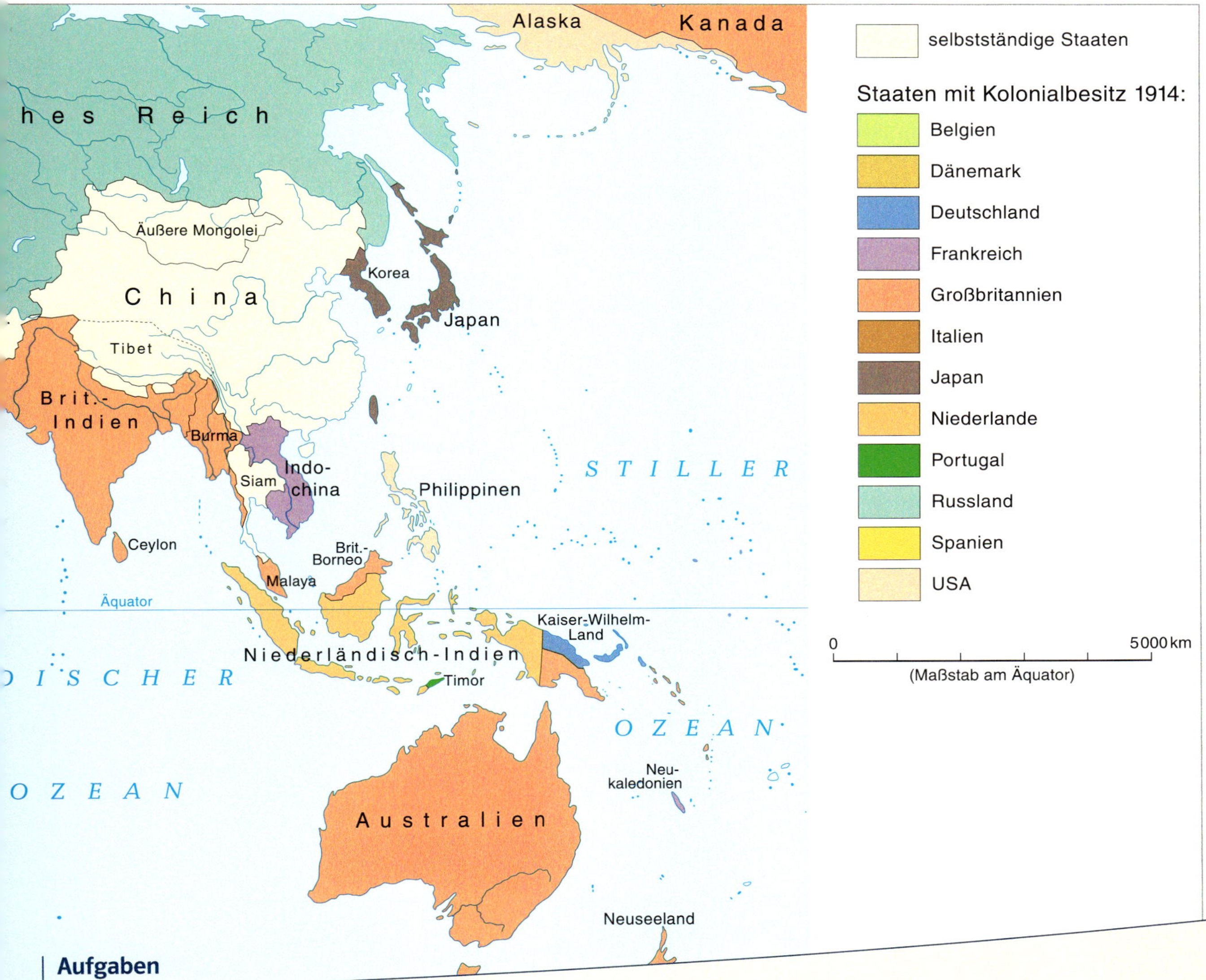

Aufgaben

1 Liste in einer Tabelle die Kolonialmächte und ihre Kolonien auf.

2 Stelle die Veränderungen zwischen 1880 (siehe Karte S. 41) und 1914 gegenüber.

3 Beschreibe, welcher Kontinent am stärksten vom Imperialismus betroffen war.

4 Schätze das Grössenverhältnis zwischen dem jeweiligen Mutterland und seinem Kolonialgebiet. Vergleiche die Grössenverhältnisse der verschiedenen Länder.

5 Erstelle eine Rangliste der Kolonialmächte nach ihrer Bedeutung und begründe deine Einschätzung (mögliche Kriterien: Grösse, strategische Lage, Bedeutung der Kolonie usw.).

6 Ein Brite möchte alle Kolonien seines Landes bereisen. Schätze anhand der Karte, welche Entfernung er zurücklegt, und überlege, wie er die Reise damals bewerkstelligen konnte.

7 Diskutiert, warum gerade Afrika für die Industriestaaten so interessant war.

KV 3
Arbeitsblatt

3 Sendungsbewusstsein und Rassismus

«Am deutschen Wesen soll die Welt genesen.» So dachten viele Deutsche im 19. Jahrhundert. Auch andere Europäer meinten, ihre Kultur stünde auf einer höheren Stufe als die anderer Völker. Für die Bevölkerung in den Kolonien hatte das fatale Folgen.

Nationalismus
Übertriebener Stolz auf die Leistungen und Werte des eigenen Volkes, manchmal verbunden mit einem übertriebenen Machtanspruch und mit der Verachtung anderer Völker.

Rassismus
Anschauung, wonach Menschen aufgrund angeborener (äusserlicher) Eigenschaften in Rassen von unterschiedlichem Wert eingeordnet werden. Rassisten bewerten einen Menschen danach, ob er einer wertvollen oder minderwertigen Rasse angehört. Wissenschaftlich ist diese Lehre nicht haltbar.

Kulturelles Sendungsbewusstsein

Um 1900 waren viele Menschen in den Industriestaaten davon überzeugt, dass ihre Kultur anderen überlegen war. Sie entwickelten ein Sendungsbewusstsein gegenüber den Kolonialvölkern: Frankreich wollte ihnen Zivilisation bringen, Deutschland die Tugenden deutscher Tüchtigkeit, die USA die amerikanische Demokratie. Sie alle behaupteten, damit die Entwicklung der Kolonialvölker zu fördern – notfalls auch mit Gewalt.

Christliche Mission

Mit den Kolonialherren kamen auch die Missionare. Sie beriefen sich auf die Bibel: Jesus habe den Auftrag gegeben, alle Völker der Welt zum christlichen Glauben zu bekehren. Mit diesem Sendungsbewusstsein traten die Missionare bei den Kolonialvölkern auf, die sie allesamt als Heiden ansahen. In Missionsschulen lernten einheimische Kinder zwar lesen und schreiben, wurden aber gleichzeitig gezwungen, den christlichen Glauben anzunehmen.

Manche Missionare liessen Krankenhäuser bauen, um die Versorgung der Menschen zu verbessern. Aber sie trugen auch dazu bei, die alten Sitten und Bräuche der indigenen Bevölkerung zu verdrängen und durch christliche Rituale und Feste zu ersetzen. Das betraf auch private Bereiche wie Hochzeiten und Familienfeste. So wurden den Kolonialvölkern die Lebensformen der Industriestaaten aufgezwungen.

Rassistische Anschauungen

Viele Imperialisten sahen sich durch die neu entstandenen Rasselehren bestätigt. Danach sollte die Rasse der Weissen allen «farbigen Rassen» überlegen sein. Nur die Herrschaft der wertvollsten Rassen garantierte angeblich den Fortschritt der Menschheit. Vermeintlich minderwertige Rassen müssten unterworfen werden.

Überzeugte Anhänger solcher Lehren sahen den Rassismus als Gesetz der Natur oder der göttlichen Weltordnung. So rechtfertigten sie die Ausbeutung der Kolonialvölker für ihre eigenen Zwecke.

Q1 «Züchtigung eines Eingeborenen», deutsche Postkarte, 1913. Brutale Prügelstrafen wurden schon bei kleinsten Vergehen verhängt. So wollten die Kolonialherren die indigene Bevölkerung «erziehen».

Q2 **Der spätere Kolonialpolitiker Cecil Rhodes rechtfertigte den britischen Imperialismus 1877 so:**

Ich behaupte, dass wir die erste Rasse der Welt sind und dass es für die Menschheit umso besser ist, je grössere Teile der Welt wir bewohnen. (...) Darüber hinaus bedeutet es einfach das Ende aller Kriege, wenn der grössere Teil der Welt in unserer Herrschaft aufgeht. Da (Gott) sich die Englisch sprechende Rasse offensichtlich zu seinem auserwählten Werkzeug geformt hat, (...) muss es auch seinem Wunsch entsprechen, dass ich alles in meiner Macht Stehende tue, um jener Rasse so viel Spielraum und Macht wie möglich zu verschaffen. Wenn es einen Gott gibt, denke ich, so will er daher eines gern von mir getan haben: nämlich so viel von der Karte Afrikas britisch-rot zu malen wie möglich und anderswo zu tun, was ich kann, um die Einheit der Englisch sprechenden Rasse zu fördern und ihren Einflussbereich auszudehnen.

Die ungebildeten Schwarzen können doch froh sein, wenn wir ihnen unsere Zivilisation bringen.
Und von unserem Fortschritt profitieren doch auch die Kolonien.
Jawohl. Aber zuerst müssen wir ihnen den Aberglauben austreiben. Die sollen erst einmal ordentliche Christen werden.
Wir Weissen sind doch der schwarzen Rasse haushoch überlegen!

D1 **Motive für den Kolonialerwerb**

Q3 **Aus einer Rede des französischen Politikers Georges Clemenceau, 1885:**

Überlegene Rassen! Minderwertige Rassen! Das ist leicht gesagt! Ich für meinen Teil bin da vorsichtig, seit ich erlebt habe, wie deutsche Gelehrte wissenschaftlich nachgewiesen haben, dass Frankreich den Krieg gegen Deutschland verlieren musste, weil die Franzosen den Deutschen gegenüber eine minderwertige Rasse seien. (...) Nein, es gibt kein Recht für sogenannte überlegene Nationen gegenüber unterlegenen Nationen. Wir sollten nicht die Gewalt mit der heuchlerischen Bezeichnung Kultur verhüllen. Sprechen wir nicht von Recht oder Pflicht. Die Eroberung (...) ist nichts anderes als der Missbrauch der Macht, welche die Wissenschaft unserer Kultur gegenüber zurückgebliebenen Kulturen gibt. Sie dient dazu, sich der Menschen zu bemächtigen, sie zu foltern oder alles aus ihnen herauszuholen zum Nutzen des angeblichen Kulturbringers.

Aufgaben

1 Erkläre die beiden Begriffe:
a) Rassismus (VT3, Lexikonartikel)
b) Nationalismus (Lexikonartikel)

2 Arbeite heraus, inwiefern die Imperialisten rassistische Begründungen für die Gründung von Kolonien nutzten (VT3, D1).

3 Prüfe, ob der Autor von Q2 als Rassist bezeichnet werden kann.

4 Ein Zuhörer hat die Rede Q3 nicht verstanden. Erkläre ihm, was Clemenceau gemeint hat.

5 Bewerte, welches Menschenbild die Rassisten haben (VT3, Lexikonartikel, Q1).

6 Ein afrikanischer Jugendlicher erzählt, was sich im Leben seines Dorfes seit der Ankunft europäischer Missionare verändert hat. Schreibe seinen Bericht auf (VT2).

4 Die koloniale Schweiz

Viele europäische Staaten profitierten von ihren Kolonien. Exotische Produkte gehörten bald zum Alltag. Fremde Menschen aus Übersee wurden in Europa vorgeführt. Die Schweiz besass keine Kolonien. Warum war sie trotzdem Teil der kolonialen Welt?

Q1 An einer Völkerschau in Deutschland 1901 wurden dem interessierten Publikum exotische Fremde aus Togo vorgeführt. Die bühnenhafte Kulisse soll einen passenden Hintergrund für den Einblick in das Leben in Afrika geben. Das Publikum zahlt Eintritt, wie für eine Theatervorstellung oder einen Zirkusbesuch.

Kolonialismus
Die Ausdehnung der Herrschaftsmacht von europäischen Staaten auf aussereuropäische Gebiete. Die wirtschaftliche Ausbeutung war ein zentrales Motiv. Es ging um billige Rohstoffe, neue Möglichkeiten für Exporte und Geldanlagen.

Völkerschau
Bezeichnet die Zurschaustellung von Angehörigen fremder Volksgruppen in Europa und Nordamerika. Völkerschauen fanden vor allem zwischen 1870 und 1940 statt. Sie lockten Millionen von Zuschauern an.

Das Exotische nach Europa bringen

Die europäischen Staaten kämpften um immer grössere Kolonialgebiete. Riesige Kolonialreiche waren unter europäischer Herrschaft entstanden. Billige Rohstoffe, aber auch exotische Produkte wie Kaffee, Tee oder Kakao wurden aus den Kolonien in die europäischen Länder eingeführt. Solche Produkte wurden «Kolonialwaren» genannt. Auch in der Schweiz setzte sich dieser Begriff durch – zahlreiche Läden verkauften Kolonialwaren.

Nicht nur Produkte, auch Menschen wurden aus den Kolonien nach Europa gebracht. Die Menschen, die in Europa lebten, wollten die «Fremden» aus Übersee sehen. Seit 1870 wurden deshalb immer häufiger Ausstellungen organisiert. Ganze Familien wurden nach Europa transportiert, damit die Leute sie an einer sogenannten «Völkerschau» betrachten konnten. Oft wurden diese Menschen in Zoos ausgestellt. Dort stellte man auch die fremden und wilden Tiere zur Schau, die von Europäern gefangen und nach Europa transportiert worden waren.

Völkerschauen auch in der Schweiz

Mehr als 300 solcher Menschengruppen aus aller Welt waren allein in Deutschland zwischen 1870 und 1940 zu sehen. Sie lockten bis zu 60 000 Besucher pro Tag an. Die Besucher sollten Einblick ins Leben der aussereuropäischen Menschen bekommen. Mit sogenannten «Eingeborenendörfern» wollte man zeigen, wie die Menschen in ihrer Heimat lebten. Manchmal wurden auch Theaterstücke einstudiert und aufgeführt, die das exotische Leben der Fremden vorführen sollten. Die Zuschauer waren begeistert: Sie empfanden es als Unterhaltung und stillten dabei ihre Neugier.

Auch in der Schweiz gab es solche Völkerschauen. Sie erlangten in allen Teilen der Schweiz grosse Beliebtheit. Allein im Basler Zoo wurden damals 21 Völkerschauen durchgeführt. An der Landesausstellung 1896 in Genf gab es ein sogenanntes «Negerdorf», in dem das exotische Leben von Schwarzen gezeigt wurde. Obwohl die Schweiz selbst nie Kolonien besass, wurde sie ein Teil der kolonialen Welt und beteiligte sich an der Kultur, die für die Kolonialmächte typisch war.

Q2 Auch in der Schweiz wurde die Überlegenheit der weissen Rasse betont. Ein Beispiel aus der «National-Zeitung», 21.5.1899:

(...) Man sollte die Gelegenheit niemals versäumen, die Schaustellung wilder Völkerscharen zu besuchen; eine solche bildet stets ein gewisses kulturhistorisches Interesse. Alle diese wilden Stämme, seien es nun Schwarze aus Afrika oder Braune vom australischen Inselland oder Rothäute aus Amerika, sind zum Aussterben verurteilt. Ihre Vernichtung als Barbaren wird sich in unseren und den nächsten Zeiten, dank der überall mit Riesenschritten vordringenden Zivilisation, mit wachsender Raschheit vollziehen. (...)

Q3 Wenige kritische Stimmen äusserten sich zu den Völkerschauen. Ein Beispiel aus dem «Christlichen Volksboten», 22.7.1885:

(...) Es ist an dieser Stelle anlässlich einer Kalmükenausstellung [mongolische Volksgruppe] schon darauf hingewiesen worden, wie entwürdigend es sei, Menschen in einem Tiergarten zur Schau auszustellen. Europa brüstet sich gerne mit seiner Kulturaufgabe der übrigen Welt gegenüber. Wir fragen, was wohl ein Singhalese, der ein bisschen nachdenkt, von uns weissen Kulturmenschen halten mag, wenn er uns in hellen Haufen herzuströmen sieht, allein um ihn hinter seiner Verzäunung zu begaffen und weiter nichts?! (...)

Q4 Mit diesem Plakat wurde 1896 für das «Negerdorf» an der Landesausstellung in Genf geworben. 200 Einheimische sollten dem Schweizer Publikum ein «unvergessliches Erlebnis» des «Schwarzen Kontinents» vermitteln.

Q5 Eine Touristin fotografiert eine Gruppe von Massai-Frauen. Foto, undatiert

Aufgaben

1 Äussere Vermutungen, weshalb Kolonialwaren in Europa so beliebt waren (VT1).

2 a) Beschreibe Q4 genau.
b) Das «Negerdorf» war an der Landesausstellung in Genf 1896 ein grosser Erfolg. Formuliere mögliche Gründe (VT2, Q4).

3 Stelle Zusammenhänge zwischen Q1 und Q5 her und halte diese fest.

4 Wie könnte der Verfasser von Q3 die Fotografie Q5 kommentieren? Formuliere mögliche Aussagen aus seiner Sicht.

5 Im Zusammenhang mit Völkerschauen stösst man auch auf den Begriff «Menschenzoo». Was hältst du von diesem Begriff? Nimm Stellung.

6 Erkläre den Titel des Kapitels «Die koloniale Schweiz» (VT1, VT2, Q2, Q4).

KV 4
Arbeitsblatt

5 Ausbeutung und Unterdrückung

Es ist die Nacht zum 12. Januar 1904: Angehörige des Herero-Volkes umzingeln die Stadt Okahandja, zerstören eine Eisenbahnlinie und kappen eine Telegrafenleitung. Sie lassen sich die Behandlung durch die deutschen Kolonialherren nicht mehr gefallen. Ein Aufstand bricht los.

Völkermord
Massenhafte Vernichtung von Menschen einer nationalen, ethnischen oder religiösen Gruppe bis hin zur Ausrottung.

Unmenschliche Zustände

Viele Europäer, die als Händler oder Beamte in den Kolonien lebten, benahmen sich wie Herrenmenschen gegenüber der indigenen Bevölkerung. Darin unterschieden sich deutsche Kolonialherren nicht von anderen europäischen Mächten. Weisse Siedler nahmen den Einheimischen ihr Land und auch ihr Vieh weg. Männer und Frauen wurden gezwungen, auf den Plantagen der Siedler zu arbeiten. Kleinste Vergehen wurden brutal bestraft. Manche Kolonialherren vergewaltigten sogar einheimische Frauen.

Solches Handeln führte immer wieder zu Aufständen der einheimischen Bevölkerung. Doch die Europäer warfen die Aufstände mit ihrer überlegenen militärischen Gewalt meist schnell nieder.

Der Herero-Aufstand

Traurige Berühmtheit erlangte der Aufstand des Herero-Volkes in der Kolonie Deutsch-Südwestafrika (heute: Namibia) im Jahr 1904. Die Herero lebten am Rand der grossen Omaheke-Wüste, wo sie mit ihren grossen Viehherden von Weideplatz zu Weideplatz zogen. Doch dann fiel ein Grossteil ihrer Herden der Rinderpest zum Opfer: Die Herero gerieten in wirtschaftliche Not und verkauften ihr Land an die weissen Siedler. Dafür wiesen ihnen die deutschen Behörden 1903 neues, aber unfruchtbares Land zu, auf dem sie künftig leben sollten. Das gute Weideland hatten die Deutschen selbst besetzt.

Als die Deutschen eine Bahnstrecke von der Küste ins Landesinnere bauten, stachelten sie den Zorn der Herero weiter an, denn die Eisenbahnlinie schnitt die Herero von ihren lebenswichtigen Wasserstellen ab. Das war der Anlass für die Herero, sich gegen die deutschen Kolonialherren zu erheben. Der Aufstand kam für die Deutschen so überraschend, dass die Herero in wenigen Wochen grosse Teile des Landes besetzen konnten. Über hundert deutsche Siedler und Soldaten wurden dabei getötet.

Q1 Deutsche Truppen im Kampf gegen die Herero. Mit ihrer Waffentechnik waren sie den einfacher bewaffneten Herero überlegen. Foto, 1904

Am Ende: Völkermord

Doch letztlich waren die Herero gegen die modernen Waffen der Deutschen chancenlos. Die Soldaten trieben die Herero – Männer, Frauen und Kinder – in die Omaheke-Wüste und riegelten das Gebiet ab. Wer versuchte, aus der Wüste zu entkommen, um an ein Wasserloch zu gelangen, wurde erschossen. Von ursprünglich 80 000 Herero überlebten am Ende nur ca. 15 000. Für viele Historiker ist diese Militäraktion der erste Völkermord des 20. Jahrhunderts. Zwar gab es schon damals heftige Kritik daran in der deutschen Öffentlichkeit. Doch grundsätzlich war man der Ansicht, dass Gewaltanwendung gegen aufständische Eingeborene gerechtfertigt sei.

Q2 Herero, vor Durst und Hunger dem Tode nah. Sie hatten zwar die Omaheke-Wüste überlebt, wurden aber anschliessend in Lager gesperrt, wo nochmals Tausende von ihnen starben. Gestellte Fotografie, 1907.

Q3 Der Herero-Häuptling Maharero schrieb an den deutschen Gouverneur, 1904:

Der Krieg ist nicht jetzt in diesem Jahr durch mich begonnen worden, sondern er ist begonnen worden von den Weissen. Du weisst, wie viele Herero durch die weissen Leute, besonders durch Händler, mit Gewehren und in Gefängnissen getötet worden sind (...). Die Händler raubten meine Leute aus. Für (kleine) Schulden nahmen sie meinen Leuten zwei oder drei Rinder gewaltsam weg (...). Leutnant N. fing an, meine Leute im Gefängnis zu töten. Es starben zehn und es hiess, sie seien an Krankheit gestorben, aber sie starben durch die Aufseher (...). Jetzt muss ich die Weissen töten.

Q4 Brief des deutschen Generals Lothar von Trotha an die Herero, 1904:

Ich, der grosse General der deutschen Soldaten, sende diesen Brief an das Volk der Herero. Herero sind nicht mehr deutsche Untertanen. Sie haben gemordet, gestohlen (...). Das Volk der Herero muss jetzt das Land verlassen. Wenn das Volk dies nicht tut, so werde ich mit dem grossen Rohr (Gewehr) es dazu zwingen. Innerhalb der deutschen Grenze wird jeder Herero, mit oder ohne Gewehr, mit oder ohne Vieh, erschossen. Ich nehme keine Weiber und Kinder mehr auf, treibe sie zu ihrem Volk zurück (in die Wüste) oder lasse auf sie schiessen. Das sind meine Worte an das Volk der Herero.

Aufgaben

1 Nenne Gründe, warum es in den Kolonien häufig zu Widerstand und Aufständen der indigenen Bevölkerung kam (VT1).

2 Fasse in einem Zeitungsbericht Ursachen und Verlauf des Herero-Aufstands zusammen. Entscheide, welche Perspektive du in deinem Bericht einnimmst.

3 Erkläre, warum die Kolonialvölker den Kolonialmächten so unterlegen waren (VT3, Q1).

4 Beurteile die Entscheidung des Herero-Häuptlings (Q3). Ist sie gerechtfertigt?

5 Überlege, wie das Foto Q2 zustande gekommen sein könnte.

6 Bewerte das Verhalten der Deutschen gegenüber den Herero (VT3, Q2, Q4). Ist es als rassistisch zu bezeichnen (vgl. Lexikonartikel S. 46)?

6 Geschichtskarten auswerten

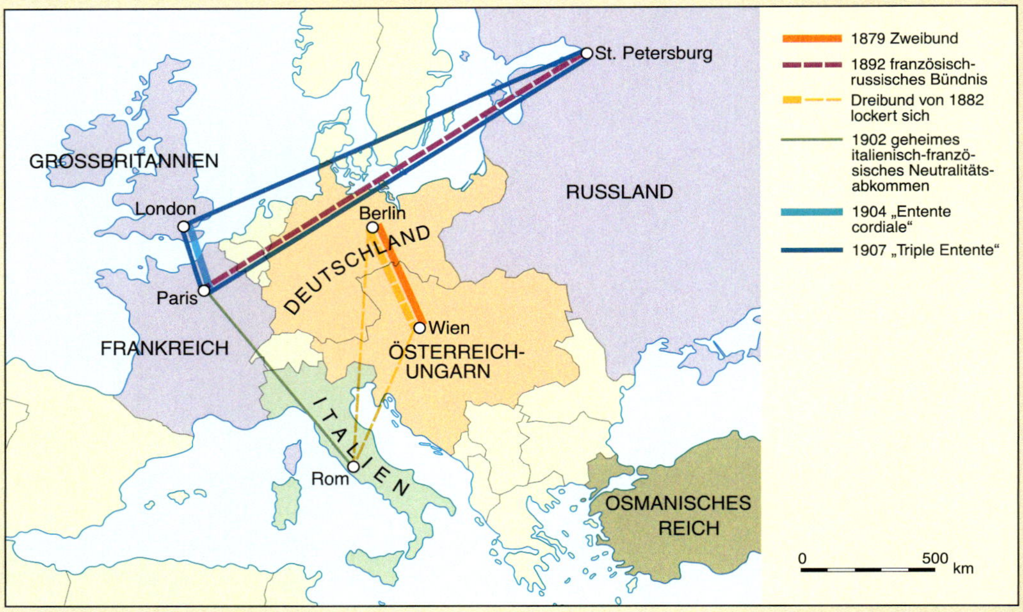

D1 Bündnisse um 1910

Bündnisse und Konflikte

Im Deutschen Reich spielte Otto von Bismarck als Reichskanzler eine wichtige Rolle. Er wollte mit seiner Aussenpolitik verhindern, dass Frankreich sich mit anderen Staaten verbündete. Er befürchtete, Frankreich könnte das 1871 an Deutschland verlorene Gebiet Elsass-Lothringen zurückerobern. Bismarck schloss deshalb mit den grossen europäischen Mächten Russland, Österreich-Ungarn und Italien Bündnisse, um sie an Deutschland zu binden. Durch seine Bündnispolitik sicherte er jahrzehntelang den Frieden in Mitteleuropa.

1888 wurde Wilhelm II. neuer Kaiser – und alles änderte sich. Er verfolgte einen «neuen Kurs», denn er wollte Weltpolitik betreiben. Weltpolitik hiess für den Kaiser, sich überall einzumischen und deutsche Interessen anzumelden. Er galt daher bald als Unruhestifter. Die deutschen Beziehungen zu den anderen europäischen Mächten verschlechterten sich. Dagegen verbesserten sich deren Beziehungen untereinander. 1904 entstand die «Entente cordiale», ein Bündnis zwischen Grossbritannien und Frankreich.

1907 einigten sich auch Grossbritannien und Russland, welches dem Bündnis ebenfalls beitrat; die «Triple Entente» entstand. An der Seite Deutschlands stand schliesslich nur noch Österreich-Ungarn. Sie bildeten zusammen das Bündnis der Mittelmächte. Im Ersten Weltkrieg standen sich diese beiden grossen Bündnisblöcke, Entente und Mittelmächte, gegenüber.

Geschichtskarten und historische Karten

Geschichtskarten stellen aus unserer heutigen Sicht Informationen über die Vergangenheit anschaulich dar. Sie zeigen, in welchem Gebiet der Welt, an welchem Ort und zu welcher Zeit sich Ereignisse und Entwicklungen abspielten. Es gibt auch sehr alte Karten, mit denen die damaligen Zeichner genau das Gleiche erreichen wollten. Diese Karten nennt man «historische Karten».

Beide Typen von Karten sind leichter zu verstehen, wenn man ihre «Zeichensprache» kennt. Diese Zeichen müssen entschlüsselt werden, damit man die Karte lesen kann. Ein schrittweises Vorgehen hilft dabei.

Massstab

Mithilfe des Massstabs kannst du auf dieser Karte zum Beispiel bestimmen, wie weit voneinander entfernt einzelne Städte oder wie gross einzelne Staaten sind.

Begriffe

Mit Namen werden die einzelnen Staaten, Reiche und Städte angegeben.

Namen mit Punkten

Mit Namen und Punkten werden auf dieser Karte die Hauptstädte der wichtigsten Staaten angegeben.

Farbige Linien

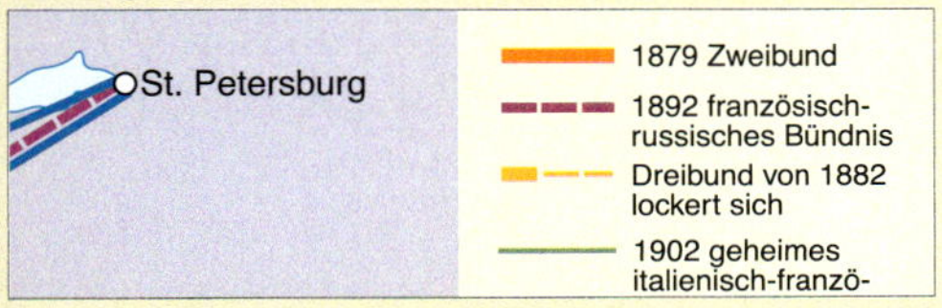

Die unterschiedlich farbigen Linien stellen auf dieser Karte verschiedene Bündnisse zwischen Staaten und Reichen dar. Dazu gehören jeweils der Name des Bündnisses und das Entstehungsjahr.

Arbeitsschritte: Geschichtskarten auswerten

Wahrnehmen

1 Lies den Titel und die Kartenlegende genau.

2 Beschreibe das Thema der Karte.

Erschliessen

3 Nenne den Zeitpunkt oder den Zeitraum, über den die Karte etwas aussagt.

4 Untersuche, welchen Raum die Karte zeigt. Ordne den Kartenausschnitt in einer grösseren Übersichtskarte ein. Nimm dazu deinen Geografie-Atlas zu Hilfe.

5 Kläre die Bedeutung von Farben, Linien, Punkten oder anderer Symbole. Schreibe dir stichwortartig Informationen dazu auf.

6 Fasse die Aussagen der Karte in wenigen Sätzen zusammen.

Orientieren

7 Überlege dir, welche Informationen die Karte dir nicht liefern konnte.

Farbige Flächen

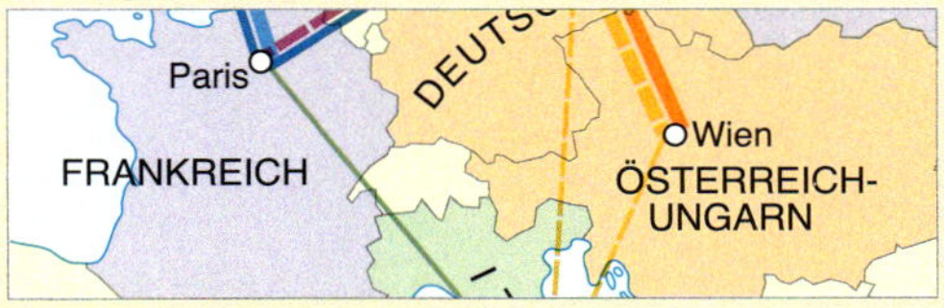

Mit unterschiedlichen Farben werden die einzelnen Staaten und Reiche eingefärbt. Damit erkennst du die Staaten, Reiche und deren Grenzen.

Aufgaben

1 Untersuche die Geschichtskarte D1 nach den methodischen Arbeitsschritten.

2 Miss auf der Karte:
a) die Distanz zwischen der Hauptstadt Grossbritanniens und der Hauptstadt von Frankreich,
b) die Distanz zwischen der Hauptstadt Deutschlands und der Hauptstadt von Russland.

3 Erkläre den Unterschied zwischen «Geschichtskarten» und «historischen Karten» (VT2).

4 a) Nenne die Staaten, die in D1 über Bündnisse miteinander verbunden waren. Gib jeweils die Bezeichnung des Bündnisses und das Entstehungsjahr an.
b) Nenne die Bündnisblöcke, die sich im Ersten Weltkrieg gegenüberstanden (VT1).

KV 5
Methode

7 «Pulverfass» Balkan

Um 1900 war der Balkan das gefährlichste Krisengebiet Europas. Vor allem die Feindschaft zwischen Serbien und Österreich-Ungarn konnte jederzeit in einen Krieg ausarten, der die beiden Bündnisblöcke mit hineinreissen würde.

Q1 «Der Brand am Balkan – Der vereinigten europäischen Feuerwehr gelang es leider nicht, den Brand zu löschen.» Karikatur der Zeitschrift «Simplicissimus», 1912. An der Pumpe stehen der britische Löwe, der österreichisch-ungarische Doppeladler, der französische Hahn, der russische Bär und der deutsche Adler. Im Hintergrund die Balkanvölker.

Annexion, annektieren
(lat. «annectere» = anbinden) Bezeichnung für die oft gewaltsame Aneignung von fremden Gebieten durch Staaten.

Slawen
Sprachverwandte Völker im Osten und Südosten Europas, u.a. Tschechen, Serben, Polen, Russen.

Krisenherd Balkan

Die Balkanvölker hatten lange Zeit unter der Herrschaft des türkischen Sultans gestanden. Solange er stark war, blieb es ruhig auf dem Balkan. Aber Ende des 19. Jahrhunderts herrschte ein schwacher Sultan. Das ermunterte die Balkanvölker – Makedonen, Albaner, Bulgaren, Serben –, sich von der türkischen Herrschaft zu befreien. Sie wollten unabhängige Nationalstaaten gründen. Doch in vielen Teilen des Balkans stimmten die Siedlungsgebiete der Völker nicht mit den bestehenden Staatsgrenzen überein. Immer wieder kam es daher zu Grenzstreitigkeiten zwischen Nachbarstaaten. Aus diesem Grund waren auch Österreich-Ungarn und Serbien verfeindet. Serbien strebte die Vereinigung aller Serben zu einem «grossserbischen Reich» an. Dazu sollten auch die Serben aus Bosnien-Herzegowina gehören, das von Österreich-Ungarn verwaltet wurde. Russland, das sich als Beschützer aller slawischen Völker verstand, unterstützte das serbische Vorhaben.

Kriegsgefahr als Dauerzustand

1908 annektierte Österreich-Ungarn das Gebiet von Bosnien-Herzegowina, das es bis dahin nur besetzt hatte. Serbien und das mit ihm befreundete Russland sahen in der Annexion Bosnien-Herzegowinas eine feindselige Handlung – sie drohten mit Krieg. Nur weil sich Deutschland drohend an die Seite Österreichs stellte und Grossbritannien besänftigend auf Russland einwirkte, konnte ein Krieg vermieden werden.

Doch auf dem Balkan blieb es nicht dauerhaft ruhig. 1912/13 führten die Balkanstaaten mehrere Kriege gegen das Osmanische Reich und anschliessend wegen strittiger Grenzfragen untereinander. Wieder gelang es den europäischen Grossmächten nur mit Mühe, die Kämpfe zu beenden.

Bedrohliche Aussichten

Schon bald deutete sich eine noch grössere Krise an: In Österreich-Ungarn stand ein Wechsel auf dem Kaiserthron bevor. Der zukünftige Kaiser Franz Ferdinand wollte den slawischen Völkern in Österreich-Ungarn die gleichen politischen Rechte zugestehen wie den Österreichern und Ungarn. Sein neues «Grossösterreich» sollte ein Bund aus gleichberechtigten Staaten sein, die sich selbst verwalteten. Franz Ferdinand war davon überzeugt, dass sich in diesem Österreich auch die Slawen, darunter die Serben, zuhause fühlen würden.

Doch Franz Ferdinands Vorhaben stand im völligen Gegensatz zu den grossserbischen Plänen. Die serbische Regierung wünschte sich ja gerade die Unzufriedenheit der Slawen in Österreich-Ungarn. Denn nur so konnte sie die österreichischen Serben für das grossserbische Reich gewinnen. Daher sah die serbische Regierung in der künftigen Thronbesteigung Franz Ferdinands eine Gefahr.

Q2 Der oberste General Österreich-Ungarns beurteilte das Verhältnis zu Serbien 1913 so:

Die Entwicklung eines selbstständigen grossserbischen Staates ist eine Gefahr für die Monarchie [Österreich-Ungarn]. (…) Damit droht der Monarchie der Verlust der wichtigsten Gebiete für ihre Grossmachtstellung (…). Eingekeilt zwischen Russland, dann einem mächtig gewordenen Serbien und Montenegro und einem auf die Dauer kaum verlässlichen Italien, wird die Monarchie zur politischen Ohnmacht und damit zum sicheren Niedergang verurteilt sein. (…) Die Monarchie muss durch eine militärische Kraftäusserung ihr Prestige, besser gesagt, ihre politische Geltung, wiederherstellen.

Q3 Eine serbische Zeitung schrieb 1913 zum fünften Jahrestag der Annexion von Bosnien-Herzegowina:

Den Schmerz, der an diesem Tage dem serbischen Volke zugefügt wurde, wird (es) noch Jahrzehnte fühlen. (…) Das Volk legt das Gelübde ab, Rache zu üben, um durch einen heroischen Schritt zur Freiheit zu gelangen. Serbische Soldaten (…) legen heute das Gelübde ab, dass sie gegen die «zweite Türkei» [d.h. Österreich-Ungarn] ebenso vorgehen werden, wie sie (…) gegen die Balkan-Türkei vorgegangen sind. (…) Der Tag der Rache naht.

D1 Die Balkanstaaten 1908 bis 1913

Aufgaben

1 Beschreibe die Gebietsveränderungen auf dem Balkan 1908 bis 1913 (D1).

2 Arbeite heraus, welches Hauptziel die serbische Regierung hatte (VT1).

3 Erläutere, warum der Balkan als «Pulverfass» bezeichnet wurde (VT1, VT2).

4 Begründe, warum die Feindschaft zwischen Österreich-Ungarn und Serbien besonders gefährlich war (VT1, VT2).

5 Vergleiche die Sichtweisen in Q2 und Q3. Worauf laufen sie hinaus?

6 Schreibe als serbischer Journalist einen Zeitungsartikel darüber, warum Franz Ferdinand eine Gefahr für Serbien darstellt (VT3).

7 Erkläre die Karikatur Q1 mithilfe der Informationen aus dem Verfassertext.

8 Bewerte das Verhalten einiger «Feuerwehrmänner» (Q1). War der Brand so zu löschen?

8 Julikrise und Kriegsausbruch

Am Abend des 28. Juni 1914 verbreiten Extrablätter in den Städten Europas eine Sensationsmeldung: In Sarajewo, das im serbischen Gebiet Österreich-Ungarns liegt, sind der österreichische Thronfolger und seine Frau erschossen worden. Das liess Schlimmes ahnen.

Gratis. Extra-Blatt. Gratis.

Vossische Zeitung

Königlich privilegirte Berlinische Zeitung von Staats- und gelehrten Sachen.

Haupt-Geschäftsstelle Breite Str. 8/9, Berlin C.

Der österreichische Thronfolger und seine Gattin ermordet.

Einer grauenvollen Bluttat sind der Erzherzog-Thronfolger Franz Ferdinand von Oesterreich-Ungarn und seine Gattin, die Herzogin von Hohenberg, zum Opfer gefallen. Durch Schüsse serbischer Fanatiker wurden sie ermordet, nachdem sie einem Bombenattentat, durch das einige Offiziere aus ihrem Gefolge und einige Personen aus dem Publikum verwundet wurden, entgangen waren. Ueber das furchtbare Ereignis wird uns telegraphiert:

Q1 Extrablatt der «Vossischen Zeitung» aus Berlin, 28. Juni 1914

Mobilmachung
Alle Streitkräfte eines Staates machen sich bereit für einen bevorstehenden Kriegseinsatz.

Ultimatum
Letzte Mahnung, bis zu einem bestimmten Zeitpunkt Forderungen zu erfüllen, um Krieg zu vermeiden.

Das Attentat

Der 28. Juni war serbischer Nationalfeiertag. Durch seinen Besuch in Sarajewo wollte der Thronfolger Franz Ferdinand den Serben Österreich-Ungarns seine Freundschaft zeigen. Doch serbische Fanatiker wollten seine Freundschaft nicht: Sie drängten auf die Loslösung aller Serben von Österreich-Ungarn (siehe Kapitel 7). Einer von ihnen, der Student Gavrilo Princip, feuerte bei der Stadtrundfahrt des Thronfolgers die tödlichen Schüsse ab.

Diplomatie statt Krieg

Für die Österreicher war klar, dass die Drahtzieher des Attentats in Serbien sassen. Daher wollte die österreichische Regierung das Attentat nutzen, um Serbien zu demütigen, das sie als gefährlichen Feind betrachtete. Hilfe kam vom Bündnispartner Deutschland: Am 6. Juli sicherte die deutsche Regierung Österreich-Ungarn ihre bedingungslose Untersützung zu, sogar wenn es zu einem Krieg mit der serbischen Schutzmacht Russland käme. Die deutsche Regierung hoffte, diese Zusicherung würde Russland abschrecken, Serbien zu helfen. Denn es war klar, dass ein Krieg zwischen Österreich und Russland auch andere Mächte mit in den Krieg hineinziehen würde – schliesslich hatten sich die Grossmächte verpflichtet, ihre Bündnispartner im Fall eines Krieges militärisch zu unterstützen. Grossbritannien schlug vor, den Konflikt durch Verhandlungen zu lösen. Doch Deutschland und Österreich lehnten das ab: Sie befürchteten, Serbien mit einem Kompromiss nicht genug zu schwächen.

Europa auf dem Weg in den Krieg

Am 23. Juli stellte Österreich Serbien ein Ultimatum. Serbien versprach, fast alle österreichischen Forderungen zu erfüllen, machte aber gleichzeitig seine Armee mobil (25. Juli). Österreich antwortete am 28. Juli mit der Kriegserklärung.

Von nun an bestimmten militärische Überlegungen das Geschehen: Um Serbien zu schützen, machte Russland gegen Österreich und dessen Bündnispartner Deutschland mobil (30. Juli). Deutschland machte ebenfalls mobil und erklärte Russland am 1. August den Krieg. Noch am selben Tag folgte die Mobilmachung von Russlands Bündnispartner Frankreich. Daraufhin erklärte Deutschland auch Frankreich den Krieg (3. August). Die deutsche Kriegsplanung sah vor, zuerst Frankreich zu besiegen und danach Russland. Doch für den Einfall in Frankreich mussten deutsche Truppen das neutrale Belgien durchqueren. Das war für Grossbritannien der Anlass, Deutschland den Krieg zu erklären (4. August).

Damit befanden sich alle europäischen Grossmächte im Krieg.

Q2 Wer war schuld am Ausbruch des Ersten Weltkrieges?

a) Ein österreichischer Augenzeuge:

Damals [1914] vertraute das Volk noch unbedenklich seinen Autoritäten; niemand in Österreich hätte den Gedanken gewagt, der allverehrte Landesvater Kaiser Franz Joseph hätte in seinem vierundachtzigsten Jahr sein Volk zum Kampf aufgerufen ohne äusserste Nötigung (...). Die Deutschen wiederum hatten die Telegramme ihres Kaisers an den Zaren gelesen, in denen er um den Frieden kämpfte (...). Wenn es zum Kriege gekommen war, konnte es nur gegen den Willen ihrer eigenen Staatsmänner geschehen sein, niemand im ganzen Land hatte die geringste Schuld. (...) (E)s war Notwehr (...) gegen einen schurkischen und tückischen Feind, der ohne den geringsten Grund das friedliche Österreich und Deutschland «überfiel».

b) Der Historiker Ludger Grevelhörster, 2004:

Ohne die deutsche Rückendeckung (...) wäre Österreich-Ungarn nicht in der Lage gewesen, Serbien anzugreifen. (Damit) (...) hatte Berlin die Verschärfung der Julikrise entscheidend herbeigeführt und konsequenter als die anderen Mächte auf ein Weitertreiben des Konflikts gesetzt. Aber auch die Führung in Wien versagte, indem sie sich mit der serbischen Antwortnote auf ihr Ultimatum nicht zufriedengab (...). Weiterhin trug besonders die Entscheidung der russischen Regierung vom 30. Juli zur Anordnung der allgemeinen Mobilmachung massgeblich zum Ausufern des Konflikts bei. (...) Anders, als es vielen Zeitgenossen erschien, handelte es sich bei dem Ausbruch des Krieges also keineswegs um eine unaufhaltsame (...) Entwicklung. (...) Denn keine der an den Entscheidungen dieser Wochen beteiligten Regierungen musste so handeln, wie sie es tat.

Q3 Einer der Attentäter wird überwältigt und festgenommen.
Foto, 1914 (digital koloriert)

Aufgaben

1. Beschreibe die politischen Hintergründe des Attentats (VT1, Q1, Q3).
2. Begründe, warum die österreichisch-deutschen Reaktionen auf das Attentat gefährlich waren (VT2).
3. Mit dem 28. Juni 1914 begann eine Kette von Ereignissen, die man mit einer Reihe Dominosteine vergleichen kann. Veranschauliche die Ereignisse bis zum 4. August 1914 in einer entsprechenden Zeichnung (VT).
4. Die «Vossische Zeitung» berichtet am 4. August 1914 in einem Extrablatt vom Kriegsausbruch in Europa. Verfasse einen kurzen Bericht. Erläutere darin auch, warum es zum Krieg gekommen ist (VT).
5. Finde heraus, zu welchem Urteil der österreichische Augenzeuge in der Kriegsschuldfrage kommt und wie er es begründet (Q2 a).
6. Vergleiche sein Urteil mit dem Urteil des Historikers von 2004 (Q2 b).
7. Nimm Stellung, welcher der Verfasser die Schuldfrage zutreffender beurteilt (Q2 a/b).
8. Erläutere mithilfe von Q2 b, was anders hätte verlaufen müssen, um den Krieg zu verhindern.

KV 6
Arbeitsblatt

9 Europa wird zum Schlachtfeld

August 1914: In ganz Europa ziehen junge Männer begeistert in den Krieg. Sie sind fest davon überzeugt, den Feind in einem schnellen Feldzug besiegen zu können. Aber was sie erwartet, ist anders als je zuvor.

Weltkrieg
Ein Krieg, an dem zahlreiche Länder beteiligt sind und der sich geografisch über mehrere Kontinente erstreckt.

Stellungskrieg
Kampfhandlungen, bei denen sich der Frontverlauf zwischen den kämpfenden Parteien über längere Zeit nicht ändert. Sie werden meist von Schützengräben und Bunkern aus geführt.

Falsche Erwartungen

Alle beteiligten Staaten hatten genaue Pläne, wie sie im Kriegsfall den Gegner rasch besiegen wollten. Aber die Pläne funktionierten nicht. Den Deutschen gelang zwar ein schneller Vorstoss durch Belgien und Nordfrankreich, aber kurz vor Paris wurden sie von französischen und britischen Truppen gestoppt. Der französische Plan, bis an den Rhein vorzustossen, scheiterte von Anfang an am deutschen Widerstand. Russische Armeen, die über Ostpreussen nach Berlin vorrücken wollten, wurden von deutschen Truppen zurückgeworfen.

Nirgendwo gelang den Angreifern ein entscheidender Durchbruch. Im Gegenteil: Neue, hochtechnisierte Waffen wie schnell feuernde Maschinengewehre und Kanonen brachten den Verteidigern Vorteile. Vor allem die angreifenden Truppen erlitten schwere Verluste. Die Vorstellung von einem raschen Kriegsende erwies sich als Irrtum.

Q1 Aufbruch zur Front 1914. Foto des offiziellen Militärfotografen Franz Tellgmann, 1914

Stellungskrieg und Materialschlachten

Ende 1914 erstarrte der Krieg im Westen und im Osten zum Stellungskrieg. Über Hunderte von Kilometern lagen sich die Soldaten auf Sichtweite gegenüber. Das Leben in tiefen, schlammigen Schützengräben wurde zum Alltag der Frontsoldaten. Hier standen sie unter dauerndem Beschuss, der sich zeitweise zu rasendem Trommelfeuer steigerte.

Mitte 1916 unternahmen die Deutschen einen Grossangriff bei der französischen Stadt Verdun, kurz danach die Briten am Fluss Somme. Rücksichtsloser Einsatz von Menschen und Material sollte den Durchbruch erzwingen. Immer grausamere Waffen wie Giftgas und Flammenwerfer wurden eingesetzt. Trotzdem blieben beide Angriffe erfolglos. Über eine Million Soldaten mussten sterben.

Kriegskosten und Kriegsziele

Die Produktion der hochtechnisierten Waffen war sehr teuer. Um die riesigen Summen aufzubringen, mussten die Krieg führenden Staaten Schulden machen. Davon profitierten diejenigen, die den Regierungen Geld gegen hohen Zins liehen oder selbst Kriegsmaterial produzierten. Dass sich ihre Staaten verschuldeten, nahmen die Regierungen in Kauf. Sie gingen davon aus, dass am Ende die Verlierer alles bezahlen würden.

Die hohen Kosten beeinflussten auch die Kriegsziele, die alle Krieg führenden Länder ab 1914 formulierten: Im Fall einer Niederlage forderten sie von den besiegten Staaten die Abtretung von Kolonien und Industriegebieten sowie hohe Entschädigungszahlungen. Dafür mussten die Kriegsgegner aber erst einmal besiegt werden. Für viele kam daher nur der eigene Sieg infrage – dass der Krieg auch mit einem Kompromiss enden könnte, schlossen sie aus.

Q2 **Aus einem Feldpostbrief von K. Peterson (geboren 1894, gefallen 1915) an seine Eltern, 27. Oktober 1914:**

O fürchterliche Minuten! Man fürchtet den Tod und könnte in solchen Stunden den Tod herbeisehnen aus Entsetzen vor dieser Art des Todes. – Zwei Sturmangriffe mitgemacht; möchte keiner mehr folgen! (…) Wohin ist aller Mut geschwunden? Wir haben genug vom Kriegführen. Nicht feige braucht man zu sein, aber das Menschliche empört sich gegen diese Unkultur, dieses grauenhafte Schlachten. Weg, weg mit diesem Krieg! So schnell wie möglich zu Ende! (…) Mach ein Ende, o Herr, du gütiger Weltenlenker, mit diesem Schrecken. Gib uns recht, recht bald den Frieden!

Q3 **Aus einem Feldpostbrief von F. Francke (geboren 1892, gefallen 1915) an seine Eltern, 5. November 1914:**

Ihr könnt Euch ja gar nicht ausmalen, wie so ein Schlachtfeld aussieht, man kann's (…) selbst kaum glauben, dass so viel viehische Barbarei und unsägliches Elend möglich ist. Schritt für Schritt muss erstritten werden, alle hundert Meter ein neuer Schützengraben, und überall Tote, reihenweise! Alle Bäume zerschossen, die ganze Erde metertief zerwühlt von schwersten Geschossen, und dann wieder Tierleichen und zerschossene Häuser und Kirchen, nichts, nichts auch nur annähernd noch brauchbar. Und jede Truppe, die zur Unterstützung vorgeht, muss kilometerweit durch dieses Chaos hindurch, durch Leichengestank und durch das riesige Massengrab.

D1 **Verlauf der Fronten im Ersten Weltkrieg**

Q4 **Kriegslandschaft in Flandern (Belgien).** Foto, 1917 (koloriert)

Aufgaben

1 a) Beschreibe die Bilder Q1 und Q4.
b) Ergänze auf einer Kopie Denkblasen für die Menschen und fülle sie aus.

2 Begründe, warum die Erwartungen zu Beginn des Krieges falsch waren (VT1).

3 Arbeite aus D1 heraus, in welcher Lage sich das Deutsche Reich befand.

4 Berichte über die Auswirkungen des Kriegsalltages auf Mensch und Natur (VT2, Q2–Q4).

5 Erläutere, wie die Regierungen die hohen Kriegskosten bezahlen wollten (VT3).

6 Bewerte die Auswirkungen des Krieges für die Produzenten von Kriegsgütern (VT3) und die einfachen Soldaten (Q2, Q3).

10 Kinder spielen Krieg

Q1 Kinder spielen Krieg – in der Rue Greneta in Paris. Foto, 1915

Propaganda
(lat. «propagare» = ausdehnen, ausbreiten) Es werden systematisch politische oder weltanschauliche Meinungen verbreitet mit dem Ziel, das Bewusstsein der Bevölkerung auf eine bestimmte Weise zu beeinflussen.

Krieg in der Heimat

Die Menschen in der Heimat blieben vom Krieg nicht verschont. Ältere Menschen, Frauen, aber auch Jugendliche und Kinder spürten die verschiedenen Folgen des Krieges. Die Versorgung der Soldaten musste von zuhause aus organisiert werden. Kleidung, Lebensmittel und Waffen mussten hergestellt und an die Front transportiert werden.
Die Regierungen der Krieg führenden Staaten versuchten, die Bevölkerung von der Notwendigkeit des Krieges zu überzeugen. Werbung für politische Zwecke, sogenannte Kriegspropaganda, lief deshalb auf Hochtouren. Zeitungen berichteten vom erfolgreichen Kriegsverlauf. Auch Flugblätter, Postkarten und Plakate wurden eingesetzt. Sie stellten den Gegner als gefährlich dar und schürten den Hass auf andere Völker. Dabei spielten Fotografien eine immer grössere Rolle.

Die Welt in Farbe

Die Fotografie wurde im 19. Jahrhundert erfunden. Von da an war es möglich, Ereignisse in dem Moment festzuhalten, in dem sie geschahen. Die ersten Fotografien waren aber nur in schwarz-weiss möglich. 1904 stellten die Brüder Lumière in Frankreich ein Verfahren vor, mit dem farbige Fotografien, sogenannte Autochrome, möglich wurden. Es waren zwar noch lange Belichtungszeiten nötig, aber die Abbildung in echten Farben war ein grosser Fortschritt. Da diese Technik recht teuer war, verwendeten sie nur wenige Fotografen.
Auch aus dem Ersten Weltkrieg gibt es Farbfotografien. Der französische Fotograf Léon Gimpel nahm 1915 in Paris Kinder auf, die für ihn ihr Kriegsspiel nachstellten (Q1). Überall in Europa ahmten Kinder und Jugendliche das Kriegsgeschehen in ihren Spielen nach. Der Krieg war auch in der Heimat rundum präsent.

Q2 Auch in Basel spielten Kinder Krieg – Basler Kadetten. Foto, 1914. In Basel war das Kadettencorps eine Jugendorganisation, die auf freiwilliger Basis einen militärischen Vorunterricht anbot. Das Hauptgewicht der Ausbildung lag auf der «körperlichen Ertüchtigung» und auf dem militärischen Drill. 1914 hatte die Organisation 323 Mitglieder. Angesichts der Bedrohungslage erlebten die Kadetten während der Kriegsjahre einen grossen Zulauf.

Q3 In ihrem Tagebuch und in unzähligen Briefen hielt Charlotte-Louise Staehelin-Burckhardt ihre Erlebnisse während des Ersten Weltkrieges in Basel fest. In einem Brief an ihren Mann schrieb sie am 15. September 1914 über den 11-jährigen Sohn Walter:

Walther ist bei den Kadetten Gefreiter geworden und zog gerade in der neuen Uniform, die er sich zum Geburtstag wünschte und wozu alles Geld der Grossmütter verwendet wurde, von uns aus zum Soldätlis spielen. Er sieht ausgezeichnet darin aus.

Aufgaben

1 Woran erkennst du, dass die Kinder in Q1 «Krieg spielen»? Beschreibe die Merkmale genau.

2 Oft wird der Begriff «Heimatfront» verwendet. Äussere Vermutungen über seine Bedeutung (VT1).

3 Suche nach möglichen Gründen, warum die Farbfotografie für die Kriegspropaganda von besonderer Bedeutung war (VT1, VT2).

4 Warum spielten Kinder auch in der Schweiz Krieg? Äussere Vermutungen (VT1, Q2, Q3).

5 Was hältst du persönlich vom «Krieg-Spielen»? Begründe deine Position mit Argumenten.

6 Darf man Computer-Kriegsspiele spielen? Begründe auch hier deine Position.

11 Die Schweiz im Krieg?

Rund um die Schweiz brach ein bedrohlicher Krieg aus. Wie sollte sich die Schweiz verhalten? Um die Neutralität bewahren zu können, beschloss der Bundesrat die Mobilmachung und die Grenzbesetzung. Was bedeutete dies für die Schweizer Bevölkerung?

Q1 Beobachtungsturm an der Grenze, Allschwil. Eine der wichtigen Aufgaben für die Schweizer Soldaten war die Überwachung der Grenzen. Hier blickt ein Soldat von seinem Beobachtungsturm aus über die Grenze bei Basel ins nahe Elsass, das damals zu Deutschland gehörte. Foto, undatiert

Mittelmächte
Ein Militärbündnis zwischen Deutschland und Österreich-Ungarn, dem sich später das Osmanische Reich und Bulgarien anschlossen. Im Ersten Weltkrieg kämpfte es gegen die Entente.

Entente
Ein Militärbündnis zwischen Frankreich, Grossbritannien und Russland, das im Ersten Weltkrieg gegen die Mittelmächte kämpfte.

Mobilmachung und Grenzbesetzung

Wie reagierte die Schweiz auf den bevorstehenden Kriegsbeginn? Die Schweiz sollte als neutraler Staat ihre Grenzen verteidigen. Der Bundesrat beschloss deshalb auf den 3. August 1914 die Mobilmachung. 220 000 Soldaten mussten ihren Arbeitsplatz verlassen und ihren Verdienst aufgeben, um die Grenzen zu besetzen. Die Bundesversammlung wählte in der Nacht vom 3. August nach langen Diskussionen Ulrich Wille zum General, dem Oberbefehlshaber über die Schweizer Armee.

Die unvorbereitete Schweiz

Die Soldaten waren schlecht auf einen Krieg vorbereitet. Es fehlte sowohl an Ausbildung als auch an Ausrüstung. So erhielten die Soldaten zum Beispiel erst 1918 Stahlhelme. Die Schweizer Armee wäre im Falle eines Angriffs kaum fähig gewesen, das Land eigenständig zu verteidigen.

Während des Krieges standen 70 000 Soldaten im Einsatz. Sie leisteten durchschnittlich 500 Diensttage. Die Männer fehlten häufig zuhause. Mit dem Sold von nur 1.30 Franken pro Tag konnten sie ihre Familien zudem nicht ernähren. Auch in der Industrie wurden die Arbeitskräfte knapp. Frauen mussten teilweise die Arbeiten der Männer übernehmen. Die Mobilmachung hatte tief greifende Veränderungen in Wirtschaft und Gesellschaft zur Folge.

Ein Graben quer durch die Schweiz

Der Erste Weltkrieg war auch ein heftig geführter Propagandakrieg zwischen den beiden Krieg führenden Parteien: den Mittelmächten mit Deutschland und Österreich-Ungarn auf der einen Seite und der sogenannten Entente mit Frankreich, Grossbritannien und Russland auf der anderen Seite. Auch in der Schweiz fanden in den Zeitungen, in Filmen oder auf Flugblättern erbitterte Auseinandersetzungen statt. Diese verstärkten den Konflikt zwischen den Deutschschweizern, die mit Deutschland sympathisierten, und den Romands, die eher Frankreich zugeneigt waren. Der Bundesrat versuchte mit mehreren Verordnungen gegen die ausländische Propaganda vorzugehen, konnte den «Graben» zwischen den beiden Teilen aber nicht zuschütten.

Q2 Als 16-jähriges Mädchen zog Emma Abegg 1914 in ein Internat am Genfersee. Dort erlebte sie den Ausbruch des Ersten Weltkrieges. In ihrem Tagebuch hielt sie ihre Eindrücke fest:

Sonntag, 2. August

(…) Auf dem Heimweg sagten wir noch untereinander, dass die Lage wohl sehr ernst sei, nach dem zu urteilen, was der Pfarrer gesagt habe, und schon beim Mittagessen erreichte uns die Nachricht, dass der Krieg zwischen Deutschland und Russland erklärt sei. Einige wollten schon anfangen zu heulen. (…)

Q3 Am gleichen Tag, Sonntag, 2. August 1914, schildert die 49-jährige Louise Burckhardt-De Bary in Basel ihre Eindrücke ebenfalls in einem Tagebuch:

Unser Milchmann hat uns im Stich gelassen; er musste einrücken und sein Pferd hergeben. Riggenbach [Lebensmittelladen] hat uns mit den bestellten Lebensmitteln im Stich gelassen, jetzt kriegt man nur noch kiloweise. Von heute Abend an wird kein Sprit, kein Benzin etc. mehr ausgegeben. (…) Auf den Spitälern wehen weisse Fahnen und die Rotkreuzfahne. Es wird als wie kriegsmässiger. Der Ausdruck auf allen Gesichtern in der Stadt ist sehr ernst, bei manchen verzweifelt. (…)

Q4 Grenzbefestigung. An einigen Grenzabschnitten, wie hier im Jura, mussten Schweizer Soldaten auch oberirdische Befestigungen anlegen. Zu Hause fehlten diese Arbeitskräfte. Foto, undatiert

Q5 Die «geteilte Schweiz» wird 1917 in einer Karikatur der Zeitschrift «Nebelspalter» dargestellt. Die obere Hälfte wird mit «Entente» und «Welsch» beschriftet, die untere mit «Mittelmächte» und «Deutsch».

Aufgaben

1 Erkläre den Zusammenhang zwischen Mobilmachung und Grenzbesetzung (VT1, Q1, Q4).

2 Erläutere, warum die Mobilmachung für viele Familien grosse Probleme auslöste (VT1, VT2, Q3).

3 Vergleiche die Reaktionen von Emma Abegg (Q2) und Louise Burckhardt-De Bary (Q3) auf den Kriegsausbruch und suche nach möglichen Gründen.

4 a) Beschreibe, was auf Q5 dargestellt ist.
b) Begründe, warum der Titel «Die geteilte Schweiz» gut zur Karikatur passt (Q5, VT3).

5 a) Vergleiche Q1 und Q4. Welche Unterschiede und welche Gemeinsamkeiten erkennst du?
b) Überlegt euch im Zweierteam: Was geht im Kopf des Beobachters vor (Q1)? Welche Gespräche führen die Männer in Q4? Spielt die Szenen nach.

KV 7
Arbeitsblatt

12 Die Schweiz im Krieg – Not und Profit

Die Schweiz war wirtschaftlich von den Krieg führenden Parteien abhängig. Die Versorgung mit Lebensmitteln wurde immer schwieriger, die Preise stiegen rasch an. Viele Menschen gerieten in Not. Einige machten aber auch grosse Profite.

Völkerrecht
Regelt die Beziehungen zwischen Staaten. Es erleichtert die internationale Zusammenarbeit und stellt verbindliche Regeln auf, die für Frieden und Sicherheit in den Staaten sorgen sollen.

Wirtschaftliche Abhängigkeit und Versorgungsprobleme

Längst war die Schweiz von globalen Handelsverbindungen abhängig. Mit dem Kriegsausbruch wurde der Aussenhandel immer stärker von der Entente und den Mittelmächten kontrolliert. Die Schweiz verlor rasch ihre wirtschaftliche Unabhängigkeit. Die Versorgung mit Rohstoffen wie Getreide und Kohle wurde immer schwieriger. Die Preise stiegen an, alles wurde teurer. 1917 wurde die Rationierung für Grundnahrungsmittel eingeführt. Das heisst, der Staat teilte der Bevölkerung Lebensmittel wie Brot und Milch in kleinen Mengen zu. Seit der Jahreswende 1917/18 verschärfte sich die Situation noch mehr. Erstmals in der Geschichte des Bundesstaates waren breite Bevölkerungskreise in der ganzen Schweiz von Mangel, Unterernährung und Hunger betroffen. Die Verarmung der Menschen nahm rasch zu. Verunsicherung und Angst wuchsen.

Q1 Jugendliche bei der Arbeit in der Genfer Fabrik Piccard, Pictet & Cie. Sie packen eine Lieferung von Munitionsbestandteilen aus und kontrollieren diese. Ein Schweizer Unternehmen hat die Bestandteile produziert. Das Fabrikgesetz war bereits kurz nach Kriegsbeginn gelockert worden, sodass die Beschäftigung von Jugendlichen möglich wurde. Foto, undatiert

Profit und Kriegsgewinne

Der Krieg brachte aber auch zahlreiche wirtschaftliche Gewinner hervor. Verschiedene Industriezweige, Versicherungen und Banken profitierten von der fehlenden ausländischen Konkurrenz. So produzierte die Schweiz während des Krieges im grossen Stil Rüstungsgüter für die Krieg führenden Länder. Die Rohstoffe dafür erhielt sie von diesen Ländern. Besonders bedeutend war die Produktion von Munitionsbestandteilen, vor allem von Geschosszündern. Rund ein Drittel der Arbeitskräfte in der Metall-, Maschinen- und Uhrenindustrie stellte 1917 Munitionsbestandteile her. Der Bundesrat hatte zwar 1914 ein Exportverbot für Kriegsmaterial erlassen, bewilligte aber die Ausfuhr von Munitionsbestandteilen. Er sah darin keinen Bruch des Völkerrechts.

Auch in der Lebensmittelindustrie, wie zum Beispiel der Schokolade- oder Milchindustrie, in der Holz- sowie der chemischen Industrie konnten grosse Profite gemacht werden, weil die Nachfrage nach Lebensmitteln und Gütern enorm gestiegen war. Kriegsgewinne und Profit standen grosser Not und zunehmender Verarmung der Menschen gegenüber. Das verursachte Konflikte und Spannungen in der Bevölkerung.

Q2 Aus einem Aufruf zu einer Protestversammlung gegen die Teuerung am 27. Juli 1916 in Zürich; die Sozialdemokratische Partei und der Arbeiterinnenverein hatten dazu aufgerufen:

Seit Monaten verlangen wir von den Behörden wirksame Massnahmen gegen den Wucher durch Festsetzung von Höchstpreisen auf alle notwendigen Bedarfsartikel für die ganze Schweiz (...). Die Bundes- und Kantonsbehörden haben neben der Festsetzung von einigen Höchstpreisen noch nichts getan. Sie bringen der grossen Masse der arbeitenden Bevölkerung keinen genügenden Schutz gegen Übervorteilung und Unterernährung. (...)

Hier hilft nun kein Schimpfen und Jammern! Hier hilft nur die Tat! Jetzt müssen die Volksmassen selbst in Aktion treten, wenn ihnen geholfen werden soll! Deshalb auf und heraus! Niemand bleibe zuhause.

Q3 Legende der Karikatur: «Auf der einen Seite tötet man sie, auf der anderen pflegt man sie.» Der Karikaturist Charles Clément stellt die umfangreichen Lieferungen von Munitionsbestandteilen den Aktivitäten des Roten Kreuzes und der humanitären Tradition der Schweiz gegenüber. Satirezeitschrift «L'Arbalète», 1917.

Q4 Das Esslokal des Kriegsfürsorgeamts «Drei Rosen» in Basel. Mit sogenannten Volksküchen versuchten die Behörden sicherzustellen, dass die Menschen wenigstens eine warme Mahlzeit am Tag bekamen. Foto, aus der Zeit des Ersten Weltkrieges

Aufgaben

1 a) Erkläre, warum der Erste Weltkrieg einerseits für viele Schweizerinnen und Schweizer in eine Notsituation führte (VT1).
b) Erkläre, warum der Erste Weltkrieg andererseits einigen Schweizerinnen und Schweizern grosse Gewinne brachte (VT2).

2 Welche Verbindungen kannst du zwischen Q2 und Q4 herstellen? Begründe deine Vermutungen.

3 Zeige auf, warum die Legende gut zur Karikatur passt (Q3).

4 Überlege dir ein mögliches Gespräch unter den Jugendlichen in Q1. Versuche möglichst viele Aspekte aus VT1–VT2 einzubauen. Spielt das Gespräch nach.

13 Der Ausgang des Krieges

Ende 1916 zweifelten selbst die führenden deutschen Politiker und Generäle am Sieg. Deutschland schlug daher seinen Gegnern vor, Frieden zu ehrenvollen Bedingungen für alle zu schliessen. Doch der Krieg nahm eine andere Wendung.

Q1 «Vernichte dieses wahnsinnige Vieh. Werde Soldat der US-Armee.» Amerikanisches Poster zur Werbung von Freiwilligen für den Krieg gegen Deutschland, 1917

Waffenstillstand
Vorläufige Einstellung von kriegerischen Handlungen zwischen Kriegsparteien, meist gefolgt von Friedensverhandlungen.

Verpasste Friedenschancen

Grossbritannien und Frankreich lehnten das deutsche Friedensangebot ab. Sie forderten, dass Deutschland sich schuldig am Krieg bekenne und für die Schäden des Krieges aufkomme. Das lehnte Deutschland ab. Den Vorschlag des US-Präsidenten Woodrow Wilson zu einem «Frieden ohne Sieg» (22. Januar 1917) lehnten dann alle Krieg führenden Staaten ab.

1917 – das Jahr der Entscheidungen

Nachdem das Friedensangebot gescheitert war, wollte Deutschland durch einen «uneingeschränkten U-Boot-Krieg» den Sieg erzwingen. Schiffe, die Grossbritannien und Frankreich mit Gütern anliefen, wurden ohne Vorwarnung von deutschen U-Booten versenkt. Als auch mehrere amerikanische Schiffe sanken, erklärte US-Präsident Wilson Deutschland am 6. April 1917 den Krieg. Wilson sah im Kriegseintritt der USA einen «Kreuzzug für die Demokratie». Aber es gab auch wichtige wirtschaftliche Gründe, denn der U-Boot-Krieg gefährdete den Handel mit Grossbritannien und Frankreich. Der Kriegseintritt der USA verschaffte Deutschlands Gegnern ein gewaltiges Übergewicht an Menschen und Material.

Russland allerdings schied aus dem Krieg aus. Dort war im März 1917 der Zar durch eine Revolution gestürzt worden. In den folgenden Wirren setzte sich der kommunistische Politiker Lenin durch. Um seine Macht im Inneren zu festigen, beendete Lenin am 15. Dezember 1917 den Krieg.

Die deutsche Niederlage 1918

Deutschland suchte nun im Westen die Entscheidung. Aber gegen die durch die USA verstärkten Gegner waren die deutschen Kräfte bis Mitte 1918 völlig aufgebraucht. Auch Deutschlands Verbündete waren am Ende. Im September sah die Oberste Heeresleitung mit den Generälen Hindenburg und Ludendorff an der Spitze keine Siegchance mehr: Sie verlangte von der deutschen Regierung, die Gegner um einen Waffenstillstand zu bitten. Doch die Gegner wollten mit der kaiserlichen Regierung nicht verhandeln. Der Krieg liess sich aber auch nicht weiterführen, denn die Matrosen der deutschen Flotte weigerten sich, zu einem letzten Verzweiflungskampf gegen Grossbritannien auszulaufen. In ganz Deutschland schlossen sich Soldaten und Arbeiter dem Aufstand an. Kaiser Wilhelm II. musste am 9. November 1918 abdanken. Erstmals übernahm eine demokratische Regierung die Macht in Deutschland. Ihre Vertreter unterzeichneten am 11. November einen Waffenstillstandsvertrag mit den Siegern. Der Krieg war zu Ende.

Q4 Aufständische demonstrieren in den Strassen von Berlin. Sie verlangten das Ende des Krieges und die Übernahme der Macht durch Vertreter des Volkes. Foto, 9. November 1918

Q2 Bericht aus einem westfälischen Dorf, 1916/17:

Klagebriefe von der Front liessen die Stimmung sinken. (…) Die politischen Parteien waren sich in den Zielen über das Kriegsende nicht mehr einig. Das wirkte sich ungünstig auch in unserem Dorfe aus. Hier die Kriegsverlängerer, wie der Pfarrer und sein Anhang bezeichnet wurde, dort die Kriegsmüden, wie man die Anhänger des sofortigen Kriegsendes nannte. Was erreicht werden sollte durch die gewaltsamen Versuche bzw. durch das Friedensangebot, wurde nicht erreicht. Das Jahr [1916] ging zu Ende, ohne dass die Friedensglocken erklangen. (…) Die Ausweitung der Kriegsschauplätze [durch U-Boot-Krieg und Krieg gegen die USA] liess bange Ahnungen immer mehr Platz greifen. Die Sehnsucht nach Frieden (wurde) immer deutlicher.

Q3 Bericht eines Kontrolleurs deutscher Feldpostbriefe, 4. September 1918:

Kriegsmüdigkeit und Gedrücktheit ist allgemein. Die Briefschreiber haben sich mit der nackten Tatsache «Wir können nicht siegen» abgefunden und knüpfen daran zum Teil sogar die Anschauung, dass Deutschland unterliegen müsse. Eine gewisse Anzahl mahnt wohl zum Durchhalten, und manche Zeilen zeugen neben den vielen Stimmen des Missmuts und der Unzufriedenheit von Königstreue und unveränderter Liebe zum Vaterlande, das aller Opfer wert sei. Die Ziffer der Briefeschreiber, die dem Vaterland offen den Tod wünschen, ist indes nicht viel geringer. Sie sagen: «Durch etwaige weitere Erfolge Deutschlands könne der Krieg nur verlängert werden, durch eine Niederlage hätten wir den ersehnten Frieden!»

Aufgaben

1 a) Gib mit eigenen Worten wieder, welche Friedensangebote es 1916/17 gab (VT1).
b) Diskutiert, warum die Staaten diese Angebote ablehnten.

2 Begründe, warum man 1917 als Entscheidungsjahr bezeichnet (VT2, VT3).

3 Ein amerikanischer Offizier will Jugendliche als Soldaten für den Krieg gegen Deutschland werben. Schreibe eine kurze Rede (VT2, Q1).

4 Stelle dar, warum es 1918 zum Ende des Krieges und zur deutschen Niederlage kam (VT3).

5 Vergleiche die Stimmungen der Menschen in der Heimat und an der Front (Q2, Q3).

6 Beurteile das Verhalten der deutschen Regierung ab 1917 (VT2, VT3).

7 Finde anhand der Kleidung heraus, welche Gruppen sich am Aufstand beteiligten (Q4).

14 Die Folgen des Krieges

Der Krieg brachte unermessliches Leid über die Menschen in ganz Europa – noch über sein Ende hinaus. Aber er setzte erstaunlicherweise auch Entwicklungen in Gang, die wir heute als modern betrachten.

Schwarzmarkt
Von den Behörden nicht erlaubter Handel mit Waren. Auf dem Schwarzmarkt werden meist willkürlich festgesetzte Höchstpreise verlangt.

Zerstörte Lebensläufe

8,5 Millionen Soldaten – davon 1,8 Millionen deutsche – verloren im Ersten Weltkrieg ihr Leben, so viele wie in keinem Krieg zuvor. Von denen, die überlebt hatten, kehrten viele schwer verletzt in ihre Heimat zurück, zum Beispiel blind oder ohne Arme und Beine. Allein in Deutschland gab es ca. 70 000 schwer Kriegsversehrte. Noch grösser war die Zahl derjenigen, bei denen die Schrecken der Materialschlachten dauerhafte Nervenschäden mit Schrei- und Schüttelkrämpfen oder Angstanfällen verursacht hatten. In Deutschland betraf das mehr als 300 000 Soldaten. Trotz aller Hilfen fanden viele von ihnen nie mehr zu einem normalen Leben zurück.

Leiden der Zivilbevölkerung

Nicht nur die Soldaten an der Front, auch die Menschen in der Heimat litten unter den Folgen des Krieges. Die britische Seeblockade behinderte die Einfuhr lebenswichtiger Güter nach Deutschland. Vor allem Nahrungsmittel und Heizmaterial wurden knapp. Um alle mit dem Nötigsten zu versorgen, wurden diese lebenswichtigen Waren schliesslich nur noch gegen Bezugsscheine und zu festgesetzten Preisen verkauft. Reiche hatten es besser: Sie konnten die hohen Preise bezahlen, für die auf dem Schwarzmarkt weiterhin Waren aller Art zu haben waren. Das schuf Spannungen in der Gesellschaft, denn offensichtlich trugen nicht alle gleich schwer an den Lasten des Krieges. Die arme Bevölkerung, besonders Kinder und Alte, war am stärksten betroffen. Während des Krieges starben in Deutschland insgesamt etwa 750 000 Menschen an den Folgen von Unterernährung, Kälte und allgemeiner Schwäche.

Q1 Frauen bei der Arbeit in einem deutschen Rüstungsbetrieb.
Foto, 1917 (später koloriert)

Die Arbeitswelt verändert sich

Da viele Männer an der Front waren, fehlten in Fabriken, Geschäften und Behörden Arbeitskräfte. Frauen verrichteten jetzt die früheren Arbeiten der Männer. In Deutschland stieg zum Beispiel der Anteil der Industriearbeiterinnen von 22 Prozent (1914) auf 35 Prozent (1918). Die Berufstätigkeit förderte das Selbstbewusstsein und die finanzielle Unabhängigkeit der Frauen – ein wichtiger Schritt für die Gleichberechtigung.

Eine andere zukunftweisende Entwicklung wurde in Deutschland 1916 durch das «Gesetz über den Vaterländischen Hilfsdienst» angestossen. Das Gesetz verpflichtete alle Männer von 17 bis 60 Jahren zur Arbeit in kriegswichtigen Betrieben. Als Gegenleistung erhielten die Arbeiter erstmals ein Mitspracherecht in ihren Betrieben.

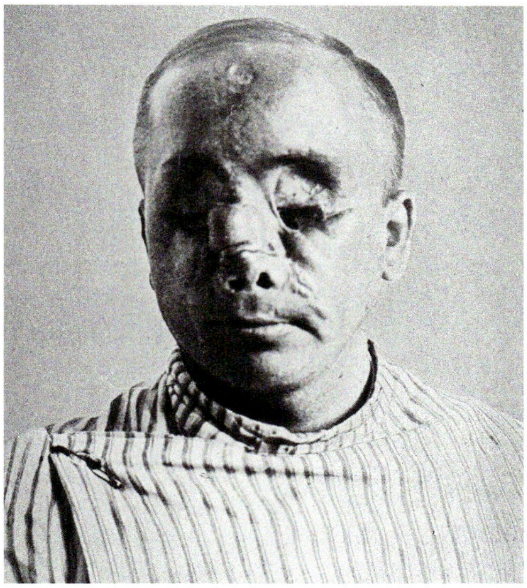

Q2 Kriegsversehrter. Foto, 1917/18

Q3 Bewohner Berlins schlachten ein verendetes Pferd aus. Foto, 1918

Q4 Aus einer deutschen Flugschrift über Wucher und Preistreiberei, 1915:

Der Wucher ist (...) Sitte in Deutschland geworden! (...) Wenn Hunderttausende unserer Brüder bluten, andere Hunderttausende (durch Verletzungen) ihren Beruf und Erwerb verlieren, um die Grenzen zu schützen, dann darf es nicht geduldet werden, dass Daheimgebliebene aus ihren Gräbern und Nöten sich Reichtümer zusammenscharren, (...) dann dürfen nicht «kluge» Produzenten oder Spekulanten die Vorräte einschliessen, die Preise (hoch)treiben (und) dadurch Tausenden von Familien das Durchhalten erschweren (...). Es darf an diesem Kriege niemand zum reichen Manne werden.

Q5 Beschwerde eines Abgeordneten an die sächsische Regierung, 10. Mai 1916:

Die Klagen, dass bei manchen Truppenteilen die Vorgesetzten, besonders die Offiziere, ganz erheblich besser (...) mit mehr Fleisch, Butter und Fett verpflegt werden als die Mannschaften, die auf Marmelade und Salzheringe angewiesen sind (...), kehren öfter wieder (...). Die Missstimmung darüber ist teilweise so gross, dass daraus eine für den sozialen Frieden nach dem Krieg sehr gefährliche Erbitterung zu entstehen droht, umso mehr als auch die Missstimmung über die Ernährungspolitik im Inland noch immer stark ist.

Aufgaben

1 Liste auf, welche Folgen der Krieg für viele Frontsoldaten hatte (VT1, Q2).

2 Gib wieder, welche Belastungen der Krieg den Menschen in der Heimat brachte (VT2, Q3).

3 Begründe, warum der Krieg auch als Beginn einer Modernisierung der Arbeitswelt betrachtet werden kann (VT3, Q1).

4 Arbeite aus Q4 und Q5 heraus, was man über die ungleiche Verteilung der Lasten des Krieges und ihre Folgen erfährt.

5 Nimm Stellung zu den Befürchtungen des Abgeordneten (Q5). Stimmst du seiner Beurteilung über die Folgen der Ungleichheit zu?

6 Beurteile, ob man nach dem Ende des Krieges in Deutschland wieder von einem «normalen» Alltagsleben sprechen konnte.

15 Die Schweiz und das Ende des Krieges

Im Sommer 1918 erreichte die Grippeepidemie die Schweiz. Immer mehr Menschen erkrankten, die Zahl der Grippeopfer stieg stetig an. Auch die sozialen Spannungen nahmen zu. Sie gipfelten im Landesstreik. Die Schweiz stand am Rande eines Bürgerkrieges.

Landesstreik
Damit wird in der Deutschschweiz der landesweite Generalstreik vom November 1918 bezeichnet. Er gilt als die schwerste politische Krise des Bundesstaates.

Grosser Krieg
In Frankreich, Grossbritannien und Italien ist das die Bezeichnung für den Ersten Weltkrieg. Damit werden die gewaltigen Verluste und Folgen des Krieges in diesen Ländern angesprochen.

Die Grippe erreicht die Schweiz

Im Sommer 1918 war rund ein Fünftel der Schweizer Bevölkerung auf öffentliche Hilfe wie die Verteilung von Milch- und Brotrationen angewiesen. Die Lebenskosten hatten sich seit 1914 mehr als verdoppelt. Vor allem steigende Mieten, Heiz- und Bekleidungskosten belasteten sehr viele Haushalte.

In der gleichen Zeit breitete sich eine Grippeepidemie über grosse Teile der Welt aus. Sie wurde bekannt als Spanische Grippe, weil in Spanien erstmals darüber berichtet wurde. Ihr fielen über 50 Millionen Menschen zum Opfer. Sie forderte mehr Tote als der gesamte Krieg. In der Schweiz erkrankte fast die Hälfte der Bevölkerung zwischen Juli 1918 und Juni 1919. Die Epidemie forderte in zwei Wellen 24 500 Todesopfer. Sie stellt damit die grösste demografische Katastrophe seit dem Bestehen des Bundesstaates dar.

Landesstreik

Obwohl die Not immer schlimmer wurde, zeigte der Bundesrat keine Bereitschaft, auf die Rufe nach Hilfe einzugehen. Die sozialen Spannungen nahmen rasant zu. Besonders die Arbeiterschaft war von den schlechten Lebensverhältnissen betroffen. Im Februar 1918 schlossen sich Gewerkschafter, Nationalräte und eine Frau, Rosa Bloch-Bollag, zu einem Komitee unter der Leitung von Robert Grimm zusammen. Es wurde nach seinem Gründungsort «Oltener Aktionskomitee» (OAK) genannt. Nach verschiedenen kleineren Streikaktionen rief das OAK für den 12. November den unbefristeten, landesweiten Generalstreik aus. Verschiedene politische und gesellschaftliche Forderungen sollten erfüllt werden. Zwischen 250 000 und 400 000 Arbeiterinnen und Arbeiter folgten dem Aufruf und streikten, nicht aber die breite Bevölkerung. Der Bundesrat setzte Truppen gegen die Streikenden ein: Schweizer Soldaten gegen die Schweizer Bevölkerung. Nach drei Tagen kapitulierte das OAK und stellte den Streik ein. Zwei der Forderungen des OAK – die Proporzwahl des Nationalrats und die 48-Stunden-Woche – wurden von Parlament und Regierung zügig umgesetzt.

Q1 **Rosa Bloch-Bollag.**
Foto, ca. 1915

Bilanz des «Grossen Krieges» für die Schweiz

Militärisch blieb die Schweiz zwar vom «Grossen Krieg» verschont. Doch grosse Bevölkerungskreise verarmten. Viele Menschen gerieten in Not. Angst und Verunsicherung prägten die Jahre und führten zu immer heftiger werdenden gesellschaftlichen und politischen Spannungen, mit dem Landesstreik als Höhepunkt. Die Auswirkungen des Weltkrieges reichten weit über das Kriegsende hinaus und haben die wirtschaftliche und politische Entwicklung der Schweiz im 20. Jahrhundert massgeblich geprägt.

Q2 Emil Wyss hielt seine Erinnerungen an die Militärzeit fest, auch an die bedrohliche Grippeepidemie:

Auf Stroh lagen in einem andern, grösseren Krankenzimmer als dem alten bereits mehr als zwanzig kranke Wehrmänner. Meinem Gedächtnis ist entfallen, dass wir vermutlich schon vor meiner Heimreise einige Grippepatienten zu pflegen hatten, doch keiner dachte an eine beginnende Epidemie, die jetzt mit Riesenschritten vorwärtsdrang. Ein Elend, diese vom Fieber geschüttelten Menschen zu sehen, für die keine Betten vorhanden waren und denen schwarzer Kaffee und Aspirintabletten eingegeben wurden! (…) Tag für Tag führte man uns Neuerkrankte auf zweirädrigen Säumerwagen von den Grenzposten zu. Es war heiss, das Krankenlokal war von Fliegen überschwemmt. Die Fiebernden lockten das Ungeziefer förmlich an. (…)

Endlich stellte man uns einige Betten zur Verfügung. Die Schwerkranken durften sie beziehen. (…) Immer schlimmere Formen nahm die Grippe an. Apathisch lagen die Schwerkranken da. Ihr Fieber stieg oft auf über 40 Grad Celsius an. Sie litten an doppelter Lungenentzündung. Es war, wie wenn die Krankheit sie innerlich verbrannte. (…)

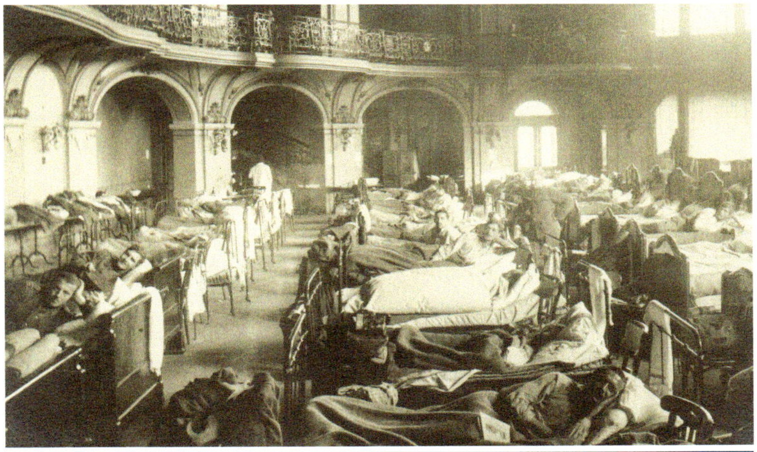

Q3 Grippekranke in der Tonhalle Zürich. Auch viele öffentliche Gebäude, wie z. B. ein Konzertsaal, mussten zur notfallmässigen Versorgung der vielen Erkrankten genutzt werden. Foto, 1918

Q4 Landesstreik November 1918. Bewaffnete Einheiten der Schweizer Armee waren im ganzen Land gegen die Streikenden im Einsatz – hier in Grenchen, Kanton Solothurn, wo es drei Tote gab. Insgesamt kam es aber während des Landesstreiks zu sehr wenigen Ausschreitungen.

Aufgaben

1 Recherchiere weitere Informationen über Rosa Bloch-Bollag und halte diese in einem Steckbrief fest (Q1, VT2).

2 Erläutere, wie es zum Landesstreik kam (VT2).

3 a) Beschreibe, was auf der Fotografie Q3 zu erkennen ist.

b) Lies Q2 und wähle eine Person auf der Fotografie Q3 aus. Überlege dir, welche Gedanken sie sich machen könnte. Halte die Gedanken schriftlich fest.

4 Erkläre im Zusammenhang mit der Grippeepidemie die Bedeutung des Ausdrucks «die grösste demografische Katastrophe» (VT1, Lexikonartikel «Demografie» S. 150).

KV 8 Arbeitsblatt

16 Die Pariser Friedensverträge

An der Spitze des besiegten Deutschlands standen neue, demokratische Politiker. Sie erwarteten, dass das auch bei den Friedensverhandlungen 1919 beachtet würde. Aber sie täuschten sich.

Q1 Unterzeichnung des Friedensvertrages im Spiegelsaal von Versailles am 28. Juni 1919. Ausschnitt aus einem Gemälde von William Orpen, um 1925
① Aussenminister Müller (SPD), ② Verkehrsminister Bell (Zentrum),
③ US-Präsident Wilson, ④ der französische Ministerpräsident Clemenceau,
⑤ der britische Premierminister Lloyd George

Völkerbund
Weltfriedensorganisation von 1920 bis 1946. Wurde in der Folge des Ersten Weltkrieges gegründet. Dem Völkerbund gehörten 58 Staaten an, der Sitz war in Genf.

Reparationen
(lat. «reparare» = wiederherstellen) Wiedergutmachung für die Schäden eines Krieges, welche die Besiegten in Form von Sachgütern und/oder Geldzahlungen leisten müssen.

Der Versailler Vertrag

Im Januar 1919 begannen die Kriegsgegner Deutschlands im Pariser Vorort Versailles, über Friedensbedingungen zu verhandeln. Den Ton gaben die «Grossen Drei» an – die Vertreter Frankreichs, Grossbritanniens und der USA. Sie verfolgten unterschiedliche Interessen: Den Franzosen ging es vor allem um die künftige Sicherheit Frankreichs. Sie wollten Deutschland daher dauerhaft schwächen. Die Briten und Amerikaner wollten dagegen ein stabiles Mitteleuropa als Gegengewicht zur Ausweitung des kommunistischen Russlands.

Am 7. Mai 1919 wurden Deutschland die Friedensbedingungen mitgeteilt: Deutschland verlor mehrere Grenzgebiete und alle Kolonien. Die Armee wurde auf ein Heer von 100 000 Mann, die Marine auf 15 000 Mann beschränkt, ihre Ausrüstung mit schweren Waffen wie grossen Schiffen, Panzern, Flugzeugen verboten. Darüber hinaus musste Deutschland seine Alleinschuld am Krieg anerkennen und sich verpflichten, umfangreiche Reparationen zu leisten.

Europa wird neu geordnet

Ähnlich harte Friedensbedingungen trafen auch Deutschlands Kriegsverbündete. Österreich-Ungarn wurde aufgelöst. An seiner Stelle entstanden neue Staaten: Österreich, Ungarn, Jugoslawien, ein vergrössertes Polen, die Tschechoslowakei. Vor allem Polen und die Tschechoslowakei sollten Mitteleuropa gegenüber dem kommunistischen Russland abschirmen.

Bei den neuen Grenzziehungen verletzten die Siegermächte mehrfach das Selbstbestimmungsrecht der Völker. Doch das nahmen sie in Kauf. Denn 1919 gründeten sie den Völkerbund – er sollte künftige Streitigkeiten friedlich regeln.

Empörung in Deutschland

Die Bestimmungen des Versailler Vertrages stiessen in Deutschland auf Protest. Besondere Empörung erregte Artikel 231, in dem Deutschland die alleinige Schuld am Ersten Weltkrieg gegeben wurde. Der Vertrag wurde als «Diktatfrieden» empfunden, denn deutsche Vertreter hatten an ihm nicht mitgewirkt. Und als die deutsche Regierung zögerte, den Vertrag anzunehmen, drohten die Sieger, den Krieg fortzusetzen.

Notgedrungen unterzeichneten die Vertreter der neuen, demokratischen Regierung den Vertrag. Von den rechten, nationalen Parteien wurden sie dafür als «Erfüllungspolitiker» beschimpft. Zu Unrecht: Denn die Demokraten mussten die Verantwortung für einen Krieg übernehmen, den sie nicht begonnen hatten. So wurde der Versailler Vertrag zur Belastung für die junge Demokratie in Deutschland.

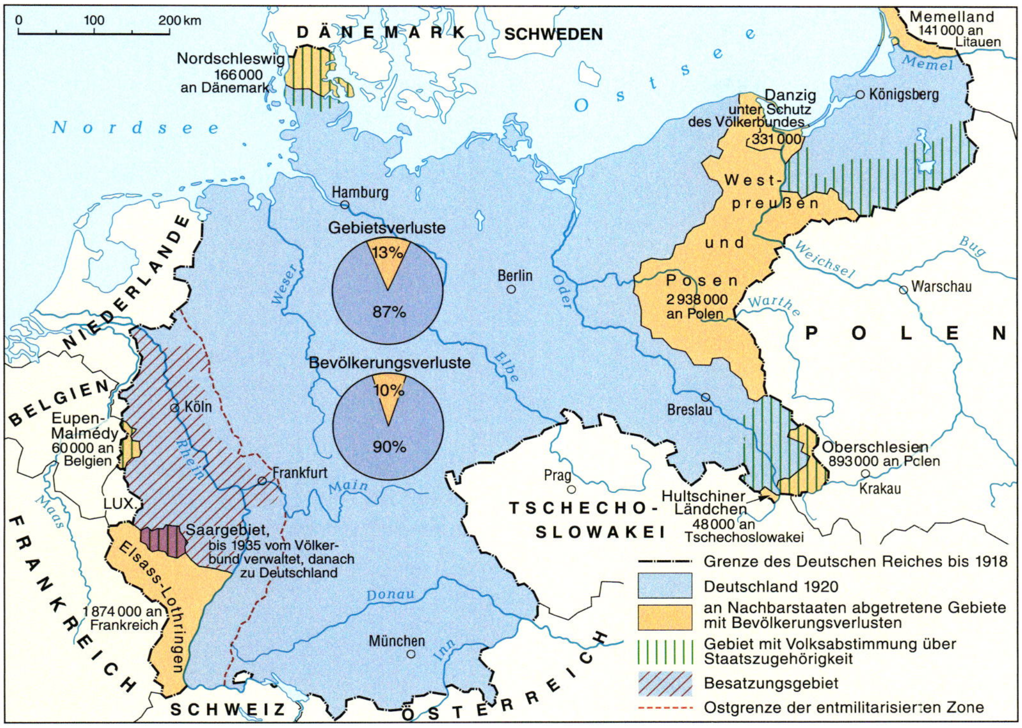

D1 Die Bestimmungen des Versailler Vertrages für das Deutsche Reich

Q2 Vorschlag des britischen Premierministers Lloyd George zu Konferenzbeginn, 1919:

Wenn (Deutschland) sich (…) im Frieden ungerecht behandelt fühlt, dann wird es Mittel finden, Vergeltung an den Siegern zu üben (…). Wir wären weise, wenn wir Deutschland einen Frieden anböten, der – indem er gerecht ist – für alle vernünftigen Leute (der Einführung des russischen Kommunismus) vorzuziehen wäre.

Q3 Frankreichs Ministerpräsident Clemenceau an die deutsche Delegation, 7. Mai 1919:

Sie sehen vor sich die bevollmächtigten Vertreter der kleinen und grossen Mächte, die sich vereinigt haben, um den schrecklichen Krieg, der ihnen aufgezwungen worden ist, zu Ende zu führen. Die Stunde der schweren Abrechnung ist gekommen. (…) Wir überreichen Ihnen hiermit das Buch, das unsere Friedensbedingungen enthält.

Aufgaben

1 a) Nenne die Bestimmungen des Versailler Vertrages (VT1, D1).
b) Beschreibe die damit verbundene Neuordnung Europas (VT2, D1).

2 Vergleiche die Absichten Frankreichs und Grossbritanniens bei den Friedensbedingungen (VT1, Q2, Q3).

3 Prüfe, ob sich bei dem Vertrag Lloyd George (Q2) oder Clemenceau (Q3) durchsetzte.

4 Beurteile, welche der beiden Absichten (Q2, Q3) einem Friedensvertrag angemessener ist.

5 Bewerte Artikel 231, der Deutschland die Alleinschuld am Krieg gibt (VT3, S. 57: Q2b).

6 «Der Versailler Vertrag war eine Belastung für die junge Demokratie in Deutschland.» (VT3) Nimm Stellung zu dieser Aussage.

KV 9
Arbeitsblatt
Interaktive Karte

17 Imperialismus und Erster Weltkrieg

1 Zu diesen Themen kann ich eine geschichtliche Frage stellen.

a) Imperialismus

b) Erster Weltkrieg in der Schweiz

2 Diese Fragen kann ich beantworten.

a) Aus welchen Gründen erwarben die Industriemächte Kolonien?

b) Warum waren die Völkerschauen in ganz Europa so erfolgreich?

c) Wie kam es 1914 zum Ausbruch des Ersten Weltkrieges?

d) Weshalb waren in der Schweiz während des Ersten Weltkrieges viele Menschen von öffentlicher Hilfe abhängig?

e) Warum kam es 1918 in der Schweiz zum Landesstreik?

f) Welches waren die wichtigsten Bestimmungen des Versailler Vertrags?

3 Diese Begriffe kann ich erklären.

a) Imperialismus

b) Rassismus

c) Nationalismus

d) «Grosser Krieg»

e) Landesstreik

4 Die Daten auf dem Zeitstrahl kann ich erklären.

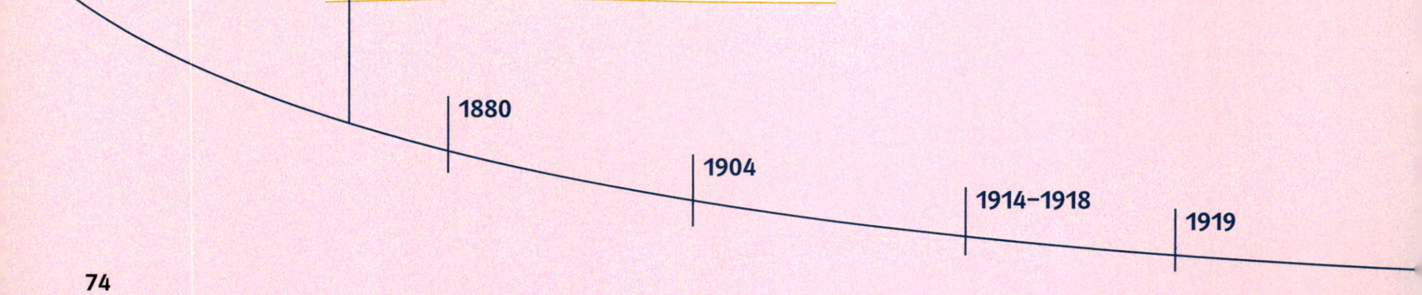

5 Zu diesen Fragen habe ich eine Meinung und kann sie begründen.

a) War das deutsche Vorgehen gegen die Herero ein Völkermord?

b) War Deutschland allein am Ausbruch des Ersten Weltkrieges schuld?

c) Führte der Krieg zu einer friedlicheren Staatenordnung in Europa?

6 Diese Methode kann ich anwenden.

Geschichtskarten auswerten:

a) Ich beschreibe das Thema der Karte.

b) Ich untersuche die Karte genau: Zeitpunkt, Raum, Farben, Linien, Symbole.

c) Ich fasse die Aussagen der Karte in wenigen Sätzen zusammen.

7 Ich kann Geschichte für meine Gegenwart nutzen.

a) Ich erkenne, dass auch die Schweiz von den Kolonien profitierte.

b) Ein Krieg bringt immer Armut, Not und unsägliches Leid; gleichzeitig gibt es auch grosse Profiteure. Am Beispiel des Ersten Weltkrieges lässt sich das zeigen.

Q1 Werbung für Schweizer Milchschokolade. Plakat, um 1900–1925. Schokolade war ursprünglich ein «koloniales» Produkt, das aus exotischen Rohstoffen – Kakao und Zucker – bestand. Nach langen Versuchen gelang Daniel Peter 1875 die Erfindung der Milchschokolade. Er schaffte die schwierige Verbindung von Schokolade mit Milch, einem schweizerischen Rohstoff. Damit wurde die Schokolade zu einem eigentlichen «Schweizerprodukt». Sehr rasch wurde sie zu einem Exporthit. Die Werbung spielte dabei ebenfalls eine zentrale Rolle.

Q2 1918, am Ende des Ersten Weltkrieges, hielt Hans J. Berckum in einem Bericht über die schweizerische Schokoladeindustrie fest:

Der Weltkrieg hat sich in dieser Hinsicht als ein Werber erwiesen, wie er grosszügiger nicht gedacht werden kann. Was jahrzehntelange kostspielige Propaganda-Arbeit nur langsam erreichte, der Krieg hat es in wenigen Monaten zustande gebracht: die Heranziehung der Kakao-Erzeugnisse in weitgehendem Masse zur Verpflegung der Armeen, die Zunahme des In- und Auslandkonsums bis in die breitesten Volksschichten und die damit Hand in Hand gehende Anerkennung der Bedeutung der Kakaoprodukte als hervorragende Nahrungs- und Stimulationsmittel.

Aufgaben

1 a) Beschreibe das Plakat Q1.
b) Formuliere zwei Fragen an das Plakat

2 Wie wurde aus dem «Kolonialprodukt» Schokolade ein «Schweizerprodukt»? Erkläre diese Entwicklung mithilfe von Q1 und Q2.

3 Suche im Internet nach weiterer Schokoladewerbung aus der Zeit um 1880 bis 1918. Was erfährst du dabei?

4 Ist Schokolade auch heute ein Symbol für die Schweiz? Wofür steht «Schokolade»? Halte deine persönliche Meinung fest.

KV 10
Repetition

7 1917 bis 1939

Europa zwischen Demokratie und Diktatur

1917
In Russland wird nach der Oktoberrevolution der Sozialismus eingeführt.

1918
In Deutschland wird die Republik ausgerufen – sie wird «Weimarer Republik» genannt.

1922
Benito Mussolini errichtet in Italien eine faschistische Diktatur.

11. November 1918: In Paris und London läuten die Siegesglocken. Der Erste Weltkrieg ist zu Ende, aber der Friede hat keineswegs begonnen. Vielmehr bricht in Europa eine Zeit der Spannungen und Konflikte an: Revolutionen, Bürgerkriege und Wirtschaftskrisen prägen Europa. Heute wissen wir, dass die Nachkriegszeit zugleich eine Vorkriegszeit war – denn 1939 begann der Zweite Weltkrieg. Bis dann zerfiel Europa in zwei Lager: Während die Demokratien im Westen weiterbestanden, wurden in Russland und Italien Diktaturen errichtet. In Deutschland kam Hitler 1933 an die Macht. Er beseitigte die Mehrheit seiner Gegner und war bereits ein Jahr später unumschränkter Herrscher.

1922
Die Sowjetunion wird als erster kommunistischer Staat der Welt gegründet.

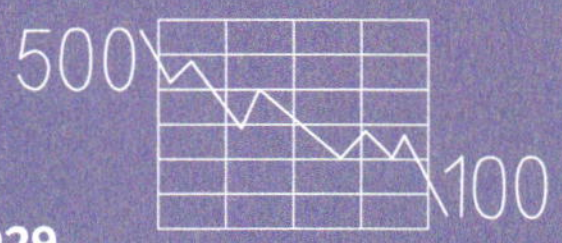

1929
Dramatische Kurseinbrüche an der New Yorker Börse lösen eine Weltwirtschaftskrise aus.

1933
In Deutschland ist die Weimarer Republik am Ende. Die NS-Diktatur beginnt.

D1 Einer der ersten Verkaufswagen der Migros von 1925, ein Ford TT. Heute steht er im Museum Verkehrshaus der Schweiz in Luzern. In Zeiten der wirtschaftlichen Krisen war es auch für die Menschen in der Schweiz besonders wichtig, Lebensmittel günstig einkaufen zu können. Die Gründung der Migros 1925 verfolgte dieses Ziel. Die Migros verkaufte ihre Produkte ohne Zwischenhandel direkt an die Kundinnen. Foto, 2009

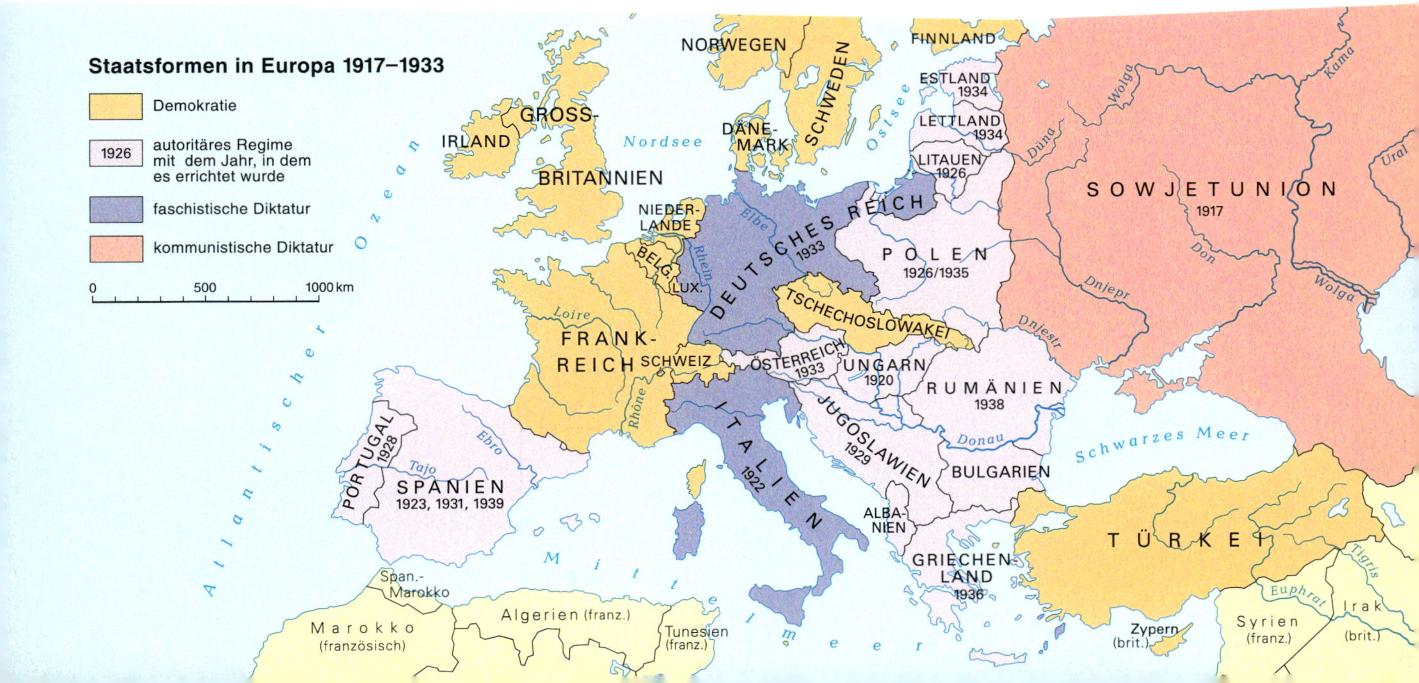

1 Europa auf der Suche nach einer neuen Ordnung

Zum Ende des Ersten Weltkrieges stürzten in vielen Ländern Europas die Monarchien. Doch die Frage, was an ihre Stelle treten sollte, beantworteten diese Länder ganz unterschiedlich.

Q1 **«Flandern»**, Ölgemälde von Otto Dix, 1934–1936. Dix hatte an den Flandernschlachten des Ersten Weltkrieges teilgenommen.

Sozialismus
(lat. «socialis» = gesellschaftlich) Der Sozialismus strebt Veränderungen in der Gesellschaft zum Wohl der arbeitenden Bevölkerung an.

Bilanz des Schreckens

Am 11. November 1918 schlossen die Alliierten (Entente) und das Deutsche Reich einen Waffenstillstand. Damit ging der verheerendste Krieg zu Ende, den die Menschheit bis dahin erlebt hatte. Rund neun Millionen getötete Soldaten, 21 Millionen Verwundete, dazu zahlreiche Opfer in der Zivilbevölkerung – die Bilanz des Ersten Weltkrieges war erschreckend.

1914 hatten viele Menschen dem Krieg geradezu entgegengefiebert. Vier Jahre später blieben Millionen Tote auf den Schlachtfeldern zurück. Bei den Überlebenden hatten sich die Erlebnisse an der Front tief in die Seele eingebrannt.

Wirtschaftliche und soziale Folgen

Der Kriegsausgang teilte Europa in Sieger und Besiegte, deren Probleme sich jedoch ähnelten. Die Rüstung hatte Unsummen an Geld verschlungen, die Wirtschaft lag am Boden, die Arbeitslosigkeit stieg dramatisch an. Während die Preise kletterten, verlor das Geld zugleich an Wert. Viele Menschen lebten in ständiger Sorge vor dem sozialen Abstieg in die Armut. Sie waren verunsichert und orientierungslos.

Das Ende der alten Ordnung

Der Erste Weltkrieg hatte die Landkarte Europas verändert. Neue Staaten wie Jugoslawien und die Tschechoslowakei waren entstanden, die bisherigen Grossmächte Deutschland und Russland hatten weite Gebiete verloren. Österreich-Ungarn und das Osmanische Reich waren ganz zerfallen. Die alten Reiche waren allerdings nicht nur äusserlich auseinandergebrochen, der Krieg hatte auch ihre innere Ordnung zerstört. Die Kaiser von Deutschland und Österreich mussten abdanken, in Russland hatte bereits die Februarrevolution 1917 den Sturz des Zaren herbeigeführt. Doch was sollte an die Stelle der Monarchie treten?

Neue Wege, unterschiedliche Ziele

1914 hatte es nur drei Demokratien in Europa gegeben, nach Kriegsende waren es 13. Darunter befanden sich auch Deutschland und Österreich. Doch viele der jungen Demokratien mussten sich schon bald gegen Massenbewegungen behaupten – von links und von rechts:

- Viele Menschen waren von der Idee des Sozialismus fasziniert. Sie blickten hoffnungsvoll nach Russland, wo der Revolutionär Lenin einen sozialistischen Staat aufbaute.
- Andere vermissten in der Demokratie Sicherheit und Geborgenheit. Zugunsten einer starken Führung waren sie bereit, auf die demokratische Freiheit des Einzelnen zu verzichten. Sie jubelten Benito Mussolini zu, der auf dem Weg war, in Italien eine Diktatur zu errichten.

Q2 **Das Deutsche Kaiserreich gab es nicht mehr – eine Republik, später Weimarer Republik genannt, wurde gegründet. Im August 1919 trat eine neue Verfassung in Kraft. Auszüge aus der Weimarer Verfassung:**

Art. 1: Das Deutsche Reich ist eine Republik. Die Staatsgewalt geht vom Volke aus.

Art. 21: Die Abgeordneten sind Vertreter des ganzen Volkes. (…)

Art. 25: Der Reichspräsident kann den Reichstag auflösen, jedoch nur einmal aus dem gleichen Anlass. (…)

Art. 48: (…) Der Reichspräsident kann, wenn im Deutschen Reiche die öffentliche Sicherheit und Ordnung erheblich gestört oder gefährdet wird, (…) erforderlichenfalls mit Hilfe der bewaffneten Macht einschreiten. Zu diesem Zwecke darf er vorübergehend die (…) Grundrechte ganz oder zum Teil ausser Kraft setzen. (…)

Art. 54: Der Reichskanzler und die Reichsminister bedürfen zu ihrer Amtsführung des Vertrauens des Reichstags. Jeder von ihnen muss zurücktreten, wenn ihm der Reichstag durch ausdrücklichen Beschluss sein Vertrauen entzieht.

Art. 68: (…) Die Reichsgesetze werden vom Reichstag beschlossen.

Art. 109: Alle Deutschen sind vor dem Gesetze gleich. Männer und Frauen haben grundsätzlich dieselben staatsbürgerlichen Rechte und Pflichten. (…)

Q3 **Kriegsopfer demonstrieren in Berlin.** Mit Kriegsende kamen allein in Deutschland über 1,5 Millionen Kriegsbeschädigte von der Front zurück. Foto, 1. Mai 1920

Q4 **Aus Erich Maria Remarques Roman «Im Westen nichts Neues» (1929):**

Der Waffenstillstand kommt bald, ich glaube es jetzt auch. Dann werden wir nach Hause fahren. (…) Wenn wir jetzt zurückkehren, sind wir müde, zerfallen, ausgebrannt, wurzellos und ohne Hoffnung. Wir werden uns nicht mehr zurechtfinden können.

Aufgaben

1 Beschreibe Q1. Welche Aspekte des Krieges rückt Otto Dix in den Vordergrund?

2 Die jungen Soldaten, die 1918 aus dem Krieg heimkehrten, werden häufig als «verlorene Generation» bezeichnet. Erläutere diesen Begriff (VT1*, Q4).

3 Erläutere, welche drei Alternativen zur Monarchie in Europa bestanden (VT4).

4 Finde zu jedem der abgedruckten Artikel der Weimarer Verfassung eine passende Überschrift (Q2).

5 Diskutiert Artikel 48 der Weimarer Verfassung: Warum wohl wurde er geschaffen und was meint er konkret?

6 Fertige eine Mindmap an, in der du die politische, wirtschaftliche und soziale Lage im Nachkriegseuropa übersichtlich darstellst (VT2–VT4, Q3).

* VT1 bedeutet: Die Aufgabe bezieht sich auf den ersten Abschnitt des Verfassertextes (VT). Die Abschnitte ergeben sich durch die blauen Zwischenüberschriften.

2 Revolutionen in Russland

Russland wurde seit Jahrhunderten von Zaren und ihren Familien beherrscht. 1917 brachen Revolutionen aus und 1922 wurde der erste sozialistische Staat der Welt gegründet. Der Arbeiterführer Lenin spielte dabei eine besondere Rolle.

Q1 **«Der Sturm auf das Winterpalais»**, Ölgemälde von E. I. Deshalyt. Tatsächlich gab es keinen «Sturm» auf das Gebäude: Die Bolschewisten betraten den Sitz der Provisorischen Regierung durch einen unbewachten Nebeneingang und verhafteten deren Mitglieder. Dabei gab es kaum Gegenwehr.

Bolschewiki
Diese Partei ging aus der Sozialdemokratischen Partei Russlands hervor. Sie stellt den radikalen Flügel dar, der von Lenin geführt wurde.

Kommunismus
Lehre von Karl Marx, dass alle Güter allen Menschen gemeinsam gehören sollten. Marx setzte auf eine Weltrevolution, um den Zustand einer kommunistischen Gesellschaft zu erreichen.

Das Russische Reich – die Ausgangslage

Um 1900 war Russland ein vergleichsweise rückständiges Land: Die Industrialisierung hatte erst in wenigen Zentren eingesetzt. Rund 80 Prozent der Bevölkerung lebten noch auf dem Land. Immer wieder kam es zu grossen Hungersnöten. Der Zar regierte wie ein absolutistischer Alleinherrscher. Die Bevölkerung war unzufrieden. Der Erste Weltkrieg verschlimmerte ihr Elend. 1,8 Millionen Soldaten starben im Krieg. Im Februar 1917 kam es zu schweren Unruhen von Arbeitern und Soldaten in der russischen Hauptstadt Petrograd (St. Petersburg). Der Zar musste abdanken. Eine Provisorische Regierung bildete sich. Aber es blieb unklar, wer künftig die Macht haben würde. Die Unzufriedenheit nahm weiter zu. Zahlreiche Industriearbeiter schlossen sich in der Sozialdemokratischen Partei zusammen. Ein Führer dieser Partei war Lenin. Er versprach, sich für Brot und Frieden einzusetzen.

In Russland siegt die Revolution

Am 25. Oktober 1917 fand eines der bedeutendsten Ereignisse in der Geschichte des Sozialismus statt: die russische Oktoberrevolution. Lenins Anhänger, die Bolschewiki, besetzten Banken, Bahnhöfe und Telefonzentralen in der Hauptstadt. Noch in der Nacht liess Lenin die Regierung im Winterpalais verhaften und verkündete ihren Sturz. Er selber übernahm an der Spitze einer bolschewistischen Regierung die Macht.

Neuer Staat – neue Menschen?

Ziel der neuen Machthaber war es, eine völlig neue Gesellschaft zu errichten. Als Erstes ordnete Lenin die Enteignung des privaten Landbesitzes an. Das Land der Grossgrundbesitzer erhielten die Bauern zur Bewirtschaftung. Banken, Handel und Industrie gehörten von nun an dem Staat. Die Gleichberechtigung von Frauen und Männern wurde gesetzlich festgeschrieben. Die Erziehung der Kinder organisierte der Staat.

Nicht alle Menschen waren mit diesem Vorgehen einverstanden. Von Anfang an setzte Lenin Gewalt ein. Es kam zu einem schrecklichen Bürgerkrieg und Terror machte sich breit. Schliesslich brach auch die Wirtschaft zusammen. Die Industrie kam zum Stillstand, die Bauern produzierten nur noch für den Eigenbedarf, das Geld verlor seinen Wert. Die Menschen hungerten und froren; etwa elf Millionen Menschen kamen während des Bürgerkrieges ums Leben, über fünf Millionen von ihnen verhungerten.

Nach drei Jahren gelang es den Bolschewiki, die Kontrolle über das ehemalige Russische Reich zu gewinnen. Sie nannten sich inzwischen Kommunisten. 1922 wurde die Sowjetunion (UdSSR) gegründet, der erste sozialistische Staat in der Geschichte.

D1 Regierungen, Revolutionen und Bürgerkrieg in Russland

Sowjetunion (UdSSR)
Lenin gründete 1922 aus dem ehemaligen Zarenreich die «Union der Sozialistischen Sowjetrepubliken» (= UdSSR). Diesen Staat nannte man Sowjetunion. Sozialistische Planwirtschaft und staatliche Kontrolle der Gesellschaft gehörten zu seinen Kennzeichen.

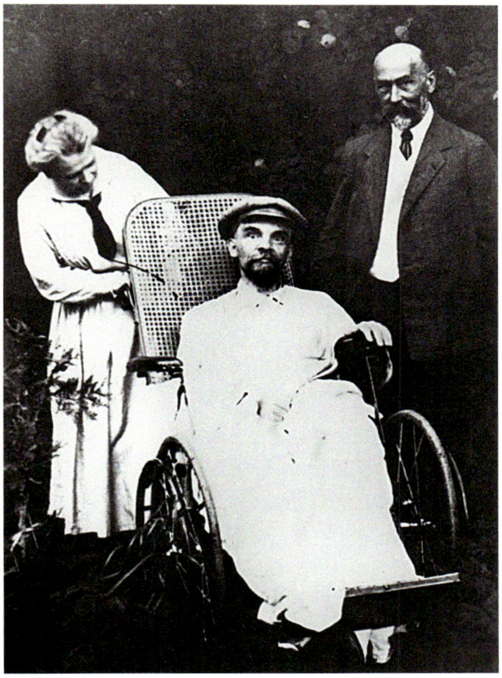

Q2 a/b Lenin in der Propaganda und in der Realität. a) Die Aufschrift auf dem Plakat links von 1940 lautet: «Wir sagen LENIN, wenn wir die PARTEI meinen, wir sagen PARTEI, wenn wir LENIN meinen.» b) Auf dem Foto rechts ist der schwer erkrankte Lenin zu sehen, der nach mehreren Schlaganfällen 1922/23 an den Rollstuhl gefesselt war. Das Foto zeigt ihn mit seiner Schwester und einem Arzt. Lenin starb am 24. Januar 1924.

Aufgaben

1 Beschreibe die Lage Russlands um 1900 (VT1).

2 Formuliere Vermutungen, warum Q1 die Szene anders darstellt, als sie in Wirklichkeit stattgefunden hat.

3 Liste die Massnahmen auf, die Lenin nach der Oktoberrevolution ergriffen hat (VT3).

4 Vergleiche, wie Lenin auf dem Plakat Q2a und auf dem Foto Q2b dargestellt wird. Warum wurde das Foto wohl bis zum Ende der Sowjetunion geheim gehalten?

5 Erkläre D1 mithilfe des Verfassertextes.

3 Stalin und der Stalinismus

Lenins Nachfolger nannte sich Stalin – «der Stählerne». Er baute die Sowjetunion radikal um und liess sich wie kein anderer verehren. Heute steht sein Name vor allem für Alleinherrschaft und Terror.

Stalinismus
Die in der Sowjetunion zwischen 1924 und 1953 herrschende Diktatur, in der Stalin kultisch verehrt wurde und politisch Andersdenkende gewaltsam verfolgt wurden. Zum stalinistischen Terror gehörten Massenverhaftungen, Hinrichtungen und Zwangsarbeitslager.

Kolchose
Landwirtschaftlicher Grossbetrieb in Russland. Land, Vieh und Werkzeuge waren Gemeinschaftseigentum. Arbeitszeiten, Anbauarten und Anbaumengen, Ablieferung und Verteilung der Erzeugnisse wurden genau vorgegeben.

Grosse Ziele

Stalin (1879–1953) wollte die Sowjetunion in kürzester Zeit zu einem hochentwickelten Industriestaat machen. Dabei stand er vor grossen Problemen: Das Land war nach dem Bürgerkrieg zerstört; es fehlte an Technik, Facharbeitern und Ingenieuren.

Zwangskollektivierung

Die Landwirtschaft sollte die Grundlagen für den wirtschaftlichen Aufschwung schaffen. Das Getreide sollte exportiert werden, aus den Einnahmen die Einfuhr von Industriegütern bezahlt werden. Je mehr Getreide ausgeführt wurde, umso mehr Industriegüter konnten gekauft werden. Um die Erträge in der Landwirtschaft zu erhöhen, liess Stalin Kolchosen einrichten. Die Bauern mussten Land, Vieh und Gerätschaften abgeben – alles wurde Gemeinschaftsbesitz.

Diese Kollektivierung hatte schwere Folgen: Etwa 30 Millionen Bauernfamilien waren davon betroffen. Wohlhabende Bauern (Kulaken) wurden enteignet, in Arbeitslager verschleppt oder erschossen. Auch kleine Bauern wurden mit Gewalt in die Kolchosen gezwungen. Durch den Terror und die Folgen der Zwangskollektivierung kamen schätzungsweise zehn Millionen Menschen ums Leben.

Q1 Funktionäre der Kommunistischen Partei (KP) erläutern russischen Bauern die Kolchosenwirtschaft und fordern sie auf, ihr Land und ihren sonstigen Besitz in Gemeinschaftseigentum zu überführen.

Planwirtschaft

Ebenso gewaltsam trieb Stalin die Industrialisierung voran. Fünfjahrespläne legten seit 1928 den Ausbau der Industrie fest, die inzwischen voll verstaatlicht war. Betriebsleiter, die ihren Plan nicht erfüllten, konnten wegen Sabotage angeklagt werden. Massen von Arbeitern legten unter härtesten Bedingungen Strassen, Gleise und Kanäle an und errichteten Fabriken, Staudämme und Elektrizitätswerke.

Allerdings geschah nicht alles unter Zwang: Hunderttausende Freiwillige arbeiteten begeistert am Aufbau mit, weil sie an eine bessere Zukunft glaubten.

Der Weg in den Stalinismus

Stalin besetzte alle wichtigen Positionen im Staat und in der Partei mit seinen Anhängern. Mögliche Rivalen liess er aus der Partei ausschliessen. 1934 wurde ein Attentat auf einen hohen Parteifunktionär verübt. Stalin nahm dies zum Anlass, um angebliche Parteifeinde zu beseitigen. In öffentlichen Schauprozessen liess er viele ehemalige und noch amtierende Parteiführer verurteilen und hinrichten. Auch unter einfachen Genossen wütete der Terror: Bis 1939 starben über eine Million der 2,8 Millionen Parteimitglieder in Zwangsarbeitslagern oder wurden von der Geheimpolizei ermordet.

Um seine Macht zu festigen, liess Stalin sich verehren – auf Denkmälern, im Kino, in Zeitungen und Büchern. Der Kult um seine Person ging auch nach Stalins Tod weiter.

Q2 Über den Aufbau der Sowjetunion sagte Stalin 1931 in einer Rede:

Zuweilen wird die Frage gestellt, ob man nicht das Tempo etwas verlangsamen, die Bewegung zurückhalten könnte. Nein, (...) das Tempo darf nicht herabgesetzt werden. (...) In der Vergangenheit hatten wir kein Vaterland und konnten keines haben. Jetzt aber, wo wir den Kapitalismus gestürzt haben und bei uns die Arbeiter an der Macht stehen, haben wir ein Vaterland und werden seine Unabhängigkeit verteidigen. Wollt ihr, dass unser sozialistisches Vaterland geschlagen wird und seine Unabhängigkeit verliert? Wenn ihr das nicht wollt, dann müsst ihr in kürzester Frist seine Rückständigkeit beseitigen. (...) Wir sind hinter den fortgeschrittenen Ländern um 50 bis 100 Jahre zurückgeblieben. Wir müssen diese Distanz in (wenigen) Jahren durchlaufen. Entweder bringen wir das zustande oder wir werden zermalmt.

Q3 Lew Kopelew, späterer Stalingegner, berichtet 1975 über seine Zeit als Funktionär der Kommunistischen Partei unter Stalin:

Damals [um 1930] war ich von einem fest überzeugt: Das Ziel heiligt die Mittel. Unser grosses Ziel war der Sieg des Weltkommunismus; um seinetwillen kann man und muss man lügen, rauben, Hunderttausende, ja Millionen von Menschen vernichten – alle, die diesem Ziel hinderlich im Wege stehen oder auch nur im Wege stehen könnten. (...) So urteilte ich auch, als ich sah, wie die «totale Kollektivierung» (der Landwirtschaft) durchgeführt wurde (...), wie die Bauern im Winter 1932/33 erbarmungslos ausgeplündert wurden. Ich war selbst dabei, hörte nicht auf das Heulen der Weiber, das Winseln der Kinder. Damals war ich überzeugt, dass wir alle die grosse sozialistische Umgestaltung des Dorfes vollbringen, dass es danach allen Bauern unendlich viel besser gehen würde (und) dass die, die mich geschickt hatten, besser als die Bauern wussten, wie diese zu leben, zu pflügen, zu säen hatten.

Kollektivierung
Enteignung von landwirtschaftlichen Betrieben und Zusammenschluss zu gemeinschaftlichen Grossbetrieben in kommunistischen Staaten.

Q4 «Danke unserem lieben Stalin für die glückliche Kindheit!»
Plakat von N. N. Vatolina, 1939

Aufgaben

1 Arbeite heraus, welches Ziel Stalin sich gesetzt hatte (VT1).

2 Beschreibe die Veränderungen in der Landwirtschaft und in der Industrie unter Stalins Herrschaft (VT2, VT3).

3 Arbeite die Gründe heraus, die Stalin für das Tempo bei der Industrialisierung der Sowjetunion anführt (Q2).

4 Setze die Szene in Q1 in ein Rollenspiel um: Die Parteifunktionäre erklären, warum die Bauern Land und Besitz abgeben sollen. Diese wollen ihr Eigentum behalten.

5 Fasse zusammen, wie Kopelew die Anwendung von Gewalt rechtfertigte.

6 Nimm Stellung zu Kopelews Aussage «Das Ziel [der Sieg des Weltkommunismus] heiligt die Mittel» (Q3).

7 Beschreibe, welches Bild von Stalin das Plakat Q4 vermittelt. Überprüfe dann, ob dieses Bild der Wirklichkeit entsprach (VT).

4 Faschisten in Italien

Gegen Kommunismus! Gegen Demokratie! Für Sicherheit und einen starken Staat! Mit solchen Parolen versammelten faschistische Gruppen nach Ende des Ersten Weltkrieges in ganz Europa zahlreiche Anhänger hinter sich – so auch in Italien.

Q1 Der Duce. Karikatur von Charles Girod aus der satirischen Zeitschrift «Eulenspiegel», 1928; der Untertitel lautet: «Caesar Mussolini: Caesar führte seine Legionen bis ans Rote Meer – Ich aber werde aus der ganzen Welt ein rotes Meer machen!»

Faschismus
Politische Bewegungen in verschiedenen Ländern, die nationalistisch, antidemokratisch und antikommunistisch eingestellt waren. Sie wurden nach den «fasci di combattimento» (Kampfverbänden) Benito Mussolinis benannt. In faschistischen Staaten war alle Macht auf eine Person konzentriert.

Der Faschismus entsteht

Vor allem im Bürgertum Europas machte sich die Angst vor einer kommunistischen Revolution breit. Die Demokratie bewerteten viele als zu schwach, um mit den Problemen fertigzuwerden. In dieser Zeit schürten faschistische Bewegungen bewusst Angst. Konsequent stellten sie sich gegen den Kommunismus – aber auch gegen die Demokratie.

Die faschistischen Bewegungen wiesen in jedem Land nationale Besonderheiten auf. Es gab aber gemeinsame Merkmale:

- Nationalismus und Rassismus,
- Bekämpfung von Demokratie, Liberalismus, Sozialismus,
- Schutz der Besitzenden,
- Herrschaft nach dem Führerprinzip,
- Verbot jeder Opposition,
- Terror und Propaganda,
- bewaffnete Kampftruppen, die ihre Ziele durchsetzten.

In Italien gelang es den Faschisten auf diese Weise schon früh, die Macht zu erobern.

Die «Fascisti» und ihr «Duce»

Mit dem Ende des Ersten Weltkrieges begann in Italien eine schwere Krise: Die Nationalisten waren empört, weil die Siegermächte dem verbündeten Italien vorher zugesicherte Gebietsgewinne verweigerten. Streiks und Bauernunruhen lähmten die Wirtschaft, im Parlament kamen keine dauerhaften Mehrheiten zustande.

Im März 1919 gründete der ehemalige Sozialist Benito Mussolini faschistische «Kampfverbände» – ein Sammelbecken für Enttäuschte, die Gewalt als Mittel der Politik befürworteten. Bei den Wahlen hatten die «Fascisti» allerdings wenig Erfolg. Deshalb verschärfte Mussolini den Terror der Strasse. Seine Stosstrupps zerstörten Gewerkschaftshäuser und sprengten Arbeiterversammlungen. Während einer Regierungskrise im Oktober 1922 versammelte Mussolini etwa 25 000 Anhänger in Neapel und befahl ihnen den «Marsch auf Rom». Der italienische König wollte einen Bürgerkrieg verhindern. Daher beauftragte er den «Duce» (Führer), wie sich Mussolini nannte, mit der Regierungsbildung.

Die Demokratie wird ausgehöhlt

Mussolini liess das Parlament entmachten. Oppositionelle Parteien wurden verboten und verfolgt. 1926 schafften die Faschisten das Streikrecht ab. Die Regierung bemühte sich aber auch um die Zustimmung der Bevölkerung – etwa durch Gesetze, mit denen die Lebensverhältnisse der Arbeiter und Bauern verbessert wurden. Zudem halfen staatliche Bauaufträge, die Arbeitslosigkeit zu senken. Zeitgleich stützte der Einsatz moderner Massenmedien (Radio, Kino) den Ausbau der Diktatur.

Q2 Der Sozialist Giacomo Matteotti schilderte 1921 vor dem Parlament das Muster faschistischer Terroraktionen (1924 wurde Matteotti von Faschisten ermordet):

Mitten in der Nacht, während die Bevölkerung schläft, kommen die Lastwagen mit Faschisten in den kleinen Dörfern an, natürlich von den Häuptern der lokalen Agrarier [Grundbesitzer] begleitet, immer von ihnen geführt, denn sonst wäre es nicht möglich, in der Dunkelheit, inmitten der weiten Landschaft, das Häuschen des Ligenführers [Gewerkschaftsführers] oder das kleine erbärmliche Arbeitsvermittlungsbüro auszumachen. (...) Es sind zwanzig oder auch hundert Personen, mit Gewehren und Revolvern bewaffnet. Man ruft nach dem Ligenführer und befiehlt ihm herauszukommen. Wenn er keine Folge leistet, sagt man ihm: «Wenn du nicht herunterkommst, verbrennen wir das Haus, deine Frau und deine Kinder.» Der Ligenführer kommt herunter, wenn er die Tür öffnet, packt man ihn, bindet ihn, schleppt ihn auf den Lastwagen, man lässt ihn die unaussprechlichsten Martern erleiden, indem man so tut, als wolle man ihn totschlagen oder ertränken, dann lässt man ihn irgendwo im Felde liegen, nackt, an einen Baum gebunden. Wenn der Ligenführer (...) die Tür nicht öffnet und Waffen zu seiner Verteidigung gebraucht, dann wird er sofort ermordet, im Kampf von hundert gegen einen.

Q3 «Glaubensbekenntnis» des Faschismus:

1. Der Faschist, besonders der Milizsoldat, darf nicht an den ewigen Frieden glauben.
2. Strafen sind immer verdient.
3. Auch der Wachtposten vor dem Benzinfass dient dem Vaterland.
4. Der Kamerad ist dein Bruder: 1. weil er mit dir lebt, 2. weil er denkt und fühlt wie du.
5. Gewehr und Patronentasche sollen nicht während der Ruhezeit vernachlässigt, sondern für den Krieg bereitgehalten werden.
6. Sage niemals: «Die Regierung zahlt's», denn du selbst bist es, der zahlt, und die Regierung hast du selbst gewollt, und du trägst ihre Uniform.
7. Gehorsam ist der Gott der Heere, ohne ihn ist kein Soldat denkbar, wohl aber Unordnung und Niederlagen.
8. Mussolini hat immer Recht.
9. Der Freiwillige hat keine Vorrechte, wenn er nicht gehorcht.
10. Eines muss dir über allem stehen: das Leben des Duce.

Q4 Einweihung eines Waisenhauses durch den «Duce». Kinder und Jugendliche sollten nach Mussolinis Grundsatz erzogen werden: «Glauben, gehorchen, kämpfen».

Aufgaben

1 Zähle die Merkmale faschistischer Bewegungen auf (VT1).

2 Beschreibe Italiens Weg in die Diktatur (VT2, VT3).

3 Arbeite mithilfe von Q1 und Q2 heraus, wie die Faschisten ihre Gegner bekämpften.

4 Analysiere mithilfe von Q3 und Q4 die Rolle des Menschen im faschistischen Staat.

5 Die Faschisten setzten Gewalt als Mittel der Politik ein. Bewerte diese Vorgehensweise.

6 Möchtest du in einem Staat aufwachsen, der nach dem Grundsatz «Glauben, gehorchen, kämpfen» erzieht (Q4)? Begründe.

5 Wirtschaft in der Krise

Die Lasten des Ersten Weltkrieges trafen Deutschland besonders hart. Nach einer Phase der Inflation erholte sich die Wirtschaft langsam. Aber bereits 1929 brach in den USA eine Wirtschaftskrise aus, die sich rasant auf grosse Teile der Welt ausbreitete.

Q1 Menschenansammlung vor den geschlossenen Toren einer Berliner Bank. In der grossen Wirtschaftskrise gehörten Bankenzusammenbrüche zum alltäglichen Geschehen. Viele Menschen verloren dabei ihre gesamten Ersparnisse. Foto, Juli 1931

Inflation
Wertverlust des Geldes. Der Staat lässt mehr Geld drucken, die Warenmenge wird aber nicht vermehrt. Dies führt zu steigenden Preisen.

Weltwirtschaftskrise
Grosse Wirtschaftskrise, die ab 1929 alle Industrieländer erfasste. Sie begann am Donnerstag, 24. Oktober 1929, in New York. An der dortigen Börse brachen die Kurse ein. Banken wurden zahlungsunfähig, Betriebe mussten ihre Produktion einstellen. In Amerika ging der Tag als «Schwarzer Donnerstag» in die Geschichte ein, in Europa wegen der Zeitverschiebung als «Schwarzer Freitag».

Der Weg in die Inflation

Deutschland litt stark unter den enormen Reparationszahlungen und Warenlieferungen an die Siegermächte des Ersten Weltkrieges. Die angespannte Lage verschärfte sich zu Beginn des Jahres 1923. Als Ausweg aus der Situation liess die Reichsregierung mehr Papiergeld drucken. Das vermehrte Papiergeld verlor jedoch rasch an Wert, weil nicht gleichzeitig mehr Waren produziert werden konnten. Im Jahre 1913 entsprach ein Dollar einem Wert von 4,20 Mark. Im November 1923 kostete ein Dollar 4 200 000 000 Mark. Viele Menschen konnten nur überleben, wenn sie Sachwerte wie Werkzeug oder Schmuck gegen Lebensmittel eintauschten. Im November 1923 war das Geld vollkommen wertlos geworden. Die Reichsregierung führte eine neue Währung, die Rentenmark, ein. Damit konnte die Inflation gestoppt werden.

Nach kurzer Erholung – die grosse Wirtschaftskrise

Nach der Währungsreform lieh sich Deutschland viel Geld aus dem Ausland. Vor allem aus den USA flossen Kredite in Milliardenhöhe. Die deutsche Wirtschaft begann sich in den Folgejahren zu erholen. Die Menschen kamen wieder zu etwas Wohlstand.

Am 24. Oktober 1929 brach in New York die Börse ein. Die Aktienkurse fielen extrem, Banken wurden zahlungsunfähig und Betriebe mussten ihre Produktion einstellen. Die amerikanische Wirtschaftskrise griff auf andere Länder über und weitete sich schnell zur Weltwirtschaftskrise aus. Deutschland traf es besonders hart: Weil in den USA Geldmangel herrschte, forderten die amerikanischen Banken die Kredite zurück. Eine verhängnisvolle Spirale setzte nun ein. Die Banken brachen zusammen und die Betriebe, die auf Kredite angewiesen waren, gingen pleite. Andere Firmen mussten wegen mangelnder Aufträge ihre Produktion herunterfahren und Arbeitnehmer entlassen. Dadurch wurden weniger Waren gekauft und die Steuereinnahmen des Staates gingen zurück. Der Staat musste Sparmassnahmen ergreifen und konnte weniger Aufträge an die Wirtschaft vergeben. Viele Menschen verloren ihre gesamten Ersparnisse. Die Arbeitslosigkeit stieg in kurzer Zeit enorm an.

ET **Berlin im Juli 1931, ein mögliches Gespräch:**

Als Buchhalter kennt sich Herr Kaufmann aus mit der Wirtschaft. Zusammen mit seinem Sohn Emil wartet er in einer langen Schlange vor einer Bank.

Emil (E): «Wie lange müssen wir hier denn noch anstehen?»

Vater (V): «Bis ich unsere Ersparnisse in der Hand halte. Ich habe schon einmal erlebt, dass mein Geld von heute auf morgen weg war. Das passiert mir kein zweites Mal!»

E: «Wollen denn die vielen anderen Leute auch ihr ganzes Geld abheben?»

V: «Ja, bestimmt. Seit dem Schwarzen Freitag in New York haben unsere Banken und unsere Wirtschaft grosse Schwierigkeiten. Das Geld geht ihnen aus.»

E: «Aber was geht uns denn der Börsenkrach in New York an?»

V: «Leider eine ganze Menge. Nach dem Krisenjahr 1923 mit der Währungsreform brauchte Deutschland viel Geld, um die eigene Wirtschaft wieder in Schwung zu bringen. Dieses Geld haben wir uns vor allem aus den USA geliehen. Tja, und jetzt, wo die amerikanische Wirtschaft selber in der Krise steckt und dringend Geld braucht, fordern die US-Banken die Milliardenkredite wieder zurück. Einige deutsche Banken sind deshalb schon zahlungsunfähig.»

E: «Also hat der Börsenkrach eine Krise ausgelöst, die auch uns betrifft.»

V: «Ja. Und es kommt noch schlimmer, denn die deutsche Wirtschaft ist darauf angewiesen, möglichst viele Waren ins Ausland zu verkaufen. Die amerikanischen Kunden sind aber nicht mehr in der Lage, die bestellten Waren zu bezahlen. In den Überseehäfen stauen sich deshalb schon deutsche Schiffe, die ihre Güter nicht entladen können.»

E: «Oh je. Und wenn nun auch deine Bank nicht mehr zahlen kann?»

V: «Dann sind unsere ganzen Ersparnisse weg. Und Hunderte von Betrieben, die auf die Kredite der Bank angewiesen sind, gehen pleite. Viele Firmen haben schon jetzt kaum noch Aufträge. Denen bleibt nichts anderes übrig, als ihre Produktion herunterzufahren und ihre Arbeiter zu entlassen.»

E: «Und Arbeitslose haben kein Geld, um neue Waren zu kaufen.»

V: «Was wiederum dazu führt, dass der Staat weniger Steuern einnimmt. Dann muss er sparen und kann weniger Aufträge an die Wirtschaft vergeben.»

E: «Was für ein Teufelskreis!»

Q2 Höchste jemals gedruckte deutsche Banknote. 100 Billionen Papiermark haben als Ersatzgeld am 15. Februar 1924 einen offiziellen Wert von 100 Rentenmark.

Aufgaben

1 Erkläre, warum es in Deutschland 1923 zu einer Inflation kam (VT1).

2 Der Dialog ET* enthält zwei Gründe, warum die amerikanische Wirtschaftskrise negative Folgen für Deutschland hatte. Nenne sie.

3 Arbeite heraus, was der «Schwarze Freitag» war und was damals geschah (Lexikonartikel, VT2, Q2).

4 Erläutere, welche Möglichkeiten dir heute sicher erscheinen, um deine Ersparnisse aufzubewahren.

5 a) Beschreibe die Fotografie Q1.
b) Was könnte den Menschen auf der Fotografie Q1 durch den Kopf gehen? Überlegt euch zu zweit ein mögliches Gespräch. Spielt die Szene nach.

KV 2 Arbeitsblatt

* ET bedeutet: Erzähltext; der Text ist erfunden, die Geschichte könnte aber so passiert sein.

6 Arbeitslosigkeit und Hunger

Durch die Wirtschaftskrise waren immer mehr Menschen ohne Arbeit. Der Staat konnte ihr Überleben nicht sichern. Tausende von Familien glitten ins Elend. Mancher blieb im täglichen Überlebenskampf auf der Strecke.

KPD
Kommunistische Partei Deutschlands. Sie orientierte sich stark am sowjetischen Vorbild des Kommunismus.

NSDAP
Nationalsozialistische Deutsche Arbeiterpartei. Den Parteivorsitz hatte Adolf Hitler, der 1933 zum Reichskanzler ernannt wurde. Unter Hitlers Führung wurde die NSDAP von 1933 bis 1945 zur einzigen zugelassenen Partei des Deutschen Reiches.

Krise der Wirtschaft = Krise der Arbeit

Die hohe Arbeitslosigkeit war von Beginn an eines der Hauptprobleme in der Weimarer Republik. So waren noch 1924 über 700 000 Kriegsbeschädigte ausschliesslich auf staatliche Unterstützung angewiesen. Auch in den wenigen Jahren des wirtschaftlichen Aufschwungs blieb die Zahl der Arbeitslosen recht hoch. Als Folge der Wirtschaftskrise schwoll die Arbeitslosigkeit jedoch von Monat zu Monat noch einmal in beängstigender Weise an. Waren im September 1929 «nur» 1,3 Millionen Menschen ohne Arbeit, so stieg diese Zahl Anfang 1933 auf über sechs Millionen an.

Existenzangst geht um

Seit 1927 gab es zwar eine Arbeitslosenversicherung, aber deren Leistungen sicherten kaum das Überleben. Zudem erhielt man dieses Geld nur ein Jahr lang. 1932 bekamen deshalb rund 800 000 Familien überhaupt keine Unterstützung mehr. Viele Menschen hungerten. Fleisch und Butter konnten sie sich nicht leisten. Die Kinder litten unter Mangelkrankheiten, da ihre Eltern kein Geld für Obst und Gemüse hatten. Arztbesuche wurden möglichst vermieden, da selbst die geringen Rezeptgebühren nicht aufgebracht werden konnten. Tausende Familien stürzten ins Elend. Existenzangst machte sich breit – auch unter denjenigen, die noch Arbeit hatten.

Die Demokratie wird zerstört

Immer mehr Menschen verloren auch das Vertrauen in die demokratischen Parteien. Vor allem diejenigen, die durch Krieg, Inflation und Wirtschaftskrise alles verloren hatten, waren anfällig für radikale Versprechungen. Extreme Parteien, wie die KPD oder die NSDAP, gewannen mehr Anhänger. Der Parteivorsitzende der NSDAP, Adolf Hitler, versprach, Deutschland zu neuer Macht und Grösse zu führen.

Q1 Arbeitsloser Kriegsbeschädigter bettelt in den Strassen von Hannover. Der sozialistische Fotograf Walter Ballhause stellte immer wieder Menschen am Rande der Gesellschaft dar. Dieses Foto nannte er «Advent – Auf Krücken sitzt's sich wärmer». Foto, um 1930

Q2 In einer Schulchronik aus dem Jahre 1932 findet sich folgender Eintrag:

Immer häufiger erscheinen morgens Mütter oder Väter in der Schule mit dem Bescheid: «Ich kann meine Kinder nicht schicken; wir haben kein Stück Brot im Haus. Wir haben die Kinder im Bett gelassen, da merken sie den Hunger nicht so.» – Oder es heisst: «Die Schuhe sind ganz durch. Gestern ging's noch, da war's trocken, aber heute ist die Strasse nass.» Am 10. November eröffnete die Schule (...) eine Frühspeisung für zunächst 25 Kinder. Ihr Appell an die noch erwerbstätigen Eltern und Freunde der Schule setzte sie in die Lage, die Zahl auf 40 bis 50 zu erhöhen (von 430 Kindern hatten noch rund 170 erwerbstätige Väter und Mütter).

Q3 Die «Arbeiter-Illustrierte-Zeitung» schilderte 1930 die Lage von Arbeitslosen:

Du hast eines Tages den berühmten «blauen Brief» erhalten; man legt auf deine Arbeitskraft kein Gewicht mehr, und du kannst dich einreihen in die «graue Masse» der toten Hände und überflüssigen Hirne (...). Man fragt dich aus, wo du in den letzten vier Jahren beschäftigt warst, du musst deinen Lebenslauf schreiben, den Besuch der Schulen angeben, schreiben, warum du entlassen worden bist usw. (...) Nach peinlicher Befragung erhältst du deine Stempelkarte und gehst damit los zur Erwerbslosenfürsorge (...). Deine Unterstützung richtet sich nach deinem Arbeitsverdienst in den letzten 26 Wochen. Aber ganz gleich, ob du 8,80 Mk oder 22,05 Mk [Höchstsatz] als Lediger pro Woche erhältst, die paar Pfennige sind zum Leben zu wenig und zum Sterben zu viel. 26 Wochen darfst du stempeln und Unterstützung beziehen, dann steuert man dich aus, und du kommst in die Krisenfürsorge, deren Sätze erheblich niedriger sind. Und nach weiteren 26 oder 52 Wochen erhältst du gar nichts mehr und gehörst zu den gänzlich Unterstützungslosen.

Q4 «Hunger-Grafik» nannte George Grosz seine Zeichnung aus dem Jahre 1924.

Aufgaben

1 Gib wieder, warum die Arbeitslosenversicherung kaum vor dem Abrutschen ins Elend schützte (VT2).

2 Q3 schildert, wie im Falle einer Arbeitslosigkeit eine Kette von Ereignissen in Gang kommt. Ordne chronologisch: Krisenfürsorge – Arbeitsamt – ohne Unterstützung – Entlassung – Erwerbslosenfürsorge – Stempelkarte.

3 «Krise der Wirtschaft = Krise der Arbeit.» Erkläre, was damit gemeint ist (VT1).

4 Versetze dich in eine der Personen und formuliere ihre Gedanken (Q4).

5 Analysiere, wie es die Künstler schaffen, beim Betrachter Mitleid zu erwecken (Q1, Q4).

6 Schreibe einen Tagebucheintrag eines Familienvaters, der a) noch Arbeit hat, b) gerade arbeitslos geworden ist, c) seit mehr als einem Jahr ohne Arbeit ist.

7 Diskutiert mögliche politische Folgen der Arbeitslosigkeit (VT3).

KV 3–4
Arbeitsblatt

7 Krise auch in der Schweiz?

In ganz Europa verursachte die Wirtschaftskrise grosse Probleme. Steigende Arbeitslosigkeit und Hunger waren für viele Menschen die Folgen. Wie verlief die Entwicklung in der Schweiz? Wurde sie von der Krise verschont?

Q1 Am 25. August 1925 fuhren erstmals Migros-Verkaufswagen nach Fahrplan und mit fixen Haltestellen durch die Strassen von Zürich. Die Verkaufswagen waren umgebaute Ford-Lastwagen. Flugblätter, die zuvor in die Briefkästen gestreut worden waren, kündeten das Ereignis an. Begonnen wurde mit 5 Lastwagen, 6 Artikeln (Kaffee, Reis, Zucker, Teigwaren, Kokosfett, Seife) und 178 Haltestellen. Ende 1925 waren es bereits 9 Wagen, 15 Artikel und 293 Haltestellen. Im Dezember 1926 eröffnete die Migros ihren ersten Laden, ebenfalls in Zürich.

Erholung und Krisen wechseln sich ab

Der Erste Weltkrieg hatte auch für die Schweiz schwerwiegende Folgen. Besonders die Exportindustrie und der Tourismus erlitten durch den Krieg grosse Verluste. Nach Kriegsende kam es zu einer kurzen Phase der Erholung. Die Exportindustrie steigerte beispielsweise die Produktion von Maschinen und Uhren und lieferte wieder unabhängiger ins Ausland. Viele Menschen hatten einen grossen Nachholbedarf an täglichen Gütern wie Lebensmitteln oder Kleidern. Sie konsumierten wieder mehr, was die Wirtschaft ankurbelte. Doch die Wirtschaft konnte sich nicht dauerhaft erholen. Die Zahl der Arbeitslosen stieg sogar auf ein neues Maximum.

Reaktion auf die Krise in der Schweiz – ein Beispiel

Für viele Menschen in der Schweiz waren die hohen Ausgaben für den Alltag eine schwere Belastung. So wurden die Lebensmittel immer teurer. Darauf reagierte der Unternehmer Gottlieb Duttweiler mit einer völlig neuen Geschäftsidee. Er gründete 1925 in Zürich die Migros. Sie hatte das Ziel, Lebensmittel billiger und direkt an ihre Kundinnen zu verkaufen. Ohne Zwischenhandel und mit minimalen Gewinnen sollte dies möglich werden. Rasch zeigten sich erste Erfolge. Aber auch kritische Stimmen wurden laut (siehe Q4).

Die Schweiz und die grosse Wirtschaftskrise

Die grosse Wirtschaftskrise von 1929 traf Europa unerwartet hart. Das Ausmass der Krise übertraf alle bisherigen Erfahrungen. Auch die Schweiz wurde davon nicht verschont. Die Auswirkungen spürten die Menschen aber etwas später. Erst ab 1931 schlug die Krise mit voller Wucht zu. Immer weniger Produkte konnten ins Ausland verkauft werden. Fast keine Touristen reisten mehr in die Schweiz. Auch die Bautätigkeit und die Landwirtschaft verzeichneten einen massiven Rückgang. Es kam insgesamt zu einer Stagnation der Schweizer Wirtschaft. Die Zahl der Arbeitslosen erreichte 1936 einen neuen Höhepunkt. Im Vergleich zu anderen europäischen Staaten, die mit noch viel schlimmeren Folgen zurechtkommen mussten, litt die Schweiz weniger stark. Die Krise dauerte jedoch wesentlich länger.

Q2 Das erste Flugblatt der Migros warb 1925 für das neue Verkaufssystem:

An die Hausfrau, die rechnen muss!
An die intelligente Frau, die rechnen kann:
Das Problem der teuren Lebensmittel
Jedermann kennt es – die Zeitungen schreiben immer wieder – Regierungskommissionen rapportieren darüber: Greifbare Resultate? Keine! Wir versuchen nun ein neues System (…) – wollen wir nun unter der neuen Firma Migros AG die Haushaltungen direkt bedienen (…)

2. Ab eintreffendem Bahnwagen verführen unsere Verkaufsautos mit Zwei-Mann-Bedienung die en gros eingekauften Waren an die Haushaltungen:
Schiff resp. Fabrik – Bahn – Verkaufswagen – Küche. (…)

4. Grosser Umsatz, kleiner Gewinn, frischeste Ware, direkt vom Produktionsort kommend (…) – Hygienische Packungen, statt offener Ware.

(…)
Wir schliessen mit dem Appell an das selbstständige Urteil der Hausfrau: Entweder siegen die alten lieben Einkaufsgewohnheiten der Frau, die Reklame und die Schlagwörter – oder der erhoffte Zuspruch stellt sich ein, diesfalls können wir die Preise möglicherweise noch ermässigen, andernfalls müssen wir diesen ernsthaften Versuch, den Konsumenten zu dienen, aufgeben.
Hochachtungsvoll
Der Verwaltungsrat der Migros AG

Q3 Gottlieb Duttweiler (rechts, 1888–1962) und Fritz Keller, Gründungsmitglieder der Migros AG, prüfen die Qualität des Migros-Kaffees. Foto, undatiert

MIGROS A.-G.

Von Vertretern unserer Konkurrenz wird bei der Kundschaft mit aller Entschiedenheit erklärt, dass wir die Lieferanten von COCOSFETT an die „Migros A.-G." seien. Wir protestieren gegen dieses unloyale Manöver, das auf Kundenfang abzielt und erklären, dass wir der „Migros A.-G." weder direkt, noch indirekt Cocosfett geliefert haben. Wir sind bereit, den zuständigen Instanzen gegenüber jederzeit den Beweis für unsere Aussage zu erbringen.

STÜSSY & Co., ZÜRICH.

Q4 Das neue Verkaufssystem löste eine heftige Welle von Kritik aus. So reagierte z. B. der Verband der kleinen Lebensmittelhändler mit Anschuldigungen gegen Fabrikanten, welche die Migros belieferten. Ein Fabrikant reagierte darauf mit einem Inserat (November 1925).

Aufgaben

1 a) Fasst zu zweit aus Q2 die wichtigsten «Neuerungen» der Migros zusammen. Lest dazu auch VT2.
b) Schaut euch zu zweit Q1 genau an. Wählt zwei Personen aus und überlegt euch ein mögliches Gespräch über diese Neuerungen. Spielt die Szene nach.

2 a) Nenne den Autor und den Adressaten von Q4.
b) Überlege dir eine mögliche Reaktion der Migros auf das Inserat Q4 und halte diese schriftlich fest.

3 «Die Schweiz wurde von den Wirtschaftskrisen verschont.» Stimmt diese Aussage? Nimm Stellung dazu und belege deine Position mit Argumenten (VT1–VT3).

4 Recherchiere nach Informationen zu Gottlieb Duttweilers Leben. Erstelle ein Plakat, das aus einem Titel, einem Steckbrief und passenden Bildern mit jeweiligen Legenden besteht.

KV 5
Arbeitsblatt

8 Kam Hitler legal an die Macht?

Am Abend des 30. Januar 1933 fand in Berlin ein gewaltiger Fackelzug statt: Die Nationalsozialisten feierten die Ernennung Adolf Hitlers zum Reichskanzler durch Reichspräsident Paul von Hindenburg. Doch damit war Hitler noch lange nicht am Ziel.

Q1 30. Januar 1933: Hitler begrüsst die «jubelnde Menge» vom Fenster der Reichskanzlei aus. Foto (später koloriert)

SA
Die SA (Sturm-Abteilung) war die Parteiarmee der NSDAP. Sie zählte 1932 rund 400 000 braun uniformierte Mitglieder, die bereit waren, jederzeit Gewalt anzuwenden.

Notverordnungen
konnte der Reichspräsident nach Artikel 48 der Weimarer Verfassung im Krisenfall erlassen. Sie hatten Gesetzeskraft. Damit wurde das Parlament aus dem Gesetzgebungsprozess ausgeschaltet.

Reichskanzler Hitler

Hitler war zwar der Führer der stärksten Partei im Reichstag (NSDAP: 33,1 Prozent). Doch in der neuen Regierung gab es neben ihm nur zwei weitere Nationalsozialisten als Minister. Hitler wollte aber die ganze Macht. Er setzte für den 5. März Neuwahlen an. Dort wollte er die absolute Mehrheit für die NSDAP erreichen.

Der Reichstagsbrand und seine Folgen

In der Nacht vom 27. auf den 28. Februar 1933 brannte das Reichstagsgebäude in Berlin. Ob die Nationalsozialisten den Brand selbst legten oder nicht, ist umstritten. In jedem Fall nutzten sie die Gelegenheit: Die NSDAP machte die Kommunisten für den Brand verantwortlich und schürte die Furcht vor einem kommunistischen Aufstand. Um gegen die vermeintlichen Aufständler vorgehen zu können, setzten die Nationalsozialisten mithilfe von Reichspräsident von Hindenburg eine Notverordnung in Kraft – die sogenannte Reichstagsbrandverordnung. Eigentlich durfte der Ausnahmezustand durch Notverordnungen nur vorübergehend ausgerufen werden, um die Ordnung wiederherzustellen (S. 79, Q2). Doch die Nationalsozialisten setzten mit der Reichstagsbrandverordnung die Grundrechte dauerhaft ausser Kraft. Mit dieser Verordnung war der Weg in die Diktatur geebnet: Politische Gegner wurden verhaftet, Zeitungen verboten, die Meinungs- und Versammlungsfreiheit eingeschränkt. Trotzdem verfehlte die NSDAP bei der Wahl am 5. März 1933 mit knapp 44 Prozent die absolute Mehrheit.

Festigung der Diktatur

Am 23. März 1933 legte Hitler dem Parlament das sogenannte «Ermächtigungsgesetz» vor. Es sah vor, dass die Regierung in Zukunft ohne das Parlament Gesetze beschliessen konnte. Stimmte das Parlament zu, schaffte es sich quasi selbst ab. Schon Tage vor der Abstimmung über das Ermächtigungsgesetz begann die NSDAP mit Terror und liess politische Gegner durch die SA verhaften. Am Tag der Abstimmung war das Parlament von bewaffneten SA-Leuten umstellt. Einige SPD-Abgeordnete und die gesamte KPD-Fraktion fehlten, da sie bereits verhaftet oder auf der Flucht waren. Damit das Parlament dennoch beschlussfähig war, liess Reichstagspräsident Göring (NSDAP) eigens die Geschäftsordnung ändern: «Unentschuldigt» fehlende Abgeordnete wurden kurzerhand als «anwesend» gezählt. Die Einschüchterungstaktik ging auf: Die Mehrheit der anwesenden Abgeordneten sprach sich für das Gesetz aus, darunter auch die demokratische Zentrumspartei. Nur die SPD stimmte dagegen. Das Gesetz war beschlossen, das Parlament entmachtet.

Q2 **Joseph Goebbels, seit März 1933 Minister für Volksaufklärung und Propaganda, sagte 1934 (Auszug):**

Wir Nationalsozialisten haben niemals behauptet, dass wir Vertreter eines demokratischen Standpunktes seien, sondern wir haben offen erklärt, dass wir uns demokratischer Mittel nur bedienen, um die Macht zu gewinnen, und dass wir nach der Machteroberung unseren Gegnern alle Mittel versagen würden, die man uns in Zeiten der Opposition zugebilligt hatte.

Q3 **Der SPD-Vorsitzende Otto Wels hielt vor der Abstimmung zum Ermächtigungsgesetz am 23. März 1933 eine mutige Rede (Auszug):**

Freiheit und Leben kann man uns nehmen, die Ehre nicht. Nach den Verfolgungen, die die Sozialdemokratische Partei in der letzten Zeit erfahren hat, wird niemand von ihr verlangen oder erwarten können, dass sie für das hier eingebrachte Ermächtigungsgesetz stimmt. (...) Noch niemals, seit es einen Deutschen Reichstag gibt, ist die Kontrolle der öffentlichen Angelegenheiten durch die gewählten Vertreter des Volkes in solchem Masse ausgeschaltet worden, wie es jetzt geschieht und wie es durch das neue Ermächtigungsgesetz noch mehr geschehen soll.

Q4 Aus der Reichstagsbrandverordnung vom 28. Februar 1933:

§1 Es sind daher Beschränkungen der persönlichen Freiheit, des Rechts der freien Meinungsäusserung, einschliesslich der Pressefreiheit, des Vereins- und Versammlungsrechts, Eingriffe in das Brief-, Post- und Fernsprechgeheimnis, Anordnungen von Hausdurchsuchungen und von Beschlagnahme sowie Beschränkungen des Eigentums auch ausserhalb der sonst hierfür bestimmten Grenzen zulässig.

Q5 **«Der Reichstag in Flammen!»** Plakat, 29. Februar 1933

Aufgaben

1 Arbeite heraus, warum Hitler 1933 Neuwahlen wollte und ob er sein Wahlziel erreichte (VT1, VT2).

2 Erläutere die Funktionsweise einer Notverordnung (Lexikonartikel, VT2).

3 Erkläre, warum die Reichstagsbrandverordnung auch das neue «Grundgesetz des Dritten Reiches» genannt wurde (Q4).

4 Vor dem Plakat Q5 treffen sich je ein Wähler der SPD und der NSDAP. Worüber sprechen sie? Wie reagieren sie auf das Plakat? Schreibt das Gespräch auf und spielt die Szene nach.

5 Prüfe, wie Goebbels' Aussage zum Vorgehen der NSDAP im Zusammenhang mit dem Ermächtigungsgesetz passt (Q2, VT3).

6 Erkläre, warum sich das Parlament mit dem Ermächtigungsgesetz selber entmachtet hat (VT3).

7 Beurteile das Verhalten der Reichstagsabgeordneten bei der Abstimmung über das Ermächtigungsgesetz (VT3, Q3).

9 Auf dem Weg in den Führerstaat

Im April 1933 notierte Joseph Goebbels (NSDAP) in sein Tagebuch: «Abgestimmt wird nicht mehr. Der Führer entscheidet.» Nun sollte das gesamte öffentliche Leben nach den NS-Vorstellungen neu geordnet werden.

Reichswehr
Die Armee der Weimarer Republik hiess Reichswehr. Sie war als Berufsarmee organisiert. 1935 wurde sie in «Wehrmacht» umbenannt.

Gleichschaltung

Das Ermächtigungsgesetz gab Hitler beim Aufbau seiner Diktatur freie Hand. Die Nationalsozialisten schufen einen Staat, in dem sich alles dem «Willen des Führers» unterzuordnen hatte. Für anderes Denken oder gar eine Opposition sollte im künftigen Führerstaat kein Platz mehr sein. Wichtige Bereiche des Staates und der Gesellschaft wurden «gleichgeschaltet». Ein erster Schritt war das «Berufsbeamtengesetz» vom April 1933: Auf seiner Grundlage konnten Beamte aus politischen oder rassischen Gründen entlassen werden. Im gleichen Monat verloren die Länder ihre Eigenständigkeit. Auch die Arbeiterbewegung blieb nicht verschont: Anfang Mai wurden die freien Gewerkschaften aufgelöst. Ihr Vermögen übernahm die NSDAP. Leichtes Spiel hatten die Nationalsozialisten mit den Parteien: Die meisten lösten sich selbst auf oder traten der NSDAP bei, die SPD wurde im Juni verboten. Die NSDAP war nun die einzige politische Partei.

Q1 Auflösung der Jugendverbände. Vereidigung ehemaliger Pfadfinder bei ihrer Eingliederung in die Hitler-Jugend. Foto, undatiert

Selbstgleichschaltung

Die Nationalsozialisten mussten nur relativ wenig Personal austauschen. Viele Menschen passten sich freiwillig an. So wurden zum Beispiel nur 4 Prozent der Beamten entlassen, 96 Prozent blieben also im Amt. Viele Menschen traten 1933 in die NSDAP ein – aus Karrieregründen, durch Druck oder aus Überzeugung. Einen Zwang zum Parteieintritt gab es nicht. Manche Historiker sprechen daher von einer «Selbstgleichschaltung» der deutschen Bevölkerung.

Ermordung von Konkurrenten

Nun drohte der NSDAP nur noch Gefahr aus den eigenen Reihen. Grund dafür war ein Konflikt zwischen SA und Reichswehr. SA-Führer Ernst Röhm wollte die Reichswehr mit seiner bewaffneten Parteiarmee zusammenschliessen. Hitler brauchte die Reichswehr aber für seine Aufrüstungspläne. So schlug er sich in diesem Streit auf die Seite der Reichswehr. Im Morgengrauen des 30. Juni 1934 liess er Röhm und andere SA-Führer erschiessen. Mit Röhm hatte Hitler seinen grössten Konkurrenten ausgeschaltet.

Führer und Reichskanzler

Am 2. August 1934 starb Reichspräsident von Hindenburg. Ein Nachfolger wurde nicht gewählt. Hitler übernahm seine Funktionen. Er nannte sich fortan «Führer und Reichskanzler» – er war nun Staatsoberhaupt, Regierungschef und Parteiführer in einer Person. Hitler übernahm damit auch den Oberbefehl über die Wehrmacht, die auf seine Person vereidigt wurde. Innerhalb weniger Monate hatten die Nationalsozialisten in Deutschland eine Diktatur errichtet und jegliche Opposition beseitigt.

Q2 Sofort nach der Machtübernahme begann die SA mit der Errichtung von Konzentrationslagern (KZ), in denen sie Gegner der Nationalsozialisten einsperrte und folterte. Foto, 1933

Q3 Der angesehene Staatsrechtsjurist Carl Schmitt (1888–1985) rechtfertigte die Machtübernahme der Nationalsozialisten als «formal korrekt». Von ihm stammt der Satz: «Der Wille des Führers ist Gesetz.» Foto, 1936

Q4 Aus einem Bericht des Regierungspräsidenten von Schwaben vom August 1933:

Ein grösserer Teil der Bevölkerung hat allzu schnell und offenkundig die Farbe gewechselt, um mit Sicherheit sagen zu können, dass sie aus innerster Überzeugung hinter der nationalen Regierung steht. Da Denunziantentum [Anzeigen bei der Polizei] und Schutzhaft [Verhaftung politisch Andersdenkender] gefürchtet werden, ist es oft sehr schwierig, die wahre Einstellung kennen zu lernen.

Q5 Eine an den SPD-Ortsverein Hannover gerichtete Erklärung vom 29. März 1933:

Nachdem sich die Machtverhältnisse in ungeahnter Weise überschlagen haben, komme ich dem Verbot – der SPD als Mitglied noch weiter anzugehören – zuvor und erkläre hiermit meinen Austritt aus der Partei.

Aufgaben

1 Erkläre den Begriff «Gleichschaltung» (VT1).

2 Liste auf, welche Bereiche gleichgeschaltet wurden (VT1).

3 Ordne Q1, Q4 und Q5 den Begriffen «Gleichschaltung» und «Selbstgleichschaltung» zu.

4 Herbst 1933: Verwaltungsbeamter Müller, bisher SPD-Wähler, diskutiert mit seiner Frau, ob er zusammen mit zwei Kollegen in die NSDAP eintreten soll. Spielt die Szene (mit unterschiedlichem Ausgang) durch.

5 Begründe, warum mit dem 2. August 1934 die Reste der Demokratie beseitigt sind (VT4).

6 Erläutere den Begriff «Führerstaat» genauer. Wie sieht darin der Alltag aus (VT, Q2)?

7 Diskutiert, warum sich nur wenige gegen die Gleichschaltung wehrten.

8 «Der Wille des Führers ist Gesetz.» Nimm Stellung zu dieser Auffassung von Recht (Q3).

KV 6–7
Arbeitsblatt
KV 8
Schaubild

10 Fotografien analysieren

Q1 Heinrich Hoffmann veröffentlichte 1932 den Bildband «Hitler, wie ihn keiner kennt». Hoffmann ordnete darin seinen Fotografien auch immer Bildlegenden zu. Sie sollten aufzeigen, was dargestellt ist, gaben aber auch vor, wie der Betrachter das Foto zu interpretieren hatte. Die Bildlegende zu diesem Foto lautet: «Das Braune Haus in München ist das Ziel der SA aus allen Gauen Deutschlands. Wie leuchten ihre Augen, wenn der Führer in ihrer Nähe weilt.» (Das «Braune Haus» war von 1930 bis 1945 die Parteizentrale der NSDAP in München. Ein «Gau» war ein nationalsozialistischer Verwaltungsbezirk.)

Foto = Wirklichkeit?

Fotografien können Ereignisse in dem Moment festhalten, in dem sie geschehen. Deshalb gelten sie als besonders wirklichkeitsnah. Doch stimmt das auch? Ein Foto hält immer nur einen einzelnen Moment fest. Und wie diese Momentaufnahme auf dem Foto erscheint, das bestimmt der Fotograf. Er entscheidet über Motiv, Ausschnitt und Perspektive. Ausserdem können Fotos nachträglich beschnitten und retuschiert, d. h. «verbessert» werden. In den vergangenen Jahren haben sich die Möglichkeiten zur Manipulation noch erhöht: Fotos werden heute digital erzeugt und können am Computer leicht bearbeitet werden.

Heinrich Hoffmann – Hitlers Leibfotograf

Der Fotograf Heinrich Hoffmann interessierte sich früh für den aufsteigenden Nationalsozialismus. Er wurde in kürzester Zeit zu einem der engsten Vertrauten von Adolf Hitler, den er in unterschiedlichsten Situationen fotografierte. Er sah es als seine Aufgabe an, mit Fotografien zum Erfolg Hitlers und seines Programms beizutragen. Besonders erfolgreich waren Aufnahmen, die Hitler «privat» zeigten. In seinem Band «Hitler, wie ihn keiner kennt» stellte er Hitler 1932 im Alltag und in vermeintlich privaten Situationen dar. Alles war dabei aber geschickt inszeniert und sollte die Beliebtheit des Führers steigern.

Q2 Heinrich Hoffmann bei seiner Arbeit: Er fotografiert Adolf Hitler anlässlich eines Vorbeimarsches von SA-Männern in Dresden 1934.

Arbeitsschritte: Fotografien analysieren

Wahrnehmen

1 Beschreibe genau, was auf der Fotografie abgebildet wird.

2 Gib wieder, welche Informationen die Legende liefert.

3 Halte fest, wie die Fotografie auf dich wirkt und was sie bei dir auslöst.

Erschliessen

4 Erläutere, welche Perspektive und welchen Ausschnitt der Fotograf gewählt hat.

5 Finde heraus, um welche Art Foto es sich handelt. Ist es ein Privatfoto, ein Pressefoto, ein Propagandafoto? Begründe deine Entscheidung.

Orientieren

6 Ordne die Fotografie in den grösseren geschichtlichen Zusammenhang ein.

7 Formuliere eine Gesamtaussage: Welche Absicht könnte der Fotograf mit der Aufnahme verfolgt haben?

Aufgaben

1 Untersuche die Fotografie Q1 nach den methodischen Arbeitsschritten.

2 Vergleiche Q1 und Q2. Nenne mindestens drei Unterschiede.

3 Was will der Fotograf Hoffmann mit dem Titel seines Bildbandes «Hitler, wie ihn keiner kennt» erreichen? Formuliere mögliche Absichten.

4 a) Stellt die Szene in Q1 in eurer Klasse möglichst genau nach und fotografiert sie.
b) Was fällt euch dabei auf? Sucht nach möglichen Gründen für diese Bildwahl (VT1, VT2).

5 Wähle in Q1 einen der jungen Männer aus und überlege dir, was er in diesem Moment denken könnte. Schreibe einen kurzen Text für eine Denkblase.

6 Suche im Internet weitere Fotos von Heinrich Hoffmann. Fertige eine Wandzeitung an und schreibe kurze Bildkommentare zu Absicht und Wirkung der Fotos.

KV 9
Methode

11 Ziele und Ideen der NSDAP

Hitlers verbrecherische Vorhaben waren kein Geheimnis. In seinem Buch «Mein Kampf» hatte Hitler 1925 seine Pläne beschrieben: Aufbau eines Führerstaates, Vernichtung des Judentums, Eroberung von «Lebensraum im Osten». Das Buch wurde zum Programm der NSDAP.

Sinti und Roma
Es handelt sich um eine Völkergruppe mit einer eigenen Sprache, die vor langer Zeit möglicherweise aus Indien eingewandert war. Der grösste Teil ist heute sesshaft geworden, eine Minderheit wechselt immer wieder den Wohnsitz. Die Sinti sind eine Untergruppe der Roma.

Rassenlehre

Die Rassenlehre war das Kernstück der NS-Anschauungen. Danach gehörten alle Menschen unterschiedlichen Rassen an. Die Nationalsozialisten predigten das Recht des Stärkeren: Die hochwertigste Rasse werde sich im Kampf gegen die minderwertigen Rassen durchsetzen. Als hochwertigste Rasse galten die Arier. Zu ihnen wurden die germanischen Völker und somit auch die Deutschen gezählt. Als Gegenstück dazu galten die Juden. Sie waren in den Augen der Nationalsozialisten eine wertlose Rasse. Den Juden gab die NSDAP die Schuld an allem Übel in der Welt. Als «rassisch minderwertig» galten ausserdem Behinderte, Homosexuelle sowie Sinti und Roma. Sie waren ebenso wie die Juden von Anfang an Ziel der menschenverachtenden NS-Politik.

Q1 Eintopfsonntag. An sechs Sonntagen im Jahr sollte nur Eintopf gegessen werden. Das war billiger, als ein aufwändiges Sonntagsessen zu kochen. Das gesparte Geld sollte an das Winterhilfswerk gespendet werden – eine NS-Hilfsorganisation. Der abgebildete Topf trägt die Aufschrift: «Jeder Eintopfsonntag ein Ehrentag der Nation!». Foto, 1935

«Lebensraum»

Die Nationalsozialisten sahen die Arier als «Herrenrasse», die über andere Völker herrschen werde. Sie wollten mehr «Lebensraum» für das deutsche Volk erobern. Diesen «Lebensraum» wollten sie durch Kriege im Osten erkämpfen und die dort lebenden Völker versklaven.

Mythos «Volksgemeinschaft»

Arm und Reich, Mann und Frau, Unternehmer und Arbeitnehmer – alle sollten in der «Volksgemeinschaft» an einem Strang ziehen. Parteienstreit sollte es im NS-Staat nicht mehr geben. Ab sofort galten Parolen wie «Gemeinnutz geht vor Eigennutz». Mit sozialen Massnahmen erkauften die Nationalsozialisten sich die Zustimmung der Bevölkerung. Die NS-Organisation «Kraft durch Freude» (KdF) veranstaltete Reisen zur Erholung, das «Winterhilfswerk» sammelte Geld für Arme. Doch der schöne Schein trog.

Die Kehrseite der «Volksgemeinschaft»

In erster Linie diente die «Volksgemeinschaft» dazu, den Einzelnen sowohl im Beruf als auch im Privatleben zu kontrollieren. «Du bist nichts, dein Volk ist alles» – solche Parolen sollten den Einzelnen darauf einschwören, Opfer für die Gesamtheit zu erbringen. Damit dienten sie letztlich der Kriegsvorbereitung.

Die «Volksgemeinschaft» wollte auch nicht Gleichheit für alle Deutschen – im Gegenteil: Sie beruhte auf Ungleichheit. Denn die «Volksgemeinschaft» schloss ausdrücklich diejenigen aus, die den NS-Rassenvorstellungen nicht entsprachen: Juden, Sinti und Roma, Behinderte, «Asoziale» oder Homosexuelle.

Q2 Hitler hatte 1924 sein Buch «Mein Kampf» geschrieben. Darin hielt er seine politischen Überzeugungen fest. Hier ein Auszug über seine «Lebensraum»-Politik:

Wir Nationalsozialisten (müssen) unverrückbar an unserem aussenpolitischen Ziel festhalten, nämlich dem deutschen Volk den ihm gebührenden Grund und Boden auf dieser Erde zu sichern. Und diese Aktion ist die einzige, die vor Gott und unserer deutschen Nachwelt einen Bluteinsatz gerechtfertigt erscheinen lässt. Wir weisen den Blick nach dem Land im Osten. Wir gehen über zur Bodenpolitik der Zukunft. Wenn wir aber heute in Europa von neuem Grund und Boden reden, können wir in erster Linie nur an Russland und die ihm untertanen Randstaaten denken.

Q3 Hitler in «Mein Kampf» über sein Menschenbild:

Was für ein Glück für die Regierenden, dass die Menschen nicht denken! Denken gibt es nur in der Erteilung oder im Vollzug eines Befehls. Wäre es anders, so könnte die menschliche Gesellschaft nicht bestehen. Der Mensch ist von Geburt aus schlecht. Man bändigt ihn nur mit Gewalt. Um ihn zu leiten, sind alle Mittel zulässig. Man muss auch lügen, verraten, ja sogar morden können, wenn es die Politik erfordert.

Q4 Der jüdische Rechtsanwalt Dr. Siegel wird von SA-Leuten durch die Strassen geführt. Er war zur Polizei gegangen, weil er sich dort Schutz vor den Übergriffen der SA erhoffte. Auf dem Revier warteten SA-Hilfspolizisten, die ihm den Kopf kahl schoren und die Hosenbeine abschnitten. Dann wurde ihm ein Schild umgehängt mit der Aufschrift: «Ich werde mich nie mehr bei der Polizei beschweren.» Foto, März 1933

Q5 «Dein KdF-Wagen». Wöchentlich konnten Interessenten Sparmarken erwerben, bis der Kaufpreis von 990 Reichsmark erreicht war. Zwar zahlten viele Deutsche ein, einen Wagen bekamen sie aber nicht. Für den Krieg wurde die Produktion nämlich auf Militärfahrzeuge umgestellt. Werbeprospekt, 1938

Aufgaben

1 Fasse zusammen, wie die NS-Rassenlehre die Menschen einteilte (VT1).

2 Erläutere den Satz «Du bist nichts, dein Volk ist alles» (VT4).

3 Ordne Q1–Q5 den Grundideen der NSDAP-Politik zu.

4 Beurteile das Menschenbild, das in der NS-Ideologie deutlich wird (Q3).

5 Ergänze Denkblasen zu Q4. Was denkt der jüdische Rechtsanwalt, was der SA-Mann hinter ihm, was denken die Zuschauer?

6 Beurteile, ob die Ziele der NSDAP wirklich dem Wohle des Volkes dienen sollten.

7 Informiere dich über das Angebot der Organisation «Kraft durch Freude» (Q5) und berichte deinen Mitschülern davon.

12 Erziehung zum Kampf

Der NS-Staat wollte möglichst früh auf die Kinder und Jugendlichen einwirken, um seine Ziele zu verwirklichen. Die Nationalsozialisten handelten nach dem Grundsatz: «Wer die Jugend besitzt, hat die Zukunft.»

Die Hitler-Jugend

Die wichtigste Jugendorganisation der Nationalsozialisten war die Hitler-Jugend (HJ). Sie wurde 1926 gegründet. Anfang 1933 zählte sie etwa 100 000 Mitglieder. Nach der Machtübernahme wurden andere Jugendgruppen zwangsweise «gleichgeschaltet», also aufgelöst oder in die Hitler-Jugend übernommen. So war die Hitler-Jugend Ende 1934 mit 3,5 Millionen Jugendlichen zu einer regelrechten Massenorganisation angewachsen. Ab Dezember 1936 wurde die Hitler-Jugend zur Pflichtorganisation für alle Knaben und Mädchen zwischen 10 und 18 Jahren.

Erziehungsziel: Krieg

Die Nationalsozialisten wollten die umfassende Kontrolle über die Jugend. Mädchen und Knaben sollten zu treuen Gefolgsleuten erzogen werden. Zugleich sollten sie auf die Aufgabe vorbereitet werden, die Hitler für Deutschland vorgesehen hatte: den Krieg. Die körperliche und militärische Ausbildung der Kinder und Jugendlichen hatte dabei ebenso grosse Bedeutung wie die ideologische Schulung. Die NSDAP wollte mutige, vor allem aber anpassungsfähige und gehorsame Menschen.

Q1 «Alle Zehnjährigen in die HJ.» Plakat, um 1940

Q2 «Offiziere von morgen.» Plakat, um 1940

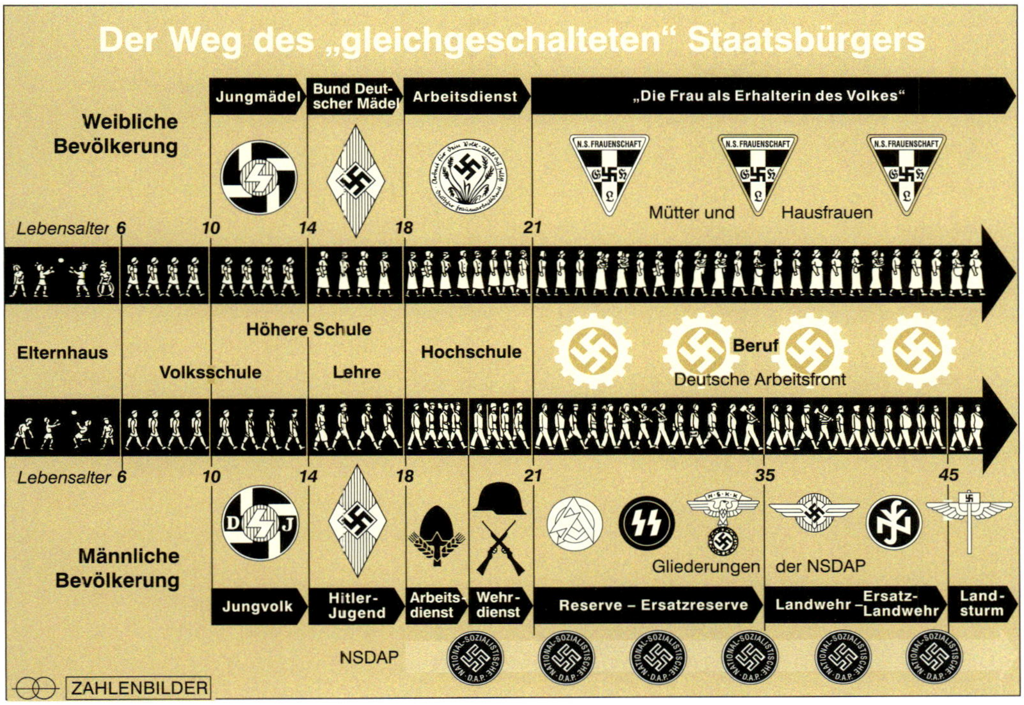

D1 Weg des «gleichgeschalteten» Staatsbürgers

Q3 Aus einer Rede Hitlers vom 2. Dezember 1938:

Der Staat hat seine gesamte Erziehungsarbeit in erster Linie nicht auf das Einpumpen blossen Wissens einzustellen, sondern auf das Heranzüchten kerngesunder Körper. Erst in zweiter Linie kommt dann die Ausbildung der geistigen Fähigkeiten. (…)

Meine Pädagogik ist hart. Das Schwache muss weggehämmert werden. Es wird eine Jugend heranwachsen, vor der sich die Welt erschrecken wird. Eine gewalttätige, herrische, unerschrockene, grausame Jugend will ich. (…) Ich werde sie in allen Leibesübungen ausbilden lassen. (…) Ich will keine intellektuelle Erziehung. Mit Wissen verderbe ich mir die Jugend. Aber Beherrschung müssen sie lernen. Sie sollen mir in den schwierigsten Proben die Todesfurcht besiegen lernen. Das ist die Stufe der heroischen Jugend. Aus ihr wächst die Stufe des Gottmenschen.

Aufgaben

1 Arbeite heraus, warum sich die Mitgliederzahl der HJ sehr schnell erhöhte (VT1).

2 Zeichne zu Q1 oder Q2 zwei Denkblasen. Trage in die eine Blase die Gedanken ein, die typisch für ein Kind in diesem Alter sind. Trage in die zweite Blase die Ziele ein, die die NSDAP durch ihre Erziehung erreichen wollte. Vergleicht eure Ergebnisse (VT2, Q3).

3 Ein Grafikbüro bekommt den Auftrag, HJ-Werbeplakate (wie Q1, Q2) zu erstellen. Verfasse einen Brief des Propagandaministeriums mit den Vorgaben für die Gestaltung.

4 In seiner Rede von 1938 sagt Hitler ausserdem: «Und sie [die Jugendlichen] werden nicht mehr frei ihr ganzes Leben.» Erläutere, was er damit meinte (D1).

5 Begründe, warum in D1 vom «gleichgeschalteten» Staatsbürger die Rede ist.

6 Wie sieht für dich persönlich eine gute Erziehung durch den Staat aus? Halte einige Stichworte fest und diskutiert anschliessend zu zweit eure Vorstellungen.

KV 10–11
Arbeitsblatt
3D-Modell
NS-Klassenzimmer

13 Faschismus in der Schweiz?

Die Wirtschaftskrise löste auch in der Schweiz grosse Unsicherheit und Not aus. Versprechen für eine schnelle Lösung der Probleme kamen bei vielen Menschen gut an. Gab es in der Schweiz auch eine faschistische Partei, die sich durchsetzen konnte?

Q1 Die «Handörgeler» der «Nationalen Jugend». Auch die Jugend sollte für die neue politische Strömung begeistert werden. Ein Gruppenfoto zeigt Mitglieder der schweizerischen Jugendorganisation der «Nationalen Front» 1934 in Zürich. Sie orientierte sich stark am deutschen Vorbild der Hitler-Jugend und verband es mit schweizerischen Traditionen.

Fronten
Sammelbezeichnung für eine Vielzahl von politischen Gruppierungen in der Schweiz, die sich stark an faschistischen Vorbildern Italiens und Deutschlands orientierten. Die «Nationale Front» vereinigte 1933 verschiedene Vorgängerparteien. Von Anfang an gehörte auch eine Jugendorganisation, die «Nationale Jugend», dazu. 1943 wurde die Frontenbewegung vom Bundesrat verboten.

Krise der Demokratie

Die grossen wirtschaftlichen Probleme begünstigten in vielen europäischen Staaten das Aufkommen von politisch extremen Positionen. Sowohl auf der linken als auch auf der rechten Seite warben politische Parteien für radikale Lösungen. Die Demokratie geriet in vielen Ländern in eine schwere Krise. Diese ging auch an der Schweiz nicht spurlos vorbei. Seit 1930 tauchten sogenannte «Fronten» auf. Dabei handelte es sich um verschiedene politische Gruppierungen, die sich an der faschistischen Partei Italiens und am Nationalsozialismus in Deutschland orientierten.

«Frontenfrühling» in der Schweiz

Nach der Machtübernahme von Hitler erlebten die Fronten in der Schweiz einen Aufschwung. Im sogenannten «Frontenfrühling» 1933 erzielten sie in einigen Gemeinde- und Kantonswahlen Erfolge, besonders in Schaffhausen und Zürich. Am meisten Aufmerksamkeit erreichte die «Nationale Front». Die verschiedenen Gruppierungen verfolgten unterschiedliche Ziele. Die meisten waren aber der Ansicht, dass es auch in der Schweiz eine stärkere politische Führung und weniger Mitspracherecht brauche. Die Anhänger stammten aus allen gesellschaftlichen Schichten: Akademiker und Studenten, Industrielle, Gewerbetreibende und Arbeiter, Bauern sowie Erwerbslose gehörten dazu.

Zusammenschluss der demokratischen Kräfte

1934 lancierten die Fronten eine Initiative zur Totalrevision der Bundesverfassung. Sie wollten die Schweiz in einen autoritären Staat umgestalten. Die Stimmberechtigten lehnten die Initiative 1935 aber mit einer Mehrheit von über 70 Prozent ab. Nach dieser Niederlage schmolz die Zahl der Anhänger rasch zusammen. Dass es den Fronten nicht gelang, eine politische Massenbewegung zu werden, hatte verschiedene Gründe. Zum einen erreichten die wirtschaftlichen und politischen Krisen in der Schweiz nicht dasselbe Ausmass wie in den umliegenden Ländern. Zum anderen waren die demokratischen Traditionen in der Schweiz stärker verankert. Die starke Stellung der Kantone und die Mehrsprachigkeit der Bevölkerung erschwerten ebenso das Aufkommen einer nationalen Massenbewegung. Die Anlehnung an nationalsozialistische Symbole, die Rassenideologie und die Gewaltbereitschaft der Fronten wirkten zudem auf viele abstossend. So blieben die Fronten in der Schweiz eine Randerscheinung.

Q2 Rolf Henne (1901–1966) war eine der zentralen Figuren der Schweizer Frontenbewegung. Foto, 1934. Er stammte aus Schaffhausen und war Rechtsanwalt. Nach der Gründung einer eigenen Partei, der «Neuen Front», wurde er 1934 Landesführer der «Nationalen Front». Er orientierte sich an Deutschland und verpflichtete seine Partei auf die nationalsozialistische Ideologie. 1938 zog er sich aus der aktiven Politik zurück, schrieb aber weiterhin für Zeitschriften der «Nationalen Front».

Q4 Die kritische Zeitschrift «Nebelspalter» reagierte mit zahlreichen Karikaturen auf die Fronten. Hier eine aus dem November 1933. Der Text dazu lautet: Wes Brot ich ess, des Lied ich sing!

Q3 In einem Programmheft hält die «Nationale Front» fest:

(…) Eine der grössten Gefahren, die dem Schweizervolk heute drohen, ist die Überschwemmung mit ausländischen Juden. Es verliert dadurch sein eigenes, bodenständiges Wesen. (…) Ein Volk, das den Willen zur Selbsterhaltung aufgibt, ist dem Untergang verfallen. Daher stellt der Eidgenössische Sozialismus die Forderung auf: Die Schweiz den Schweizern! (…)

Aufgaben

1 Was ist mit «Frontenfrühling» gemeint? Erkläre diesen Begriff (VT2).

2 Nenne verschiedene Gründe, weshalb die faschistischen Parteien in der Schweiz wenig Erfolg hatten (VT3).

3 a) Beschreibe jemandem, der die Fotografie Q1 nicht sieht, woran man die Mitglieder der «Nationalen Jugend» erkennt.
b) Formuliert zu zweit Vermutungen, warum Jugendliche Mitglieder der «Nationalen Jugend» werden wollten. Spielt ein mögliches Gespräch zwischen zwei Jugendlichen aus Q1 nach, in dem sie sich darüber unterhalten.
c) Wie müsste eine Jugendorganisation sein, damit du bei ihr mitmachen würdest?
d) Was überzeugt dich an der Jugendorganisation, der du angehörst?

4 a) Zähle die Elemente auf, die auf der Karikatur Q4 abgebildet sind.
b) Was wollen Bild und Text der Karikatur Q4 zum Ausdruck bringen? Formuliere mögliche Aussagen.

KV 12
Arbeitsblatt

14 Europa zwischen Demokratie und Diktatur

1 Zu diesen Themen kann ich eine geschichtliche Frage stellen.

a) Weltwirtschaftskrise

b) Faschismus in der Schweiz

2 Diese Fragen kann ich beantworten.

a) Inwiefern brachte der Erste Weltkrieg «das Ende der alten Ordnung»?

b) Welches sind die Merkmale faschistischer Bewegungen?

c) Warum war die Schweiz auch von der Weltwirtschaftskrise betroffen?

d) Welche grundlegenden Veränderungen setzte die Migros im Lebensmittelhandel um?

3 Diese Begriffe kann ich erklären.

a) Kommunismus

b) Inflation

c) Faschismus

d) Fronten

e) Gleichschaltung

4 Die Daten auf dem Zeitstrahl kann ich erklären.

5 Zu diesen Fragen habe ich eine Meinung und kann sie begründen.

a) Gab es in der Schweiz eine faschistische Massenbewegung?

b) Kam Hitler legal an die Macht?

6 Diese Methode kann ich anwenden.

Fotografien analysieren:

a) Ich beschreibe, was auf der Fotografie dargestellt ist.

b) Ich untersuche die Fotografie genau: Perspektive, Ausschnitt, Art der Fotografie (z. B. Privatfoto, Pressefoto, Propagandafoto).

c) Ich ordne die Fotografie in die geschichtlichen Zusammenhänge ein und fasse die wichtigsten Aussagen der Fotografie in wenigen Sätzen zusammen.

7 Ich kann Geschichte für meine Gegenwart nutzen.

a) Ich sehe Zusammenhänge zwischen wirtschaftlichen Krisensituationen und politischen Positionen.

b) Wenn ich die heutigen Migros-Läden mit den ersten «fahrenden Läden» vergleiche, erkenne ich grosse Veränderungen.

1917 **1918** **1922** **1929** **1933**

Q1 Arbeitslose warten im Arbeitsamt der Stadt Zürich. Foto, 1931

Q2 Arbeitslose warten vor dem Arbeitsamt der Stadt Hannover. Foto, 1932

Q3 Arbeitslose warten vor einem Arbeitsamt in Madrid. Auch heute sind in gewissen Ländern und Regionen Europas die Arbeitslosenzahlen wieder hoch. Foto, 2014

Aufgaben

1 Wähle eine der Fotografien Q1, Q2 oder Q3 aus. Analysiere sie gemäss den methodischen Arbeitsschritten (siehe S. 97).

2 Was möchtest du von einem Arbeitslosen in der von dir ausgewählten Fotografie wissen? Formuliere mindestens drei Fragen.

3 a) Vergleiche die drei Fotografien Q1, Q2 und Q3. Welche Gemeinsamkeiten, welche Unterschiede erkennst du?

b) Suche nach möglichen Gründen für die Gemeinsamkeiten und die Unterschiede.

4 Überlege dir ein mögliches Gespräch zwischen zwei Arbeitslosen in der von dir ausgewählten Fotografie. Schreibe einen kurzen Dialog.

5 Recherchiere, wie hoch heute die Arbeitslosenzahlen in Europa sind, insbesondere bei den jungen Menschen. Was heisst das für sie?

KV 13
Repetition

8 1939 bis 1945

Der Zweite Weltkrieg und die Schweiz

1935
Durch die Nürnberger Rassengesetze werden die Juden zu Bürgern zweiter Klasse erklärt.

9. November 1938
In der Pogromnacht werden die Juden in Deutschland gewaltsam angegriffen.

1939
Landesausstellung in Zürich

1. September 1939
Deutschland greift Polen an. Damit beginnt in Europa der Zweite Weltkrieg.

Gewalt, Terror und Zerstörung in einer noch nie dagewesenen Form prägen den Zweiten Weltkrieg. Am Ende war fast die ganze Welt in einen Krieg verwickelt, der etwa 55 Millionen Menschen das Leben kostete – viele Zivilisten starben. Massenverbrechen, darunter vor allem der Völkermord an den Juden, gehören zu diesem Krieg. Nie zuvor haben die Menschen einen derart totalen Krieg geführt.

Die Schweiz blieb vom Zweiten Weltkrieg militärisch verschont, wurde aber vom Krieg sehr stark geprägt. Lebensmittel und Rohstoffe wurden knapp. Die Angst vor einem Kriegsangriff bedrückte die Bevölkerung. Wie sollte sie sich verhalten?

1940
Die Schweiz wird von den Krieg führenden Mächten eingeschlossen.

22. Juni 1941
Mit dem Überfall auf die Sowjetunion beginnen die Deutschen einen Vernichtungskrieg im Osten.

8. Mai 1945
Deutschland kapituliert. Der Krieg in Europa ist beendet.

D1 Premiere des Spielfilms «Akte Grüninger» im Januar 2014 in St. Gallen. Eingeladen ist auch Ruth Roduner, die Tochter von Paul Grüninger, die sich über die späte Ehrung ihres Vaters freut.

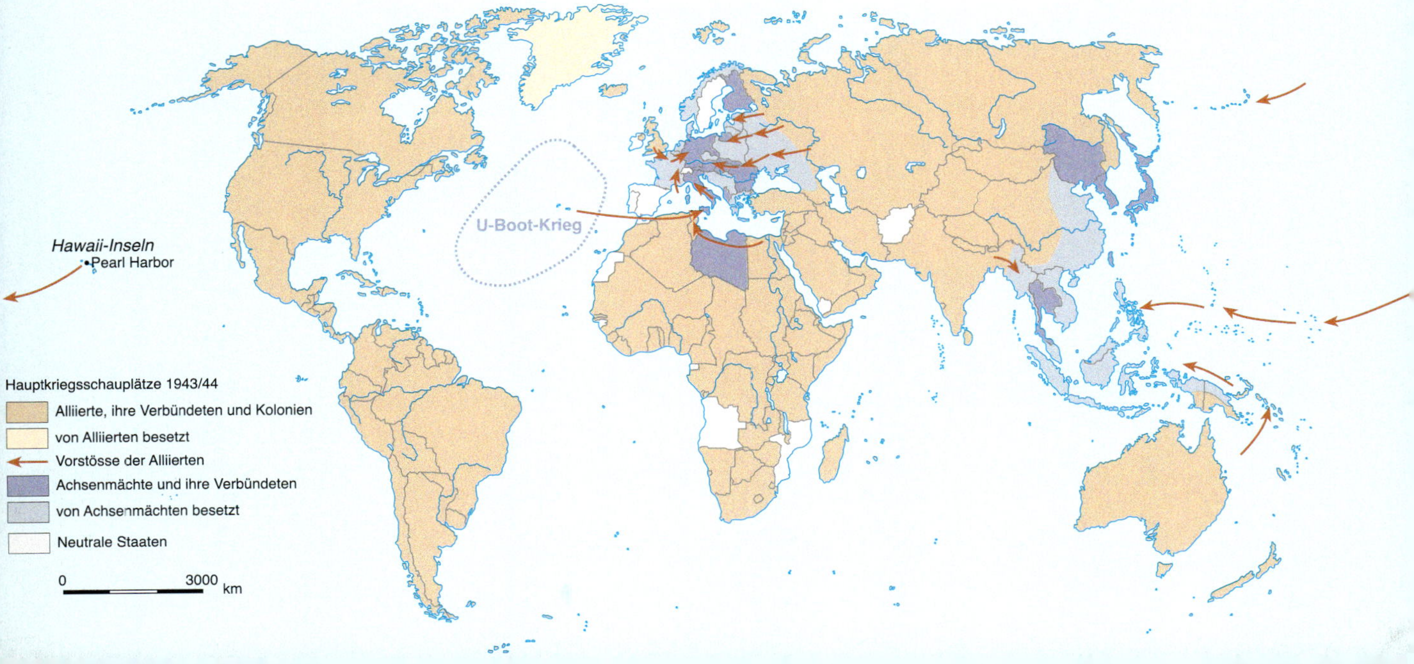

1 Aufrüstung für den Krieg

Die Nationalsozialisten waren in Deutschland unter anderem an die Macht gekommen, weil sie versprachen, die Massenarbeitslosigkeit zu beseitigen. 1932 waren in Deutschland sechs Millionen Menschen ohne Arbeit. Was tat die Regierung, um ihr Wahlversprechen zu halten?

Q1 Mitglieder des Reichsarbeitsdienstes bei einer Parade. Foto, 1934

Vierjahresplan
Programm von 1936, mit dem das Deutsche Reich innerhalb von vier Jahren kriegsbereit gemacht werden sollte. Verantwortlich für den Vierjahresplan war Hermann Göring. Der Staat griff in die freie Wirtschaft ein und steuerte die Produktion, um sie den Erfordernissen der Kriegsvorbereitung anzupassen.

Arbeitsbeschaffung

Tatsächlich sank die Zahl der Arbeitslosen in den ersten drei Jahren der NS-Herrschaft stark. Im Herbst 1936 waren in Deutschland nur noch rund eine Million Menschen ohne Arbeit. Wie war das möglich? Als Sofortprogramm gegen die Arbeitslosigkeit wurden grosse Staatsaufträge vergeben: Autobahnen, öffentliche Gebäude, Kasernen und Flugplätze wurden gebaut. Dazu griffen die Nationalsozialisten oftmals auf Pläne aus der Weimarer Zeit zurück. Bei den Bauarbeiten kamen nur wenige Maschinen zum Einsatz. Das schuf Arbeitsplätze und kurbelte die Wirtschaft an.

Geschönte Statistiken

Ab 1935 mussten alle Jugendlichen im Alter von 18 bis 25 Jahren für ein halbes Jahr gemeinnützige Arbeit leisten. Sie arbeiteten in der Landwirtschaft oder im Strassenbau. Etwa 200 000 bis 300 000 junge Frauen und Männer verschwanden so aus der Statistik der Arbeitslosen. Auch die Wiedereinführung der Wehrpflicht liess die Zahl der Arbeitslosen sinken. Schliesslich wirkte sich auch das sogenannte Ehestandsdarlehen auf die Arbeitslosenquote aus: Frisch verheiratete Paare bekamen ein günstiges Darlehen vom Staat – aber nur unter der Bedingung, dass die Frau ihren Arbeitsplatz aufgab. Bis 1935 nahmen rund 370 000 Frauen das Angebot an.

Aufrüstung für den Krieg

Zahlreiche neue Arbeitsplätze entstanden zudem in der Rüstungsindustrie, denn ab 1934 rüstete der Staat massiv auf. Den meisten Deutschen erschien die Wirtschaftspolitik Hitlers in diesen Jahren erfolgreich. Nur wenige erkannten die Schattenseiten: Um die staatlichen Grossaufträge zur Senkung der Arbeitslosigkeit und zur Ankurbelung der Rüstungsindustrie zu finanzieren, machte der Staat enorme Schulden. Unter normalen Umständen waren sie nicht zurückzuzahlen. Doch längst hatten die führenden Nationalsozialisten beschlossen, dieses Problem auf ihre Weise zu lösen: durch Krieg und Eroberung.

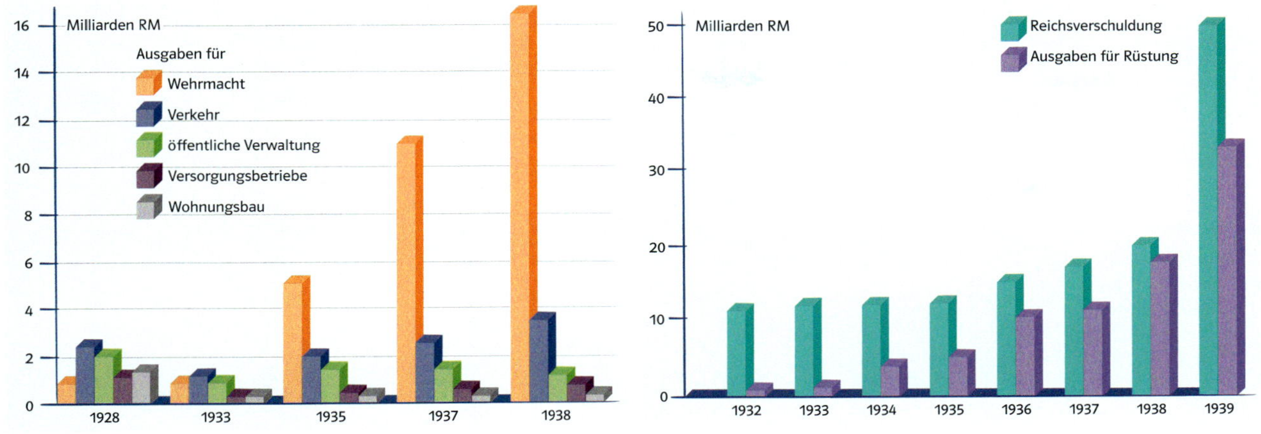

D1 **Ausgaben und Schulden in Deutschland**

Q2 Aus einer geheimen Schrift Hitlers zum Vierjahresplan vom August 1936:

Es hat eine Mobilmachung der Wirtschaft zu erfolgen, und zwar mit Tempo, mit Entschlossenheit und, wenn nötig, auch mit Rücksichtslosigkeit. In diesem Sinne ist die deutsche Brennstofferzeugung im schnellsten Tempo vorwärtszutreiben. Diese Aufgabe ist mit derselben Entschlossenheit wie die Führung eines Krieges anzufassen und durchzuführen; denn von ihrer Lösung hängt die kommende Kriegsführung ab. Ich stelle damit folgende Aufgabe:

1. Die deutsche Armee muss in vier Jahren einsatzfähig sein.
2. Die deutsche Wirtschaft muss in vier Jahren kriegsfähig sein.

D2 Der Historiker Werner Bührer schreibt 1997 in einem Aufsatz über die Wirtschaftspolitik Hitlers:

Die wirtschaftliche Entwicklung Deutschlands unter dem Nationalsozialismus (…) war gekennzeichnet durch einen raschen, kontinuierlichen und lang anhaltenden Aufschwung, der sich vor allem in den Investitions- und Produktionsgüterindustrien bemerkbar machte, verbunden mit einem deutlichen Rückgang der Arbeitslosigkeit bis zum Erreichen der Vollbeschäftigung im Jahr 1936. Ohne die spätestens seit 1935 unübersehbare einseitige Ausrichtung der staatlichen Wirtschaftspolitik auf die Aufrüstung wären diese Erfolge freilich kaum möglich gewesen.

Aufgaben

1 Liste auf, mit welchen Massnahmen die Regierung die Arbeitslosigkeit bekämpfte (VT).

2 An einigen Massnahmen (VT2*) lässt sich das Gesellschaftsbild der NSDAP ablesen. Begründe.

3 Erläutere, wie der Staat die Kosten dieser Massnahmen finanzieren wollte (VT3).

4 Werte die Statistiken D1 aus und stelle deine Ergebnisse in einem Kurzvortrag vor.

5 Prüfe, ob es Hitler tatsächlich nur um den Aufbau von Arbeitsplätzen ging (Q2, D2).

6 Beurteile die Wirtschaftspolitik der NSDAP. Wurde hier verantwortungsvoll in die Zukunft geplant?

7 Rechtsradikale behaupten oft: «Bei Hitler war ja nicht alles schlecht, die Arbeitslosigkeit hat er wenigstens in den Griff gekriegt!» Formuliere eine Entgegnung auf diese Behauptung.

* VT2 bedeutet: Die Aufgabe bezieht sich auf den zweiten Abschnitt des Verfassertextes (VT). Die Abschnitte ergeben sich durch die blauen Zwischenüberschriften.

2 Rüstete die Schweiz auch für den Krieg?

Deutschland rüstete zum Krieg und verhielt sich aussenpolitisch immer aggressiver. In ganz Europa und in der Schweiz wuchs das Gefühl der Bedrohung. Wie sollte sich die Schweiz gegen den Faschismus und einen möglichen Krieg wappnen?

Q1 Der «Schifflibach» war eine der Hauptattraktionen an der Landesausstellung. Kleine Boote transportierten die Besucherinnen und Besucher auf einem künstlich angelegten Bach durch die «Landi». Nicht jeder konnte sich ein Billett leisten. Es kostete 50 Rappen. Damit konnte man damals über 2 kg Brot kaufen.

Geistige Landesverteidigung
Eine politisch-kulturelle Bewegung, die die Stärkung von schweizerischen Werten und die Abwehr des Faschismus zum Ziel hatte. Sie begann in den 1930er-Jahren und erlebte im Kampf gegen den Kommunismus (nach 1945) eine Fortsetzung bis in die 1960er-Jahre.

Militärische Vorbereitung

Deutschland schaffte in der Rüstungsindustrie eine immense Zahl neuer Arbeitsplätze. Im März 1938 marschierten deutsche Truppen in Österreich ein, es wurde dem Deutschen Reich «angeschlossen». Weitere Gebiete wurden mithilfe eines Abkommens Deutschland zugesprochen. Frankreich und Grossbritannien liessen Hitler vorerst gewähren. Auch in der Schweiz erkannte man, dass die Nationalsozialisten sich auf einen Krieg vorbereiteten. In der Schweizer Bevölkerung wuchs die Angst vor einem Krieg. Die Schweiz reagierte: Sie erhöhte ab 1938 ihre Militärausgaben, organisierte die Armee neu und investierte in Befestigungsanlagen. Zudem wurden die militärischen Dienstzeiten verlängert.

Geistige Landesverteidigung

Zusätzlich zu den militärischen Massnahmen wollte die Schweiz die Geistige Landesverteidigung aufbauen und ihre politische und kulturelle Widerstandskraft gegenüber dem Faschismus stärken. Zu diesem Zweck wurden die Einigkeit des Schweizervolkes, die Überwindung der Gegensätze zwischen den verschiedensprachigen Landesteilen, zwischen Stadt und Land und auch zwischen Arbeiterschaft und Bürgertum betont. Alles Schweizerische wurde positiv bewertet. Doch dieses Verhalten hatte auch eine Kehrseite: Das «Fremde» wurde immer mehr abgelehnt, seien es Ausländerinnen und Ausländer – auch die Juden – oder die Sozialisten und Kommunisten, die besonders angegriffen wurden. Mit der Geistigen Landesverteidigung wurde auch eine ausländerfeindliche Politik verstärkt.

«Landi» 1939

Zum Höhepunkt der Geistigen Landesverteidigung wurde die Landesausstellung von 1939, genannt «Landi». Anfang Mai wurde sie in Zürich eröffnet. Sie verband eine Schau der wirtschaftlich-technischen Leistungen mit einer Darstellung der schweizerischen Kultur und Eigenart. Dabei wurden die Vorzüge des eigenen Landes in Abgrenzung zu allem «Fremden» hervorgehoben. Schweizerische Traditionen und Folklore spielten deshalb eine grosse Rolle. Aber auch die «moderne Schweiz» sollte gezeigt werden. Zu ihrem Wahrzeichen gehörte eine Seilbahn über den Zürichsee. Eine weitere Hauptattraktion war der «Schifflibach». Kleine Boote transportierten die Besucher bequem durch die Ausstellung, sogar über Steigungen und durch Ausstellungshallen hindurch. Für viele Besucher war die Landesausstellung ein eindrückliches Erlebnis. Sie wurde zu einem grossen Erfolg: Drei bis vier Millionen Besucher hatte man erwartet, über zehn Millionen kamen.

Q2 Aus der «Botschaft des Bundesrates über die Organisation und die Aufgaben der schweizerischen Kulturwahrung und Kulturwerbung» vom 9. Dezember 1938:

Bleibt sich ein Volk der geistigen Grösse und Kraft seiner Gemeinschaft und seines Staates bewusst, so wird es auch gefeit sein gegen alle dem Geiste seines eigenen Staates und seiner Unabhängigkeit wesensfremden Einflüsse. (...) Damit haben wir auch schon die Aufgabe der geistigen Verteidigung unseres Landes in ihren wesentlichen Zügen umschrieben. Die Aufgabe besteht darin, in unserem eigenen Volke die geistigen Grundlagen der Schweizerischen Eidgenossenschaft, die geistige Eigenart unseres Landes und unseres Staates neu ins Bewusstsein zu rufen, den Glauben an die erhaltende und schöpferische Kraft unseres schweizerischen Geistes zu festigen und neu zu entflammen und dadurch die geistige Widerstandskraft unseres Volkes zu stählen.

Q3 Als Zeitzeuge wurde Charles Inwyler 2004 im Rahmen des Projekts «L'Histoire c'est moi» interviewt und gefilmt. Er erinnerte sich an die «Landi» 1939:

Die «Landi» war ein grosses Erlebnis. Ich begreife wirklich gut, dass eine ganze Generation den «Landi»-Geist und den «Landi»-Stil ein Leben lang bewahrt hat. Ich begann anschliessend, mehr zu hinterfragen und darüber hinauszusehen. Aber ich begreife gut, dass viele Leute meiner Generation dabei geblieben sind. Das hat sie geprägt in den entscheidenden Jahren, dass es für sie eine Leitlinie blieb für das ganze weitere Verhalten bis in die heutige Zeit.

Q4 «Einheit in der Vielheit»: An der Landesausstellung 1939 hingen über der «Höhenstrasse» die Fahnen von 3000 Gemeinden.

Aufgaben

1 Rüstete die Schweiz auch für den Krieg? Beantworte diese Frage mithilfe von VT1.

2 a) Beschreibe, was auf Q4 zu sehen ist.
b) Welche Zusammenhänge erkennst du zwischen Q2 und Q4? Begründe deine Vermutungen (VT2, VT3).

3 Gottlieb Duttweiler hat Q4 den folgenden Titel gegeben: «Einheit in der Vielheit». Was meinte er damit? Interpretiere diesen Titel (VT2, VT3).

4 Charles Inwyler hatte die «Landi» selbst miterlebt und erzählte 2004 in einem Interview (Q3) davon. Was meint er wohl mit dem Ausdruck «Landi»-Geist? Begründe deine Vermutungen.

5 Schaut euch Q1 genau an. Überlegt euch, was die Jugendlichen in diesem Moment gedacht haben könnten. Spielt ein mögliches Gespräch nach.

3 Der Weg in den Krieg

In «Mein Kampf» hatte Hitler das Ziel der NS-Aussenpolitik formuliert: «Deutschland wird entweder Weltmacht oder überhaupt nicht mehr sein.» Als Hitler an die Macht kam, sprach er viel vom Frieden. Doch er hatte nur ein Ziel: den Krieg.

Q1 Nach dem «Anschluss» Österreichs, der in Wirklichkeit eine militärische Besetzung war, fuhr Hitler durch Wien. Foto, 15. März 1938 (koloriert)

Appeasement-Politik
(engl. «to appease» = beschwichtigen)
Politik der britischen Regierung bis 1938: Zugeständnisse gegenüber Hitlers Aufrüstungsplänen und Gebietsansprüchen. Sie wollte ihn auf diesem Weg davon abhalten, einen Krieg zu beginnen.

Kriegsbeginn 1939
Aus asiatischer Sicht begann der Krieg 1931 mit der japanischen Besetzung der Mandschurei, aus afrikanischer Sicht 1935 mit dem italienischen Überfall auf Abessinien (Äthiopien), in Europa mit dem Angriff Deutschlands auf Polen 1939.

Wiederherstellung alter Grösse

Anfangs verfolgte die NS-Aussenpolitik vor allem ein Ziel: die Rücknahme der Bestimmungen des Versailler Vertrages. Das war bei vielen Deutschen populär, denn sie empfanden die Bedingungen als Demütigung. Deutschlands alte Macht und Grösse wiederherzustellen war auch ganz im Sinne der Militärs. Bereits 1933 trat Deutschland aus dem Völkerbund aus. Eine Institution, die sich für Frieden und Abrüstung einsetzte, war Hitler ein Dorn im Auge. Die Nationalsozialisten rüsteten weiter auf – zunächst heimlich, später immer offener. Im März 1935 führten sie die Wehrpflicht wieder ein. Ein Jahr später besetzte Deutschland das entmilitarisierte Rheinland. Die ausländischen Regierungen protestierten nur schwach, obwohl diese Massnahmen gegen den Versailler Vertrag verstiessen. Mit dem Vierjahresplan (siehe S. 108) wollte Hitler Deutschland ab 1936 in vier Jahren bereit für den Krieg machen.

Grossdeutsches Reich

1938 befahl Hitler den Einmarsch in Österreich. Dabei berief er sich auf das Selbstbestimmungsrecht der Völker: Die Österreicher wünschten laut Hitler den «Anschluss» an das Deutsche Reich. Während die österreichische Regierung protestierte, jubelten die meisten Österreicher tatsächlich über die Vereinigung mit Deutschland zum «Grossdeutschen Reich». Noch im selben Jahr forderte Hitler auch für die in der Tschechoslowakei lebenden Sudetendeutschen das Selbstbestimmungsrecht: Das Sudetenland solle Deutschland angegliedert werden. Als Hitler mit Krieg drohte, gaben die Nachbarländer nach: Auf der Münchener Konferenz 1938 beschlossen Grossbritannien, Frankreich, Italien und Deutschland die Abtretung des Sudetenlandes. Hitler versprach im Gegenzug, keine weiteren Forderungen zu stellen. Der Frieden in Europa schien gerettet.

Am Vorabend des Krieges

Doch schon im März 1939 war die britische Appeasement-Politik gescheitert: Deutsche Truppen marschierten in die Tschechoslowakei ein. Grossbritannien und Frankreich ahnten, dass Deutschland weitere Länder unterwerfen wollte. Sie gaben nun Polen eine Garantieerklärung für den Fall, dass Deutschland angreifen würde. Die Welt zeigte sich Ende August 1939 überrascht: Das faschistische Deutschland und die kommunistische Sowjetunion unterzeichneten einen Nichtangriffspakt. In einem geheimen Zusatzprotokoll teilten sie Polen unter sich auf, falls es zum Krieg käme. Am 1. September 1939 war es so weit: Deutsche Soldaten griffen Polen an. Grossbritannien und Frankreich hielten sich an ihre Garantiezusage und erklärten Deutschland den Krieg. Der Zweite Weltkrieg hatte begonnen.

Q2 Einmarsch deutscher Truppen in Prag. Foto, 15. März 1939

Q3 Hitler hielt am 22. August 1938 eine Ansprache an die führenden Männer seiner Streitkräfte:

Der Sieger wird später nicht danach gefragt, ob er die Wahrheit gesagt hat oder nicht. Bei Beginn und Führung des Krieges kommt es nicht auf das Recht an, sondern auf den Sieg. Herz verschliessen gegen Mitleid. Brutales Vorgehen. 80 Millionen Menschen müssen ihr Recht bekommen. Ihre Existenz muss gesichert werden. Der Stärkere hat das Recht. Grösste Härte.

FOREIGN OPINION
ADOLF IN THE LOOKING-GLASS.
HERR HITLER. "HOW FRIGHTFUL I LOOK TO-DAY!"

Q4 Adolf im Spiegel. Die Karikatur von 1934 spielt auf die Friedensreden Hitlers nach der Machtübernahme an.

Aufgaben

1 Lege einen Zeitstrahl an, auf dem du die einzelnen Schritte der NS-Aussenpolitik zwischen 1933 und 1939 einträgst (VT1–VT3).

2 Erläutere den Zusammenhang einiger dieser Massnahmen mit dem Versailler Vertrag (VT1, S. 72).

3 «Die Bestimmungen des Versailler Vertrages haben es Hitler erleichtert, seine Ziele durchzusetzen.» Nimm Stellung zu dieser Aussage eines Historikers.

4 Begründe, warum viele Österreicher tatsächlich über den «Anschluss» jubelten (VT2).

5 Beurteile die Appeasement-Politik Grossbritanniens (VT2, VT3, Lexikonartikel).

6 Bewerte die Haltung Hitlers (Q3).

7 Erläutere mithilfe von Q2 und den Informationen auf dieser Doppelseite das Motto Hitlers: «Den Frieden verkünden, den Krieg vorbereiten» (VT, Q4).

4 Krieg in Europa – Völkervernichtung

Deutschland war verantwortlich für den Zweiten Weltkrieg. Fast 60 Millionen Menschen starben. Der Krieg gegen die Sowjetunion war kein «normaler» Krieg. Er war von Anfang an als Vernichtungsfeldzug geplant.

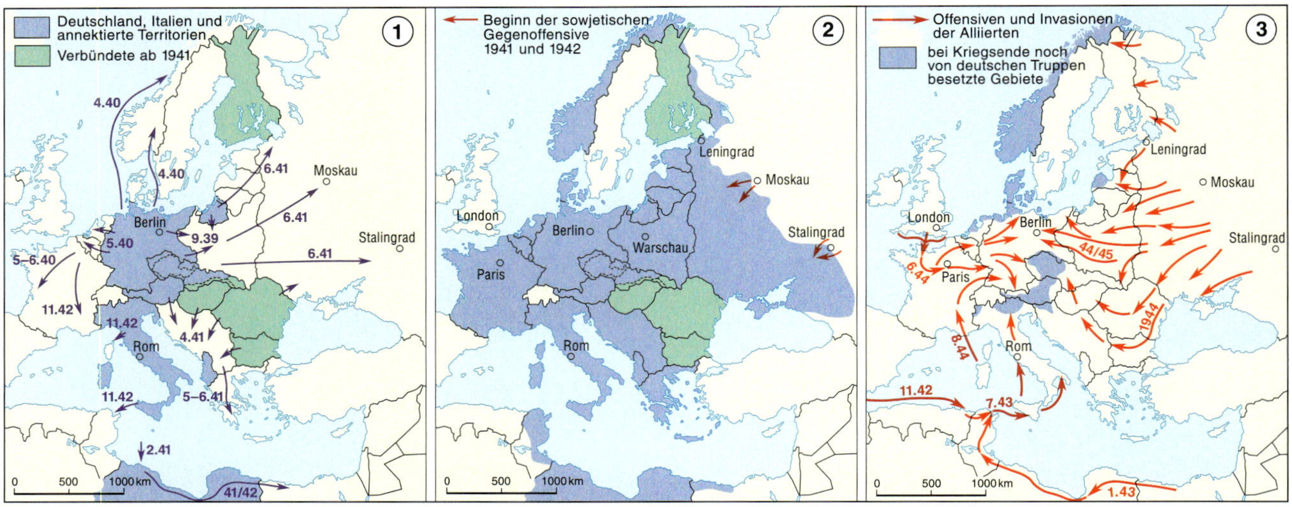

D1 Der Krieg in Europa 1939 bis 1945. ① Phase der deutschen «Blitzkriege»; ② grösste Ausdehnung der deutschen und italienischen Mächte im Jahr 1942; ③ Zeit der alliierten Invasionen und Offensiven

Genfer Konvention
Völkerrechtliche Verträge, in denen sich die unterzeichnenden Staaten dazu verpflichtet hatten, im Kriegsfall bestimmte Regeln einzuhalten. So sollten Verwundete, Sanitäter und Kriegsgefangene geschützt werden. Noch nicht unter Schutz gestellt war die Zivilbevölkerung.

«Blitzkriege» in Europa

Der Krieg in Polen dauerte nur wenige Wochen. Grossbritannien und Frankreich erklärten zwar Deutschland den Krieg, verhielten sich aber passiv. So kämpfte Polen allein gegen die hochgerüstete deutsche Wehrmacht. Mitte September 1939 drangen auch noch Sowjetsoldaten in Polen ein. Wie im Hitler-Stalin-Pakt verabredet, teilten Deutsche und Sowjets Polen untereinander auf.

Der Krieg verlagerte sich zunächst nach Nord- und Westeuropa. Im Mai 1940 begann der «Westfeldzug». Die deutschen Truppen besetzten zunächst die Niederlande und Belgien. Dann griff die Wehrmacht Frankreich an. Mithilfe der überlegenen Panzer und der Luftwaffe wurde Frankreich binnen weniger Wochen zur Kapitulation gezwungen. Im Mittelmeerraum kämpften deutsche Truppen gemeinsam mit ihren italienischen Verbündeten. Die Wehrmacht besetzte den Balkan, Griechenland und Nordafrika. Weite Teile Europas waren 1941 von den Deutschen besetzt. Nur Grossbritannien wehrte sich erfolgreich gegen die von Hitler geplante Eroberung.

Vernichtungskrieg im Osten

Am 22. Juni 1941 brach die deutsche Regierung ihren Nichtangriffspakt mit Stalin. Deutsche Truppen fielen in die Sowjetunion ein. Der Kampf im Osten war von Anfang an ein Vernichtungskrieg. Er wurde mit äusserster Brutalität geführt. Vor allem SS-Männer, aber auch Soldaten der deutschen Wehrmacht ermordeten Millionen Menschen ausserhalb von Kampfhandlungen. Die Nationalsozialisten führten diesen Krieg nicht, um einen Staat zu erobern. Sie wollten das Land ausbeuten und die in ihren Augen «rassisch minderwertige» Bevölkerung vernichten. Bereits im Oktober 1939 hatten deutsche Sondereinheiten in Polen mit der Vernichtung der dortigen Intelligenz und Führungsschicht begonnen. Ähnliches wiederholte sich nun in der Sowjetunion. Mehr als 20 Millionen Russen starben, darunter viele Zivilisten.

Befehl	erlassen vom	Inhalt
Kriegsgerichtsbarkeitserlass (13. Mai 1941)	Führer und Obersten Befehlshaber der Wehrmacht	Militärische Verbrechen von Wehrmachtssoldaten müssen nicht verfolgt werden.
«Kommissarbefehl» (6. Juni 1941)	Oberkommando der Wehrmacht	«Die Urheber barbarisch-asiatischer Kampfmethoden sind die politischen Kommissare. (…) Sie sind daher, wenn im Kampf oder Widerstand ergriffen, grundsätzlich sofort mit der Waffe zu erledigen.»
Anordnungen für die Behandlung sowjetischer Kriegsgefangener (8. September 1941)	Oberkommando der Wehrmacht	Der bolschewistische Soldat hat «jeden Anspruch auf Behandlung als ehrenhafter Soldat und nach der Genfer Konvention verloren».
Befehl zur Bekämpfung von Partisanen und Partisanenverdächtigen (16. Dezember 1942)	Oberkommando der Wehrmacht	«Mit soldatischer Ritterlichkeit oder mit den Vereinbarungen in der Genfer Konvention hat dieser Kampf nichts mehr zu tun. (…) Die Truppe ist daher berechtigt und verpflichtet, in diesem Kampf ohne Einschränkung auch gegen Frauen und Kinder jedes Mittel anzuwenden, wenn es nur zum Erfolg führt.»

D2 Verbrecherische Befehle der Wehrmachtsführung

Q1 Sowjetische Kriegsgefangene in einem Lager der deutschen Wehrmacht in der Ukraine. Rund 3,3 Millionen sowjetische Kriegsgefangene starben unter der Verantwortung der Wehrmacht an Hunger, Kälte, Seuchen oder den Folgen von Zwangsarbeit. Foto aus einem Album mit der Aufschrift «Ein Jahr Feldzug in der Sowjet-Union 1941–1942»

Q2 Massenerschiessungen von Juden durch deutsche Einsatzgruppen im besetzten Polen. Das Foto stammt vermutlich vom September 1941.

Aufgaben

1 Gib wieder, warum Polen in nur wenigen Wochen besiegt werden konnte (VT1).

2 Stelle mithilfe von D1 (① und ②) die ersten Kriegsphasen in einem Kurzvortrag dar (VT).

3 Erläutere, worin sich der Krieg im Westen vom Krieg im Osten unterschied (VT, D2, Q1, Q2).

4 Beurteile, inwiefern die Befehle verbrecherisch waren (D2, Lexikonartikel).

5 «Der Kriegsgerichtsbarkeitserlass war ein Freibrief zum Mord.» Nimm Stellung zu dieser Aussage.

6 Informiere dich über die Opferzahlen im Zweiten Weltkrieg und werte sie aus. Finde heraus, welches Land und welche Bevölkerungsgruppen die grössten Verluste erlitten.

KV 2 Arbeitsblatt

5 Eingeschlossene Schweiz

Gleich zu Beginn des Zweiten Weltkrieges mobilisierte die neutrale Schweiz ihre Armee. Der überaus rasche Erfolg der deutschen Wehrmacht verstärkte in der Schweiz nämlich die Angst vor einem Angriff. Auch auf andere Weise wappnete sich die Schweiz.

Q1 «Rütli-Rapport». General Henri Guisan verkündete am 25. Juli 1940 seinen Kommandanten den neuen Verteidigungsplan. Als Ort wählte er das Rütli, an dem der Legende nach die Eidgenossenschaft entstanden war.

Réduit
(franz. Rückzugsbastion) bezeichnet den militärischen Verteidigungsplan der Schweizer Armee, sich auf den Alpenraum zu konzentrieren. Die Schweiz wollte nach aussen abschrecken und im Innern den Widerstandswillen fördern.

Kriegsbeginn

Als der Zweite Weltkrieg begann, wählte die Vereinigte Bundesversammlung Henri Guisan zum General der Schweizer Armee und erklärte, dass die Neutralität beibehalten werde. Die allgemeine Mobilmachung wurde angeordnet, sodass in den folgenden Tagen 430 000 Soldaten und 200 000 Hilfsdienstpflichtige einrückten. Gleich zu Beginn des Krieges wurden Grundnahrungsmittel wie Butter, Teigwaren oder Zucker rationiert. Frauenverbände riefen die Frauen auf, überall mitzuhelfen, zum Beispiel im Wäsche- und Flickdienst oder in den Soldatenstuben. Viele Frauen übernahmen auch die Arbeit von Männern, die im Aktivdienst waren, sei es in den Fabriken oder in der Landwirtschaft. Gleichzeitig mussten sie alleine den Haushalt besorgen und sich um die Kinder kümmern.

Kriegsgefahr

Der überraschend schnelle Sieg der deutschen Wehrmacht über Frankreich führte in der Schweiz im Sommer 1940 zu einer Krise. Die Schweiz war nun von den Achsenmächten umschlossen. Die Angst vor einem Angriff auf die Schweiz erreichte ihren Höhepunkt. Die Armeeführung entwickelte daraufhin einen neuen Verteidigungsplan, den sie «Réduit» nannte. Armee und Regierung sollten sich bei einem Angriff in die Alpen zurückziehen können. Deshalb wurden die Alpen in den folgenden Jahren zu einer eigentlichen Festung ausgebaut. Nach aussen signalisierte die Schweiz damit, dass sie im Fall eines Angriffs nicht klein beigeben würde. Sie drohte, im Notfall die wichtigen Alpentunnels und Alpenübergänge für den Warenverkehr zwischen Italien und Deutschland zu zerstören. Andererseits bedeutete der Réduit-Plan auch, dass im Ernstfall ein grosser Teil der Bevölkerung und der Industrieanlagen dem Feind preisgegeben worden wäre.

Sicherung der Landesversorgung

Ein wichtiges Ziel der schweizerischen Kriegswirtschaft war es, die Landesversorgung und damit Nahrung und Arbeit für die Bevölkerung zu sichern. Um die Abhängigkeit von Lebensmitteln aus dem Ausland zu verringern, schlug der Landwirtschaftsexperte Friedrich Traugott Wahlen im November 1940 vor, die landwirtschaftliche Anbaufläche zu verdreifachen. Stadtpärke, Schulhausplätze, aber auch alpine Steilhänge wurden für den Anbau genutzt. Mit diesem «Plan Wahlen» gelang bis 1943 eine Verdoppelung der Anbaufläche, wobei der zusätzliche Ertrag eher bescheiden ausfiel. Dennoch hatte die sogenannte «Anbauschlacht» grosse Bedeutung. Die ganze Bevölkerung konnte für das Überleben etwas tun, der Durchhaltewillen wurde dadurch gestärkt. Trotz Mehranbau und Rationierung blieb die Schweiz aber vom Ausland abhängig.

Q2 Eine Bäuerin erinnert sich lebhaft an die Kriegszeit:

Am 1. Sept. 1939 ging es los mit der Mobilmachung. Ein Schulmädchen brachte die Botschaft, und der Mann musste noch am gleichen Tag seine Sachen packen und einrücken. In aller Eile holten wir noch vorher die Korngarben herein. Wir (…) fragten den Nachbarn, ob er unsere Kühe melken könne. Aus den paar Tagen wurden dann alles in allem drei Jahre. Unserem Nachbarn verdanken wir es, dass wir damals überleben konnten. Ausser meiner bisherigen Arbeit im Haus und auf dem Feld musste ich nun noch den Stall übernehmen. Das hiess: um fünf Uhr aufstehen, misten und füttern, nachher die Milch (…) auf dem Rücken in die Käserei bringen. Ein jeweils einstündiger Weg. (…) Ab 1942 war langsam alles etwas besser geordnet. Man hatte sich drein geschickt und erhielt zudem gelegentlich Internierte oder Landdienst-Kinder als willkommene Hilfen.

Q3 Obligatorischer Landdienst. Winterthurer Schülerinnen wurden im Rahmen des obligatorischen Landdienstes im Sommer 1940 bei der Heuernte eingesetzt.

	Februar 1942	Mai 1943	Februar 1944	Juni 1945	März 1948
Brot	–	7 kg	5 950 g	6 kg	6 750 g
Teigwaren	350 g	400 g	500 g	–	750 g
Zucker	600 g	500 g	500 g	500 g	1 kg
Milch	–	16 l	12 l	11 l	9.5 l
Butter	100 g	100 g	250 g	200 g	300 g
Käse	400 g	500 g	300 g	400 g	300 g

D1 Zugeteilte Nahrungsmittelmenge (Auswahl) pro Person und Monat. Die Zuteilungen waren knapp bemessen und änderten sich je nach Versorgungslage. Die Produkte mussten bezahlt werden. Der Bundesrat erliess einen generellen Preisstopp.

Aufgaben

1 Halte fest, wie die Schweiz auf den Kriegsbeginn reagierte (VT1, Q2).

2 Erläutere die Ziele des neuen Verteidigungsplans – des sogenannten «Réduit» (VT2).

3 Erkläre, was der «Rütli-Rapport» ist (VT2, Q1).

4 Zu welcher Quelle bzw. Darstellung passt der Begriff «Anbauschlacht» (VT3)? Begründe deine Wahl.

5 Welche Zusammenhänge kannst du zwischen VT1 und D1 herstellen? Begründe deine Beobachtungen.

6 a) Beschreibe, was auf Q3 dargestellt ist.
b) Wähle zwei Mädchen aus Q3 aus und überlege dir, was sie gedacht haben könnten. Formuliere zwei Denkblasentexte.
c) Wärst du heute bereit, in deinen Sommerferien freiwillig Landdienst zu leisten? Begründe deine Meinung.

6 Profitierte die Schweiz vom Krieg?

Die Schweiz war wirtschaftlich stark vom Ausland abhängig – sowohl beim Import wie beim Export von Gütern. Besonders schwierig wurde die Situation während des Zweiten Weltkrieges. Doch auch das Ausland war auf die Schweiz angewiesen.

Q1 Frauen in einer staatlichen Munitionsfabrik. Foto, 1941. Da während des Krieges Männer oft im Militärdienst waren, wurden viele Arbeiten in Fabriken neu von Frauen übernommen.

Devisen
International gültige Währungen. Der Schweizer Franken blieb während des Zweiten Weltkrieges eine solche Währung. Bald war er die wichtigste Währung, die von allen Krieg führenden Staaten als Zahlungsmittel akzeptiert wurde.

Kriegswirtschaft

Der Import von Rohstoffen, Industriegütern, Energie und Nahrungsmitteln war für die Schweiz seit jeher lebenswichtig. Umgekehrt musste die Schweiz ihre Produkte exportieren, d. h. im Ausland absetzen können, sonst drohte Arbeitslosigkeit. Während der gesamten Kriegszeit lieferten verschiedene Schweizer Rüstungsbetriebe Waffen, Munition und Zünder an beide Krieg führenden Seiten. Die Betriebe waren von diesen Exporten abhängig. Am meisten Rüstungsgüter lieferten sie in das Deutsche Reich.

Die Werkzeugmaschinenfabrik Oerlikon, Bührle & Co.

Emil Georg Bührle baute von 1924 an die Schweizer Werkzeugmaschinenfabrik Oerlikon zum grössten privaten Rüstungsbetrieb in der Schweiz auf. Zu Beginn des Krieges arbeiteten bei Oerlikon-Bührle über 2000 Personen. Die Firma belieferte vor allem Frankreich und Grossbritannien. Von 1940 bis 1944 exportierte Oerlikon-Bührle ausschliesslich Waffen an Deutschland. Von 1936 bis 1944 wuchs das Vermögen der Firma von 0,14 Mio. auf 127 Mio. Franken an. Oerlikon-Bührle war in der Schweiz einer der wichtigsten Kriegsmaterialexporteure und erzielte grosse Profite.

Ein weiteres Beispiel: Goldhandel und Nazigold

Nicht nur wegen der Rüstungsproduktion, sondern auch als Finanzplatz war die Schweiz während der Kriegszeit wichtig. Der Schweizer Franken war die begehrteste frei handelbare Währung. Sowohl die Alliierten als auch die Achsenmächte beschafften die dringend benötigten Devisen über die Schweiz. Die Schweiz erhielt dafür Industriegüter und Lebensmittel. Deutschland allerdings verkaufte der Schweiz auch geraubte Waren, um an Devisen zu kommen. Das waren Gold, Kunstwerke, Aktien oder andere Wertgegenstände, die die Nationalsozialisten von Juden oder anderen Verfolgten beschlagnahmt hatten. Das Deutsche Reich plünderte zudem die Goldreserven der besetzten Gebiete und verkaufte diese an die Schweizerische Nationalbank. Die Alliierten behaupteten, die Schweiz habe um die Herkunft des Goldes gewusst. Sie hätte den Deutschen das Raubgold nicht abkaufen dürfen. Die Schweizer stritten dies ab. Nach dem Krieg mussten Vertreter der Schweizerischen Nationalbank allerdings zugeben, dass sie zumindest mit der unrechtmässigen Herkunft des Goldes hätten rechnen müssen.

D1 Swissinfo ist ein Service der Schweizerischen Radio- und Fernsehgesellschaft (SRG) und richtet sich an ein internationales Publikum. 2002 informierte Swissinfo über die Ergebnisse einer Untersuchung zur Schweiz im Zweiten Weltkrieg:

Als Waffenexporteur ein kleiner Fisch – für Gold und Geld eine wichtige Drehscheibe: die Schweiz im Zweiten Weltkrieg. So lauten Forschungs-Ergebnisse der «Unabhängigen Expertenkommission Schweiz Zweiter Weltkrieg» (UEK). (…) Aufgrund grossen Druckes aus dem Ausland rief die Schweizerische Bundesversammlung Ende 1996 die UEK ins Leben. Die Kommission untersuchte das Verhalten der politischen und wirtschaftlichen Schweiz im Zweiten Weltkrieg. 2002 publizierte die Kommission ihre Ergebnisse. (…)

Weitaus der bedeutendste Ort war die Schweiz hingegen als Umschlagplatz für Gold aus dem Machtbereich des «Dritten Reichs». Rund vier Fünftel der Goldverkäufe der Deutschen Reichsbank wurden hierzulande abgewickelt. (…)

Q2 Emil Georg Bührle äusserte sich 1942 zur Frage, ob ihm das Verkaufen von Waffen nie Gewissenskonflikte bereitet habe:

Man muss die Menschen nehmen, wie sie sind. Seitdem es Menschen gibt, haben sie aufeinander losgeschlagen. Heute sind sie in dieser Kunst etwas erfinderischer geworden. Übrigens gibt es kein Land, dem ich nicht schon Waffen und Munition lieferte, schon viele Jahre vor dem Krieg.

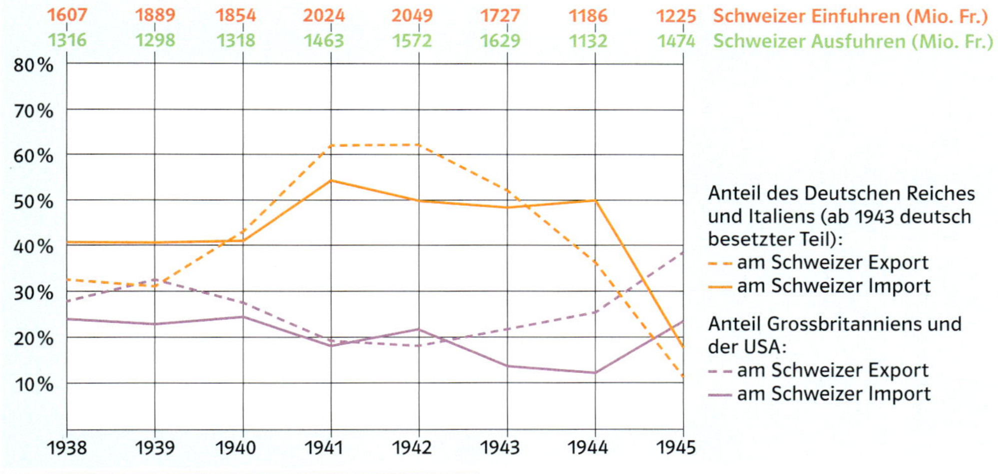

D2 **Der schweizerische Aussenhandel 1938–1945**

Aufgaben

1 Vor welchen besonderen Schwierigkeiten stand die Schweizer Wirtschaft allgemein und speziell in der Kriegssituation? Fasse zusammen (VT1).

2 Halte drei Aussagen, die du der Grafik D2 entnehmen kannst, fest.

3 Erläutere, was mit der Aussage gemeint ist: «Als Waffenexporteur ein kleiner Fisch – für Gold und Geld eine wichtige Drehscheibe» (VT1–VT3, D1).

4 a) Fasse die Aussagen von Emil Georg Bührle (Q2) in eigenen Worten kurz zusammen.
b) Nimm persönlich Stellung zu den Aussagen von Emil Georg Bührle (Q2).

5 a) Die Arbeiterin aus Q1 berichtet einer Freundin 1940 über ihren Alltag in der Fabrik. Spielt zu zweit dieses Gespräch nach.
b) Wäre für dich eine Arbeit in der Waffenproduktion denkbar? Begründe deine Position.

7 Der globale Krieg

Der Zweite Weltkrieg begann zwar in Europa, weitete sich aber rasch zu einem globalen Krieg aus. Vor allem auch im Pazifik und in Afrika wurde gekämpft. Über 60 Staaten waren am Krieg beteiligt, über 110 Millionen Menschen standen unter Waffen.

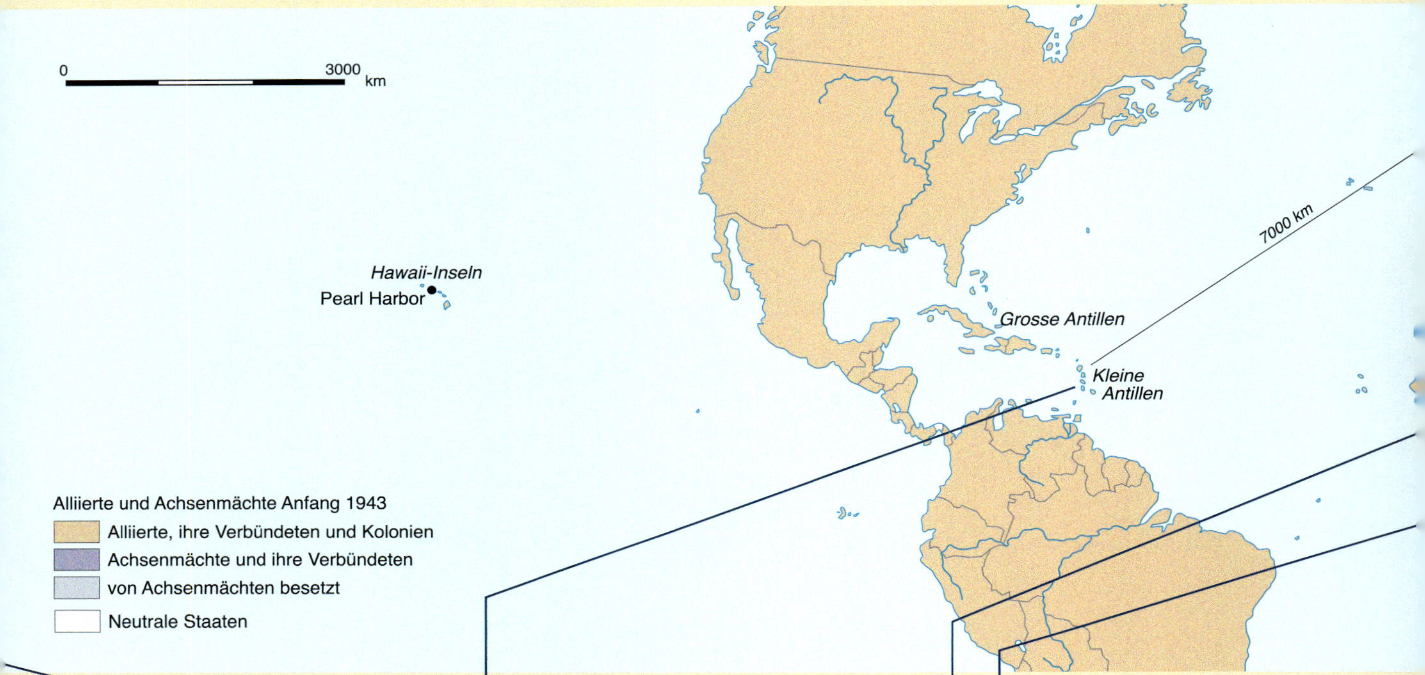

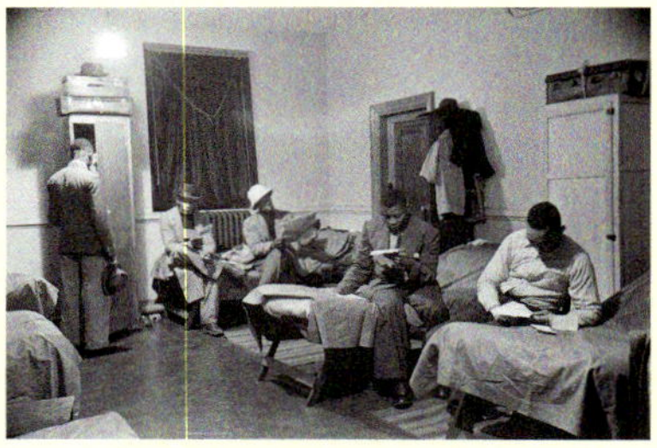

Q1 Soldaten aus der Karibik warten in ihren Unterkünften in England auf ihren Einsatz. Foto, undatiert. Die Soldaten hatten sich freiwillig gemeldet und kämpften für Grossbritannien auf der Seite der Alliierten.

Q2 Afrikanische Kolonialsoldaten marschieren 1939 in den Norden Frankreichs. Foto, 1939. Sie sollten das Land ihrer Kolonialherren gegen Nazideutschland verteidigen. Viele von ihnen wurden zum Kriegsdienst gezwungen. Nach aussen wurde aber behauptet, sie hätten sich freiwillig gemeldet.

Q3 Inder kämpfen 1944 auf der Seite der Engländer in der Schlacht um Monte Cassino in Süditalien. Foto, 1944. Die Inder stellten mit 2,5 Millionen Soldaten die grösste Kolonialtruppe, die je in einem Krieg eingesetzt wurde. Sie kämpften an den Fronten von Südafrika bis Europa – hier in Italien.

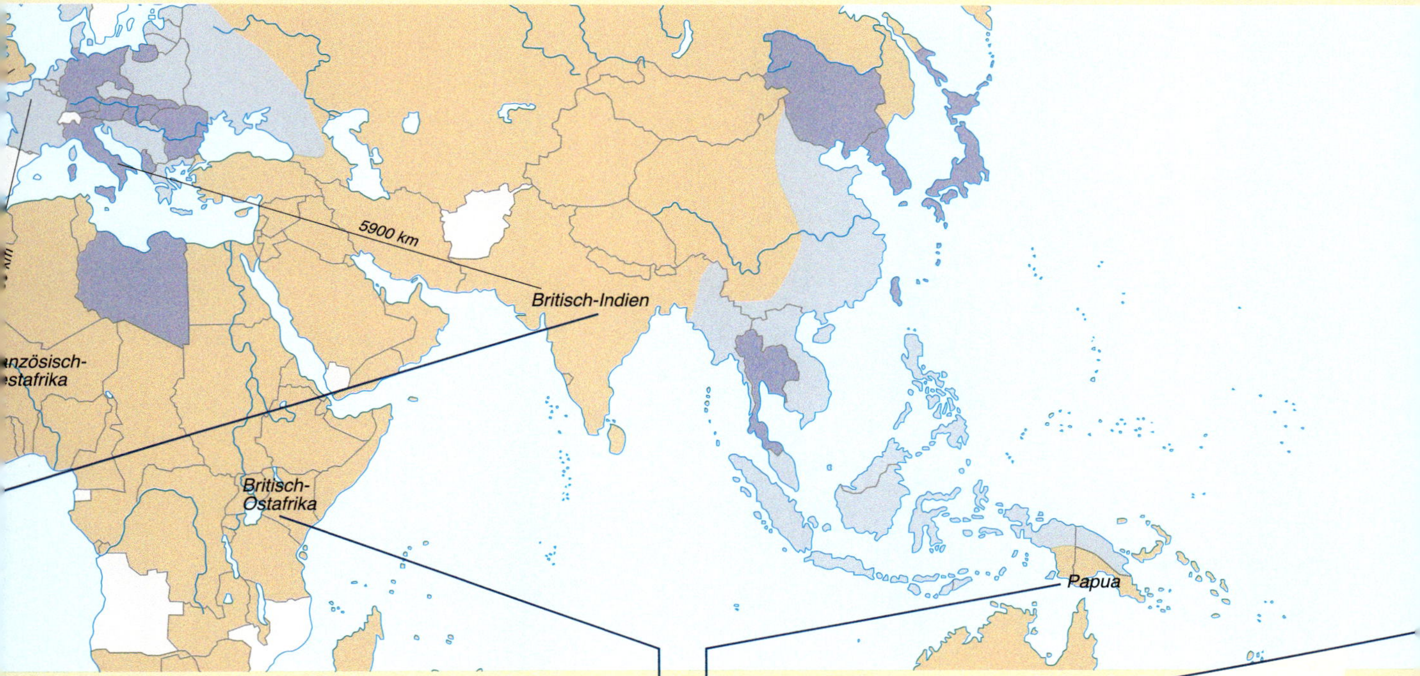

Q4 Britische Kolonialsoldaten in Britisch-Ostafrika (heute Kenia) lernen Auto fahren. Foto, 1943. Die Briten setzten zahlreiche Afrikaner als Hilfsarbeiter hinter der Front ein. Die Männer mussten dafür ausgebildet werden, wie hier in einer Fahrschule ganz besonderer Art. Sie begleiteten die Truppen und sorgten für den Aufbau der militärischen Einrichtungen. Die meisten von ihnen nahmen nicht freiwillig am Krieg teil, sondern wurden dazu gezwungen.

Q5 In der australischen Kolonie Papua werden Soldaten für den Kampf der Alliierten gegen die Japaner rekrutiert. Foto, 1941. Auch in der Südsee im Pazifischen Ozean herrschte Krieg. 1941/42 eroberten japanische Truppen den Norden der Insel (heute Papua-Neuguinea). Ein erbitterter Dschungelkrieg begann, der drei Jahre dauerte. Die australischen und amerikanischen Truppen waren auf die Hilfe der einheimischen Soldaten angewiesen, die mit dem Gelände und den klimatischen Bedingungen vertraut waren. Die Verluste waren aufseiten der Japaner sehr hoch. Die toten Kolonialsoldaten hat niemand gezählt.

8 Von der Judenverfolgung zum Holocaust

Seit dem Machtantritt Hitlers wurden die Juden in Deutschland unterdrückt, gedemütigt, entrechtet und verfolgt. Im Zweiten Weltkrieg ermordeten die Nationalsozialisten rund sechs Millionen Juden in ihrem Herrschaftsbereich.

Q1 SA-Mann vor einem Geschäft in Berlin. Foto, April 1933 (koloriert)

Diskriminierung und Ausgrenzung

Mit Hitlers Regierungsantritt am 30. Januar 1933 begann für die Juden in Deutschland ein bitterer Leidensweg. Eine Welle von Diskriminierungen setzte ein, und Schritt für Schritt wurden die Juden aus dem öffentlichen Leben verdrängt. Am 1. April 1933 rief die NSDAP zum Boykott jüdischer Läden, Anwaltskanzleien und Arztpraxen auf. Kurz darauf wurden jüdische Beamte aus dem Staatsdienst entlassen. Mit den Nürnberger Rassengesetzen von 1935 wurden die Juden zu Bürgern zweiter Klasse erklärt. Sie durften nicht mehr wählen und kein öffentliches Amt übernehmen. Sie durften keine öffentlichen Verkehrsmittel mehr benutzen. Eheschliessungen zwischen Juden und Nichtjuden wurden verboten. Sogar der Kontakt zwischen ihnen wurde strafrechtlich verfolgt. Viele Juden mussten ihre Geschäfte an Nichtjuden verkaufen.

In der Nacht vom 9. auf den 10. November 1938 kam es scheinbar spontan überall in Deutschland zu gewaltsamen Übergriffen auf Juden. SA-Männer plünderten Wohnungen, Geschäfte und zündeten Synagogen an. In Wirklichkeit waren die Aktionen der Pogromnacht von der NSDAP zentral gesteuert.

Isolierung, Deportation, Holocaust

Nach der Pogromnacht isolierte der NS-Staat die Juden immer mehr. Sie wurden gezwungen, ihre Häuser und Grundstücke zu verkaufen. Sie durften keine Motorräder und Autos mehr besitzen. Sogar das Halten von Haustieren wurde ihnen verboten. Am Ende blieb den Juden wenig mehr als ihr Leben – und auch das war bald nicht mehr sicher. Juden wurden nach und nach aus ihren Wohnungen vertrieben und auf engstem Raum in «Judenhäusern» oder Barackenlagern zusammengefasst. So konnten die Juden leichter deportiert werden.

Im Herbst 1941 begann das NS-Regime mit den Deportationen: Es pferchte Juden mit Gewalt in Eisenbahnwaggons zusammen und brachte sie nach Osten ausserhalb des Reichsgebiets. Dort kamen sie entweder in Ghettos oder in Vernichtungslager. Bei der Ankunft in den Lagern unterteilten Ärzte und Wachpersonal die Ankommenden in Arbeitsfähige und Todeskandidaten. Frauen, Kinder und Alte schickte man sofort in den Tod. Sie wurden vergast, ihre Leichen verbrannt. Die Arbeitsfähigen mussten bis zur völligen Erschöpfung arbeiten. Doch auch sie starben an Unterernährung, Krankheiten, Misshandlungen und Folter.

Das bekannteste Vernichtungslager war in Auschwitz. Allein dort starben über eine Million Menschen.

Holocaust/Schoah
(griech. «holocaustos» = völlig verbrannt) Mit dem Begriff «Holocaust» bezeichnet man heute die Ermordung der Juden während der nationalsozialistischen Diktatur. Oft wird für dieses Verbrechen auch das hebräische Wort «Shoah» (Katastrophe) verwendet; deutsch «Schoah».

Novemberpogrome
(Pogrom, russ. = Massaker, Verwüstung) Das waren vom nationalsozialistischen Regime organisierte und gelenkte Gewaltmassnahmen gegen Juden im gesamten Deutschen Reich, insbesondere in der Nacht vom 9. auf den 10. November 1938. Die Pogrome dauerten mehrere Tage.

Q2 Josef Sackar wurde als jüdischer Häftling gezwungen, jüdische Frauen, Kinder und Männer in die Gaskammern zu führen. Er berichtete:

Ich traf am 14. April 1944 in Auschwitz ein. Die Waggons wurden gleichzeitig geöffnet und man befahl uns, schnell auszusteigen. Wir verliessen den Zug, meine Schwestern stützten unsere Mutter, ich nahm den Vater, der ja gelähmt war und nicht laufen konnte. Da kam jemand auf mich zu und sagte zu mir: «Du brauchst nicht mit ihm zu gehen, es ist überhaupt besser für dich, wenn du nicht mit ihm gehst», und noch beim Sprechen packte er mich und riss mich vom Vater los. Man schleppte Vater fort und warf ihn auf einen Lastwagen, wie einen Hund. (…)

An den ersten Tag beim Sonderkommando erinnere ich mich gut. Man brachte uns hinter das letzte Krematoriumsgebäude [Krematorium = Verbrennungsanlage], wo ich das fürchterlichste Grauen in meinem Leben sah. An dem Abend war ein kleiner Transport angekommen. Wir mussten nicht arbeiten, wir wurden nur dahin gebracht, damit wir uns an den Anblick gewöhnten. Dort gab es Gruben, um die Leichen zu verbrennen. Von den Gaskammern brachte man die zu diesen Gruben, warf sie hinein und verbrannte sie (…).

Sobald ein Transport eintraf, waren wir [das Sonderkommando] für die ankommenden Menschen verantwortlich. Wir mussten ihnen auf Befehl der Deutschen sagen, sie sollten sich ausziehen und in die Duschen gehen. Neben dem Entkleidungsraum war die Gaskammer, die wie ein Duschraum aussah. Nachdem sich die Menschen ausgezogen hatten und in die Duschen gegangen waren, wurden sie vergast. Oft habe ich geweint, nicht nur einmal, während der Arbeit, nur ohne Tränen. Seit damals habe ich keine Tränen mehr. Dort weinten wir tränenlos.

Q3 Auf der Bahnrampe des Vernichtungslagers Auschwitz. Ankunft von jüdischen Frauen und Kindern, die anschliessend in die Gaskammern geschickt wurden. Foto, 1943

Aufgaben

1 a) Liste die Massnahmen des NS-Staates auf, die zur Ausgrenzung der jüdischen Bevölkerung führten (VT1, Q1).
b) Bewerte, wie sich die Art der Massnahmen von 1938 an veränderte (VT2).

2 Die NSDAP sprach mit Bezug auf die Pogromnacht 1938 von «spontanen Aktionen». Äussere Vermutungen, warum die Nationalsozialisten dies so darstellen wollten (VT1).

3 Suche dir eine Person auf Q3 aus und gib ihr eine Identität: Wie heisst sie, wie alt ist sie, wo kommt sie her, was macht sie gerne? Was geschieht mit ihr? Welche Gedanken hat sie? Stelle deine Person der Klasse vor.

4 Josef Sackar gehört zu den wenigen Überlebenden von Auschwitz. Beurteile, wie die Eindrücke aus dieser Zeit sein Leben danach veränderten (Q2).

5 Diskutiert, warum es heute immer noch Menschen gibt, die den Massenmord an Juden leugnen.

KV 3–6
Arbeitsblatt

KV 7
Karte

9 Was man wissen konnte

«Davon haben wir nichts gewusst», antworteten viele Deutsche, wenn sie nach 1945 auf die NS-Verbrechen angesprochen wurden. Doch der Mord an Millionen von Menschen konnte nicht geheim bleiben.

Q1 Deportation der jüdischen Bevölkerung Würzburgs. Polizeifoto, 1942

Von allem nichts gewusst?

Die Vernichtung der Juden war schon vor 1933 ein erklärtes Ziel Hitlers. Offen sprach er in seinen Büchern und Reden davon. «Für die grosse Politik habe ich mich nie interessiert», sagten viele nach dem Krieg. Doch selbst ihnen konnte im Alltag nicht entgehen, dass im NS-Deutschland schlimme Verbrechen verübt wurden.

Spuren der Verbrechen im Alltag

Die Vernichtung der Juden begann inmitten der Städte und Gemeinden – mit ihrer Deportation. Oft mussten die Juden sich zentral sammeln, um dann in einem langen Marsch durch die Stadt mitsamt Gepäck zum Bahnhof zu gehen. Das geschah oftmals am helllichten Tag, in aller Öffentlichkeit. Was dachten die Deutschen, die dies beobachteten?

Was dachten …

- die Lokführer, Weichensteller und Fahrplanmacher, die immer neue, volle Züge in die Vernichtungslager leiteten – und leere Züge zurückbrachten?
- die Mitarbeiter der Stadtverwaltungen, die die Namen der deportierten Juden aus den Adressbüchern strichen?
- die Mitarbeiter der Ernährungsämter, die die Namen der Juden aus den Listen für die Lebensmittelrationen löschten?
- die Finanzbeamten, die das Eigentum der Deportierten versteigern liessen?
- die Menschen, die Eigentum von Juden ersteigerten, das teilweise noch mit den Namen der Vorbesitzer gekennzeichnet war?

Nach Auswertung vieler Dokumente sind die Historiker davon überzeugt, dass weite Kreise der deutschen Bevölkerung gewusst haben, was mit den Juden geschah.

Q2 Der Justizinspektor Friedrich Kellner schrieb zwischen 1939 und 1945 alles in sein Tagebuch, was er im Alltag von den NS-Verbrechen hörte. Der Sozialdemokrat verfügte über kein Geheimwissen, sondern lebte als normaler Bürger in einer Kleinstadt. Sein Tagebuch wurde 2011 veröffentlicht:

28. Juli 1941: Die «Heil- und Pflegeanstalten» sind zu Mordzentralen geworden. Wie ich erfahre, hatte eine Familie ihren geistig erkrankten Sohn aus einer derartigen Anstalt in ihr Haus zurückgeholt. Nach einiger Zeit erhielt diese Familie (von der Anstalt) eine Nachricht des Inhalts, dass ihr Sohn verstorben (sei) und die Asche ihnen zugestellt werde! Das Büro hatte vergessen, den Namen auf der Todesliste zu streichen. Auf diese Weise ist die beabsichtigte vorsätzliche Tötung ans Tageslicht gekommen. (...)

28. Oktober 1941: Ein in Urlaub befindlicher Soldat berichtet als Augenzeuge fürchterliche Grausamkeiten in dem besetzten Gebiet in Polen. Er hat gesehen, wie nackte Juden u. Jüdinnen, die vor einem langen, tiefen Graben aufgestellt wurden, auf Befehl der SS von Ukrainern in den Hinterkopf geschossen wurden u. in den Graben fielen. Der Graben wurde dann zugeschaufelt. Aus den Gräben drangen oft noch Schreie!! (...)

16. September 1942: In den letzten Tagen sind die Juden unseres Bezirks abtransportiert worden. Von hier waren es die Familien Strauss u. Heinemann. Von gut unterrichteter Seite hörte ich, dass sämtliche Juden nach Polen gebracht u. dort von SS-Formationen ermordet würden. Diese Grausamkeit ist furchtbar. Solche Schandtaten werden nie aus dem Buche der Menschheit getilgt werden können. Unsere Mörderregierung hat den Namen «Deutschland» für alle Zeiten besudelt. Für einen anständigen Deutschen ist es unfassbar, dass niemand dem Treiben der Hitler-Banditen Einhalt gebietet.

Q3 Öffentliche Versteigerung des Hausrats deportierter Juden in einem Dorf in der Nähe von Hanau. Foto, 1942

Aufgaben

1 Begründe, warum sehr viele Deutsche von den Verbrechen an den Juden gewusst haben müssen (VT).

2 Suche weitere Personengruppen (VT3), die indirekt von der Deportation und der Ermordung der Juden erfuhren.

3 Schreibe zu den drei Tagebucheinträgen jeweils eine passende Überschrift (Q2).

4 Friedrich Kellner beschwert sich, dass niemand «diesem Treiben» Einhalt gebietet (Q2). Vermute, warum das nicht geschah.

5 Zwei Zuschauer der Situation in Q1 oder Q3 diskutieren, ob sie hier eingreifen und etwas verhindern können. Schreibe das Gespräch auf.

6 Beurteile, wie es zu erklären ist, dass viele Deutsche nach dem Krieg sagten, sie hätten von den Verbrechen nichts gewusst.

7 Gestalte ein Flugblatt zum Thema «NS-Verbrechen», mit dem du die damalige Bevölkerung über die Taten der Regierung aufklärst.

KV 8
Arbeitsblatt

10 Nicht alle machten mit

Die meisten Deutschen unterstützten den NS-Staat. Aber einige machten nicht mit: Sie hörten verbotene Musik, verweigerten den Hitler-Gruss, protestierten gegen die Euthanasie oder versuchten gar, das NS-Regime zu bekämpfen. Dazu brauchte es vor allem eines: Mut.

Unangepasstheit und Verweigerung

Es war ein grosses Risiko, eine andere Meinung zu haben. Widerspruch konnte lebensgefährlich sein. Viele Deutsche waren nämlich bereit, ihre Nachbarn oder Kollegen zu denunzieren (anzuschwärzen). Dennoch gab es Menschen, die nicht mitmachten. Zu ihnen gehörte die «Swing-Jugend». Das waren Jugendliche, die sich durch Kleidung und Musik von der Hitler-Jugend abgrenzten. Sie hörten Jazz, den der NS-Staat aus rassistischen Gründen (Musik von Schwarzen) verboten hatte. Sie grüssten sich mit «Swing-Heil». Diese Jugendlichen waren keine politischen Widerstandskämpfer, aber sie wollten sich vom NS-Staat nicht alles vorschreiben lassen. Das galt auch für einzelne Deutsche wie August Landmesser (Q1), die den Hitler-Gruss verweigerten.

Q1 Hitler-Gruss beim Stapellauf eines Schulschiffes. Allein August Landmesser verweigert sich. Er war in Gegensatz zum NS-Staat geraten, obwohl er Mitglied der NSDAP war. Landmesser liebte eine Jüdin, die er nach den «Nürnberger Gesetzen» nicht heiraten durfte.

Protest

Darüber hinaus gab es Menschen, die gegen einzelne Massnahmen des NS-Staates protestierten. Dazu gehörte Kardinal Clemens von Galen, der 1941 in seinen Predigten die Ermordung geistig und körperlich Behinderter (Euthanasie) kritisierte. Von Galen war der NSDAP ein Dorn im Auge. Sie wagte es jedoch nicht, ihn zu beseitigen, da sie Unruhen befürchtete.

Widerstand – «Die Weisse Rose»

Am weitesten gingen Gruppen wie die «Weisse Rose», die auf einen Sturz des NS-Staates hinarbeiteten und ihn aktiv bekämpften. Die Gruppe von Studierenden um die Geschwister Sophie und Hans Scholl verteilte während des Krieges Flugblätter. Sie rief zum Widerstand gegen den NS-Staat auf. Sie war der Meinung, dass sich jeder mitschuldig machte, der nicht gegen das bestehende Unrecht Widerstand leistete. Nach einer Flugblattaktion in der Münchener Universität verriet sie der Hausmeister. Im Februar 1943 wurden Hans und Sophie Scholl verhaftet und enthauptet.

Es waren sowohl organisierte Gruppen als auch Einzelkämpfer, die gegen Hitler und den NS-Staat Widerstand leisteten. Insgesamt gab es vierzig Versuche, Hitler zu töten – doch alle scheiterten. Die Nationalsozialisten gingen gegen die Widerstandskämpfer brutal vor. Sie verfolgten die Menschen, liessen sie in Konzentrationslager deportieren und ermorden.

Q2 Aus einem Flugblatt der «Weissen Rose» vom 28. Januar 1943:

Aufruf an alle Deutschen!

Der Krieg geht seinem sicheren Ende entgegen. Wie im Jahre 1918 versucht die deutsche Regierung alle Aufmerksamkeit auf die wachsende U-Boot-Gefahr zu lenken, während im Osten die Armeen unaufhörlich zurückströmen, im Westen die Invasion erwartet wird. Die Rüstung Amerikas hat ihren Höhepunkt noch nicht erreicht, aber heute schon übertrifft sie alles in der Geschichte seither Dagewesene. Mit mathematischer Sicherheit führt Hitler das deutsche Volk in den Abgrund. Hitler kann den Krieg nicht gewinnen, nur noch verlängern! Seine und seiner Helfer Schuld hat jedes Mass unendlich überschritten. Die gerechte Strafe rückt näher und näher! Was aber tut das deutsche Volk? Es sieht nicht und es hört nicht. Blindlings folgt es seinen Verführern ins Verderben. «Sieg um jeden Preis!» haben sie auf ihre Fahne geschrieben. «Ich kämpfe bis zum letzten Mann», sagt Hitler – indes ist der Krieg bereits verloren.

Unterstützt die Widerstandsbewegung, verbreitet die Flugblätter!

Q3 Aus einem Bericht der Gestapo-Leitstelle Wilhelmshaven vom 23. September 1941:

Der katholische Pfarrer Heinrich F., geb. 2.5.1900 in Essen, wurde am 18.9.1941 vorläufig festgenommen, weil er Auszüge aus der Predigt des Bischofs von Münster (Clemens von Galen) abkündigte, die geeignet waren, erhebliche Unruhe in der Bevölkerung zu verursachen. U.a. führte er aus: «In der Nähe von Münster ist eine Anstalt für geisteskranke Patienten. Von dieser Anstalt aus kommen die Kranken in eine andere Anstalt. Nach kurzer Zeit bekommen dann die Angehörigen die Nachricht, dass der Kranke gestorben ist. Gegen Entsendung eines gewissen Geldbetrags wird den Angehörigen die Asche zugeschickt. Die Leichen sind also verbrannt worden. Diese kranken Personen sind aber nicht eines natürlichen Todes gestorben, sondern sie haben eine Spritze bekommen und sind dann langsam eingeschlafen. Das ist Mord.»

Q4 Gedenken auf Briefmarken. Kardinal von Galen auf einer Briefmarke von 1996 und Sophie Scholl auf einer Marke der Deutschen Bundespost von 1964

Aufgaben

1 Suche auf dem Bild Q1 August Landmesser.

2 August Landmesser und sein neben ihm stehender Arbeitskollege kommen nach dem Stapellauf ins Gespräch. Schreibe den Dialog auf (Q1).

3 Gib wieder, was mit «Unangepasstheit», «Verweigerung», «Protest» und «Widerstand» gemeint ist und welche Personen/Gruppen als jeweiliges Beispiel dafür stehen (VT).

4 Bewerte für die unterschiedlichen Stufen von der Unangepasstheit bis zum Widerstand a) das Risiko, b) die Wirkung. Beurteile anschliessend, zu welchem Verhalten du selbst bereit gewesen wärst.

5 Kardinal von Galen passierte nichts, aber katholische Pfarrer wurden verhaftet, weil sie aus seinen Predigten zitierten. Nenne mögliche Gründe dafür (VT2, Q3).

6 Begründe, warum es sich bei Q2 um den Text einer Widerstandsgruppe handelt.

7 Im Verhältnis zur Gesamtbevölkerung widersetzten sich nur wenige Menschen. Der Historiker Hans Mommsen spricht deshalb von einem «Widerstand ohne Volk». Nimm Stellung zu dieser Aussage.

KV 9
Arbeitsblatt

11 Die Schweiz – war das Boot voll?

Hunderttausende Menschen wurden von den Nationalsozialisten verfolgt. Tausende versuchten sich in die neutrale Schweiz zu retten. Die Schweiz wollte Flüchtlinge jedoch nicht dauerhaft aufnehmen. Ein kleiner Teil der Bevölkerung handelte aber anders.

Q1 22 Mädchen gegen einen Bundesrat – eine Schulklasse aus Rorschach wehrte sich 1942 mit einem Brief dagegen, «dass man die Flüchtlinge so herzlos wieder in das Elend zurückstösst».

Q2 Reisepass von Wilhelm Israel Frank mit dem «J»-Stempel

Schweizer Flüchtlingspolitik 1938–1942

1938 begannen die Nationalsozialisten, Juden aus Österreich und Deutschland gewaltsam zu vertreiben. Immer mehr Menschen versuchten, sich mit einer Flucht in die neutrale Schweiz zu retten. Auf Anregung der Schweiz kennzeichneten die deutschen Behörden die Pässe deutscher Jüdinnen und Juden mit einem «J». So konnten die Juden an der Grenze sofort erkannt und zurückgewiesen werden. Damit wurde es für sie noch viel schwieriger, vor den Nationalsozialisten zu fliehen.

Die Grenzschliessung vom August 1942

1941 begann das Deutsche Reich, die Juden in seinem Herrschaftsbereich planmässig zu ermorden. Nachdem zwischen April und Juli 1942 rund 500 jüdische Flüchtlinge in die Schweiz gelangt waren, schloss der Bundesrat die Grenze. Er nahm damit in Kauf, dass er mehrere tausend Menschen, die vom Tod bedroht waren, ihrem Schicksal überliess. So war zum Beispiel die jüdische Familie Sonabend im August 1942 aus Belgien vor der Deportation der Nationalsozialisten in die Schweiz geflüchtet. Von kantonalen Behörden wurden sie – trotz des Widerstands der lokalen Bevölkerung – nach Frankreich zurückgewiesen. Die Eltern wurden wenig später in Auschwitz ermordet. Die Geschwister Charles und Sabine überlebten in Frankreich. Insgesamt wurden rund 20 000 jüdische Flüchtlinge an der Schweizer Grenze abgewiesen. Rund 60 000 zivile Personen wurden für eine Dauer von wenigen Wochen bis zu mehreren Jahren in die Schweiz aufgenommen, davon waren rund 28 000 Juden. Damit überlebten diese Menschen die Verfolgung durch die Nationalsozialisten.

Nicht alle machten mit

Nicht alle Menschen waren von der abweisenden Schweizer Flüchtlingspolitik überzeugt. Die Grenzschliessung und die Rückweisungen stiessen in der Öffentlichkeit auch auf heftige Kritik. Einige Menschen zeigten aussergewöhnliche Zivilcourage und handelten mutig. So zum Beispiel Paul Grüninger: Er hielt sich als St. Galler Polizeikommandant nicht an die Weisungen und rettete über 2000 Menschen das Leben. Es gab zahlreiche weitere Menschen aus allen Bevölkerungsschichten, die den Verfolgten bei der Flucht halfen, sie beherbergten, sich bei den Behörden für sie einsetzten oder Geld spendeten. Grosse Teile der Bevölkerung müssen aber die Politik der Behörden gebilligt oder sich nicht für das Schicksal der verfolgten Menschen interessiert haben.

Q3 Kurztext an der «Höhenstrasse» der Schweizerischen Landesausstellung in Zürich 1939:

Die Schweiz als Zufluchtsort Vertriebener, das ist unsere edle Tradition. Das ist nicht nur unser Dank an die Welt für den Jahrhunderte langen Frieden, sondern auch besonderes Anerkennen der grossen Werte, die uns der heimatlose Flüchtling von jeher gebracht hat.

Q4 Bundesrat Eduard von Steiger hält einen Vortrag vor der «Jungen Kirche» in Zürich Oerlikon, 30. August 1942:

Wer ein schon stark besetztes kleines Rettungsboot mit beschränktem Fassungsvermögen und ebenso beschränkten Vorräten zu kommandieren hat, indessen Tausende von Opfern einer Schiffskatastrophe nach Rettung schreien, muss hart scheinen, wenn er nicht alle aufnehmen kann. Und doch ist er noch menschlich, wenn er beizeiten vor falschen Hoffnungen warnt und wenigstens die schon Aufgenommenen zu retten sucht.

Q5 Albert Oeri spricht im Nationalrat, September 1942:

Müssen wir grausam sein in der Gegenwart um einer unsicheren Zukunftsgefahr willen, so quasi auf «Vorrat hin grausam»? Müssen wir Mitmenschen, die uns um Erbarmen anflehen, ins Elend und in den Tod stossen, weil es uns vielleicht später auch einmal schlechtgehen kann?

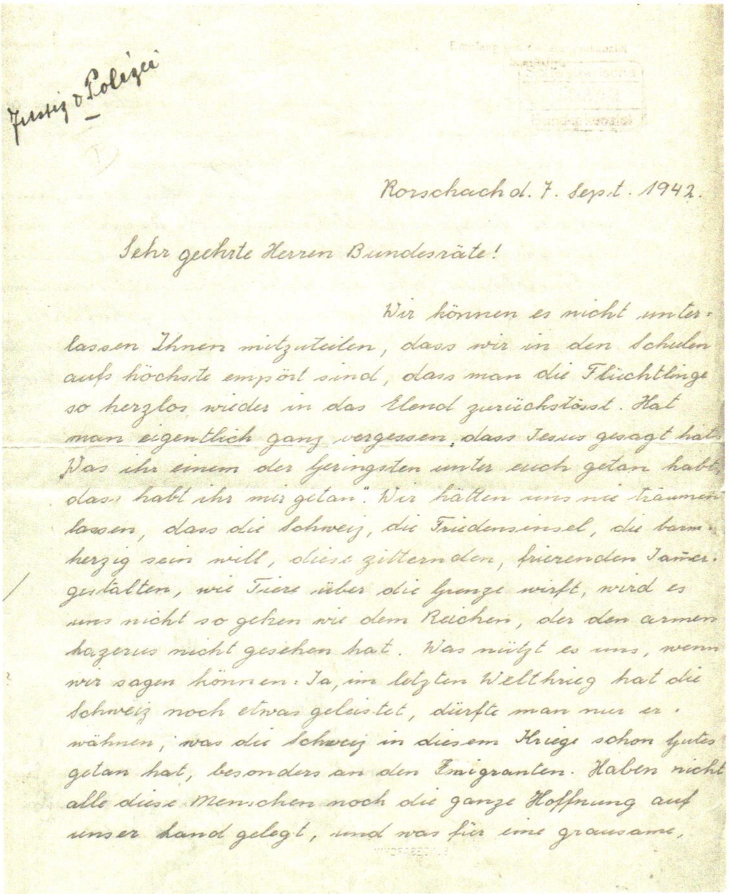
Justiz u. Polizei

Rorschach d. 7. Sept. 1942.

Sehr geehrte Herren Bundesräte!

Wir können es nicht unterlassen Ihnen mitzuteilen, dass wir in den Schulen aufs höchste empört sind, dass man die Flüchtlinge so herzlos wieder in das Elend zurückstösst. Hat man eigentlich ganz vergessen, dass Jesus gesagt hat: Was ihr einem der Geringsten unter euch getan habt, das habt ihr mir getan". Wir hätten uns nie träumen lassen, dass die Schweiz, die Friedensinsel, die barmherzig sein will, diese zitternden, frierenden Jammergestalten, wie Tiere über die Grenze wirft, wird es uns nicht so gehen wie dem Reichen, der den armen Lazerus nicht gesehen hat. Was nützt es uns, wenn wir sagen können: Ja, im letzten Weltkrieg hat die Schweiz noch etwas geleistet, dürfte man nur erwähnen, was die Schweiz in diesem Kriege schon Gutes getan hat, besonders an den Emigranten. Haben nicht alle diese Menschen noch die ganze Hoffnung auf unser Land gelegt, und was für eine grausame,

Q6 **«Wir können es nicht unterlassen, Ihnen mitzuteilen, dass wir in den Schulen empört sind ...»**, so begann der zweiseitige Brief, den Schülerinnen der Schulklasse 2c aus Rorschach am 7. September 1942 an den Bundesrat schickten.

Aufgaben

1 Wie kam es zur Einführung des «J»-Stempels in Reisepässen von deutschen Juden? Erkläre in eigenen Worten (VT1, Q2).

2 a) Die Aussagen von Bundesrat Eduard von Steiger in Q4 wurden oft mit den Worten «das Boot ist voll» zusammengefasst. Erkläre, was damit gemeint ist (VT2, Q4).
b) Wovon spricht Nationalrat Oeri (Q5)? Erkläre und vergleiche mit Q4.

3 Erläutere mit Beispielen, was der Begriff «Zivilcourage» bedeutet (VT3). Beziehe auch Q1, Q3 und Q6 in deine Antwort mit ein.

4 Verfasse einen kurzen Tagebucheintrag aus der Sicht von Sabine Sonabend, nachdem sie und ihre Familie im August 1942 aus der Schweiz ausgewiesen worden waren (VT2).

5 Wie könnte der Bundesrat auf den Brief der Schulklasse aus Rorschach reagiert haben? Diskutiert gemeinsam verschiedene Möglichkeiten (Q1, Q4, Q6).

KV 10–11
Arbeitsblatt

12 Mit Spielfilmen Geschichte lernen

D1 Szene aus dem Film «Akte Grüninger» von 2013: Paul Grüninger und Robert Frei im Streitgespräch. Robert Frei (links) erhält als Polizeiinspektor den Auftrag, die illegalen Grenzübertritte im Kanton St. Gallen aufzuklären. Er spielt im Film eine zentrale Rolle. Robert Frei ist jedoch eine fiktionale Figur, d.h., sie ist erfunden.

Q1 Originales Foto von Paul Grüninger (1891–1972). Foto, 1919

Historische Spielfilme

Spielfilme ermöglichen es, die Vergangenheit sehr anschaulich zu machen. Der Zuschauer kann in die Filmhandlung «eintauchen» und den handelnden Personen nahekommen. Aber historische Spielfilme entstehen meist nicht in der Zeit, in der sie spielen, und Einzelheiten der Handlung können erfunden sein. So entsteht eine Darstellung, die vom Drehbuchautor, von der Regisseurin und auch vom Kameramann bestimmt wird. Historische Spielfilme sind also in erster Linie Zeugnisse von Wertvorstellungen und Überzeugungen der Filmemacher. Die Filme können manchmal auch falsche Vorstellungen über die Vergangenheit vermitteln. Deswegen soll ein Spielfilm mit historischem Inhalt immer kritisch hinterfragt werden.

Ein Beispiel: Der Spielfilm «Akte Grüninger – die Geschichte eines Grenzgängers»

2013 wurde ein Spielfilm über die Geschichte von Paul Grüninger gedreht. Darin wurden historisch belegte Fakten mit einigen fiktionalen (erfundenen) Elementen zu einer dramatischen Erzählung verbunden. Es gibt drei Hauptfiguren: Paul Grüninger, St. Galler Polizeikommandant; er lässt Flüchtlinge illegal über die Grenze in die Schweiz kommen und rettet ihnen so das Leben. Heinrich Rothmund, Chef der eidgenössischen Fremdenpolizei; er leitet eine Untersuchung ein, um die illegalen Grenzübertritte zu überprüfen. Polizeiinspektor Robert Frei, ein junger, ehrgeiziger Beamter; er soll aufdecken, was sich an der Grenze abspielt. Die Figur Frei wurde vom Drehbuchautor «frei erfunden», um der historischen Geschichte von Paul Grüninger filmische Dramatik zu verleihen. Frei kommt Grüningers Hilfssystem auf die Schliche und liefert ihn mithilfe eines Berichtes den Behörden aus. Paul Grüninger wird fristlos entlassen und findet danach nie wieder eine feste Anstellung.

D2 Historischer Hintergrund des Spielfilms:

Der Anschluss Österreichs an das Deutsche Reich im März 1938 und die Reichspogromnacht im November 1938 in verschiedenen deutschen Städten verschärften die Situation an der Schweizer Grenze. Immer mehr Menschen versuchten sich mit einer Flucht in die neutrale Schweiz zu retten. Die Schweiz hatte aber ihre Grenzen bereits im August 1938 geschlossen. Paul Grüninger (1891–1972), Polizeikommandant in St. Gallen, rettete entgegen den Weisungen über 2000 Menschen das Leben. Dafür erntete er jedoch kein Verständnis. 1939 wurde er entlassen und wegen Urkundenfälschung und Amtsverletzung verurteilt. Von da an lebte er den Rest seines Lebens in Armut. Erst in den 1990er-Jahren, über zwanzig Jahre nach seinem Tod, wurde er rehabilitiert, d.h., das Urteil gegen ihn wurde offiziell rückgängig gemacht und er wurde nachträglich freigesprochen.

Q2 Paul Grüninger hat im Auftrag von Oskar Rietmann, seinem Klassenkameraden, zwischen 1951 und 1954 einen fünfseitigen Lebensrückblick verfasst. Darin nimmt er Stellung zu seiner Verurteilung:

Ich bin stolz darauf, vielen Hunderten von schwer Bedrängten das Leben gerettet zu haben! Meine Hilfeleistung an die Juden war begründet in meiner christlichen Weltauffassung!

Die Politik ist die Kunst des Möglichen. Zu oft weicht das Recht dem Druck der Macht.

Arbeitsschritte: Mit Spielfilmen Geschichte lernen

Wahrnehmen

1 Was erwartest du von diesem Spielfilm (resp. Spielfilmausschnitt)? Notiere Stichworte.

Erschliessen

2 Schaue den Spielfilm ein erstes Mal an. Welche Gefühle löst der Spielfilm bei dir aus? Fasse deine Eindrücke zusammen.

Orientieren

3 Was hast du gesehen? Mit welchem historischen Thema setzt sich der Spielfilm auseinander? Erzähle in wenigen Sätzen nach.

4 Betrachte den Spielfilm ein zweites Mal. Achte jetzt vor allem auf die Machart: Welche Rolle spielen die Bilder, welche der Ton (Kommentar, Musik, Geräusch)?

Handeln

5 Suche zwei zusätzliche Quellen oder Darstellungen zum Spielfilm und beurteile, ob sie das Gezeigte belegen oder ihm widersprechen.

Wahrnehmen

6 Welche Fragen hast du noch an den Spielfilm? Formuliere deine Fragen.

Aufgaben

1 Untersuche den Spielfilm «Akte Grüninger» nach den methodischen Arbeitsschritten 1–6.

2 Was hältst du vom Titel des Films «Akte Grüninger – die Geschichte eines Grenzgängers» (VT2)? Begründe deine Meinung.

3 Warum hat der Drehbuchautor die Figur des Robert Frei erfunden? Begründe deine Vermutungen (VT2, D1).

4 Diskutiert zu zweit: Ist es in einem Film über geschichtliche Ereignisse eher günstig oder eher ungünstig, eine Figur frei zu erfinden?

5 Würdest du den Film «Akte Grüninger» deinen Kollegen weiterempfehlen? Halte deine Position fest. Dabei ist es wichtig, dass du deine eigene Meinung zum Film zum Ausdruck bringst.

KV 12
Arbeitsblatt

13 Internierte in der Schweiz

Während des Zweiten Weltkrieges suchten nicht nur jüdische Flüchtlinge Schutz in der Schweiz. Auch andere Flüchtlinge und Soldaten gelangten in die Schweiz. Wie verhielt sich die Schweiz ihnen gegenüber?

Q1 Polnische Internierte im Lager Büren an der Aare halfen tatkräftig bei der «Anbauschlacht» mit. Foto, 1941

Internierung
Angehörige von Krieg führenden Staaten, die sich auf dem neutralen Territorium eines Drittstaates befinden, werden bis zum Ende des Konflikts vom neutralen Staat (z. B. Schweiz) festgehalten und versorgt.

Zuflucht in der Schweiz

Die Schweiz gewährte während des Zweiten Weltkrieges rund 165 000 Schutzsuchenden einen längeren Aufenthalt: rund 105 000 Soldaten, sogenannten «Militärpersonen», und rund 60 000 zivilen Flüchtlingen. Alle im Land weilenden Fremden wurden dem Schweizer Recht unterstellt und vorgeschriebenen Aufenthaltsorten zugewiesen – rechtlich hiess das «internieren». Dazu wurden in der ganzen Schweiz zahlreiche Lager eingerichtet, in denen diese Menschen einquartiert und versorgt wurden. Auch in Heimen, in leer stehenden Hotels oder bei Privaten wurden Flüchtlinge untergebracht.

Ein «Concentrationslager» als Internierungslager

Im Juni 1940 erreichten rund 43 000 Soldaten aus Frankreich und Polen die Schweiz. Der Bund war darauf nicht vorbereitet. Um die rund 12 000 Polen längerfristig versorgen zu können, wurde der Bau von zwei «Grosslagern» beschlossen. Dort sollten sie «konzentriert» werden, d. h., möglichst viele Internierte wurden auf möglichst kleinem Raum untergebracht und versorgt. So wurde das Lager in Büren an der Aare, Kanton Bern, in der Planungsphase «Concentrationslager» genannt. Ein Barackendorf für rund 6 000 Polen entstand. Mit rund 120 Baracken, einem Wachturm und Stacheldrahtzaun war es das grösste Internierungslager, das je in der Schweiz gebaut wurde. Nach der Internierung der Polen wurde das Lager von 1942 bis 1946 durchgehend als Quartier für weitere Flüchtlinge verwendet. Der Bau eines zweiten «Grosslagers» im Kanton Thurgau wurde aufgegeben.

Das Straflager Wauwilermoos

Im Luzerner Wauwilermoos bestand zwischen 1940 und 1945 ein Straflager für Internierte. Es war das grösste und am längsten benutzte Straflager in der Schweiz. Zahlreiche Soldaten, die einen Fluchtversuch aus ihrer Unterkunft unternommen hatten, landeten in einer der 22 Baracken. Der bauliche Zustand des Lagers und die Versorgung der Internierten waren unzureichend. Das Leben auf engem Raum und die mangelnde Hygiene machten die Soldaten krank. Der Lagerkommandant André Béguin führte das Lager. Für ihn gehörten Schikanen, Erniedrigungen oder willkürliche Strafen zur Tagesordnung. Dass Béguin Mussolini und Hitler bewunderte, ist belegt. Die Haftbedingungen, kombiniert mit der harten Führung Béguins, machten das Straflager Wauwilermoos zu einem grauenvollen Ort. Obwohl die miserablen Zustände im Lager bekannt waren, reagierten die Behörden nicht.

Q2 Lagerkommandant André Béguin unter Internierten im Straflager Wauwilermoos. Foto, 1942

Q4 Das Internierungslager in Büren an der Aare mit Baracken und Wachturm. Foto, ca. 1940. Die höchste je gemeldete Zahl waren 3500 Internierte im Frühjahr 1941. Von 1940 bis 1946 waren 7000 bis 8000 Personen einmal im Lager Büren einquartiert. Von der Anordnung der Baracken her und wegen des Wachturms und des Stacheldrahtzauns glich das Lager baulich einem deutschen Konzentrationslager.

Q3 Einschätzungen des verantwortlichen Lagerarztes Major Humbert 1942:

Die moralische Atmosphäre im Lager Wauwilermoos ist absolut unhaltbar. Einer der Kranken aus dem Wauwilermoos erklärte mir mit Heftigkeit, eher bringe er sich um, als dahin zurückzukehren. Die Internierten werden einerseits von Hauptmann Béguin aus nichtigem Anlass aufs Gröbste beschimpft, und andererseits wird ihnen die persönliche Aussprache verweigert. Die Strafen sind übertrieben: fünf Tage Arrest für einen nicht zugemachten Knopf; fünf Tage Arrest, wenn einer sich nicht vollständig angezogen mit Gurt und bis oben zugeknöpft in den Waschraum begibt, was unter hygienischen Gesichtspunkten völlig absurd ist. Die Polizeihund-Eskorte auf dem Weg zur Messe wird ebenfalls als schlimm empfunden.

Aufgaben

1 Was möchtest du zu Q1 wissen? Formuliere drei historische Fragen zu Q1.

2 Erkläre, was mit dem Begriff «Internierung» für die Schweiz während des Zweiten Weltkrieges konkret gemeint wird (VT1).

3 Erläutere, welche Bedeutung der Begriff «Concentrationslager» für die Schweiz im Zweiten Weltkrieg hatte (VT1–VT2, Q4).

4 Nimm Stellung zur folgenden Aussage: «Die Schweiz war während des Zweiten Weltkrieges keine Insel ohne Gewalt und Rechtlosigkeit. Mit dem ehemaligen Straflager Wauwilermoos hat die Schweiz einen Täterort, der als Mahnmal unkontrollierter Willkür gelten soll.» Berücksichtige für deine Antwort auch Q2 und Q3.

5 2015 wurde im Wauwilermoos ein Gedenkstein für die Internierten eingeweiht. Was hältst du von dieser Aktion? Begründe deine persönliche Meinung.

KV 13
Arbeitsblatt

14 Die deutsche Kapitulation

Ortschaft für Ortschaft eroberten die Alliierten von Osten und von Westen das Deutsche Reich. Was würden die Sieger mit den Deutschen anstellen? Mit dem Kriegsende standen viele vor einer ungewissen Zukunft.

totaler Krieg
Eine Kriegsführung, die möglichst alle Menschen und materiellen Ressourcen für den Krieg mobilisiert. Der Gegner soll nicht nur besiegt, sondern vernichtet werden.

Vom totalen Krieg zur Kapitulation

Obwohl Propagandaminister Goebbels im Februar 1943 die Deutschen zum «totalen Krieg» aufgefordert hatte, war das Ende des Krieges nur eine Frage der Zeit. Zu gross war die Überlegenheit der Alliierten. Im Juni 1944 landeten alliierte Truppen in Frankreich. Im Osten rückte die Rote Armee der Sowjetunion immer näher. Die Niederlage war unvermeidlich. Am 8. und 9. Mai 1945 kapitulierte die deutsche Wehrmacht. Der Krieg in Europa war damit beendet. In Asien dauerten die Kämpfe an. Im August warfen US-Flugzeuge Atombomben über die japanischen Städte Hiroshima und Nagasaki. Erst diese beiden Katastrophen beendeten den Zweiten Weltkrieg.

Erschöpfung und Ungewissheit

Viele Deutsche waren nach der Kapitulation einfach nur erschöpft und fragten sich, wie es jetzt weitergehen solle. In den zerbombten Städten organisierten Frauen Wohnraum, Lebensmittel und Brennstoffe zum Heizen. Die meisten Menschen suchten Familienangehörige. Lebten diese noch?

Q1 Elternloser Junge. Foto, 1945

Das Kriegsende: eine Niederlage

Wie das Kriegsende von den Menschen empfunden wurde, hing mit ihrer Rolle vor 1945 zusammen. Viele Menschen waren sich darüber im Klaren, dass Wehrmacht und SS an der Ostfront einen Vernichtungskrieg geführt hatten. Jetzt hatten sie Angst vor der Rache der Sieger. Viele Soldaten und Zivilisten waren bereits auf der Flucht vor der Roten Armee. Millionen deutscher Soldaten waren in Gefangenschaft. Besonders diejenigen, die an Hitler und das «Grossdeutsche Reich» geglaubt hatten, empfanden den 8. Mai als Tag der Niederlage. Da die meisten Deutschen das NS-Regime unterstützt hatten, empfand die Mehrheit so.

Das Kriegsende: eine Befreiung

Ganz anders empfanden die Opfer. Die Verfolgten, wie die Menschen in den Konzentrationslagern und Vernichtungslagern, fühlten sich erlöst. Die Amerikaner, Briten und Russen befreiten sie endlich von der tödlichen deutschen Herrschaft. Ebenso wurden die vielen Zwangsarbeiterinnen und Zwangsarbeiter im Deutschen Reich befreit. Die verschiedenen Perspektiven auf den 8. Mai 1945 und die Konsequenzen daraus beschäftigten die deutsche Gesellschaft noch Jahrzehnte.

Die Bilanz der vergangenen Jahre war für alle verheerend. Ein neues Zeitalter musste beginnen, aber in den ersten Tagen und Wochen schien die Zeit stillzustehen. So schilderten übereinstimmend viele Zeitgenossen ihre Eindrücke.

Q2 Hannelore König, geboren 1935, erinnert sich an ihre Kindheit 1945:

Meine Mutter hatte für uns eine eigene Wohnung organisiert, die der Frau des Lehrers gehörte. Sie ist in eine Einzimmerwohnung gezogen und wir haben ihr dafür Brot, Mohrrüben, Butter und Zucker geschenkt. Die Hausbesitzerin mussten wir ebenfalls mit Naturalien bestechen. Wir sind eingezogen und hatten erstmals ein Dach über dem Kopf, Säcke vor den Türen und ein Bett. Wir hausten alle zusammen in der Küche. Mutter musste als Trümmerfrau arbeiten. Wir gingen manchmal mit, um Holz aus den Trümmern zu holen. Das war sehr gefährlich, aber wir hatten ja nichts zu heizen. Nachts sind wir, und das haben alle gemacht, Kohlen klauen gegangen am Bahnhof.

Q4 Flüchtlingsfrau in den Trümmern von Köln. Foto, 1945

Q3 Bundespräsident Richard von Weizsäcker auf der Gedenkfeier des Bundestages zum 8. Mai 1945 im Jahre 1985:

(...) Es war schwer, sich alsbald klar zu orientieren. Ungewissheit erfüllte das Land. Die militärische Kapitulation war bedingungslos. Unser Schicksal in der Hand der Feinde. (...) Und dennoch wurde von Tag zu Tag klarer, was es heute für uns alle gemeinsam zu sagen gilt: Der 8. Mai war ein Tag der Befreiung. Er hat uns alle befreit von dem menschenverachtenden System der nationalsozialistischen Gewaltherrschaft.

Niemand wird um dieser Befreiung willen vergessen, welche schweren Leiden für viele Menschen mit dem 8. Mai erst begannen und danach folgten. Aber wir dürfen nicht im Ende des Krieges die Ursache für Flucht, Vertreibung und Unfreiheit sehen. Sie liegt vielmehr in seinem Anfang und im Beginn jener Gewaltherrschaft, die zum Krieg führte.

Wir dürfen den 8. Mai 1945 nicht vom 30. Januar 1933 trennen.

Wir haben wahrlich keinen Grund, uns am heutigen Tag an Siegesfesten zu beteiligen. Aber wir haben allen Grund, den 8. Mai 1945 als das Ende eines Irrweges deutscher Geschichte zu erkennen, das den Keim der Hoffnung auf eine bessere Zukunft barg. (...)

Aufgaben

1 Versetze dich in eine Person auf den Fotos (Q1, Q4). Schreibe auf, was ihr durch den Kopf gegangen sein könnte.

2 Liste die unterschiedlichen Erfahrungen am Ende des Zweiten Weltkrieges auf (VT3, VT4, Q2).

3 Erläutere, warum die meisten Deutschen das Kriegsende als Niederlage empfanden (VT3).

4 Richard von Weizsäcker bezeichnete den 8. Mai 1945 erstmals 1985 in einer bedeutenden Rede im Bundestag als «Tag der Befreiung» für alle Deutschen. Erkläre das mithilfe von Q3, VT3 und VT4.

5 Beurteile die Aussage: «Wir dürfen den 8. Mai 1945 nicht vom 30. Januar 1933 trennen» (Q3).

15 Das Kriegsende in der Schweiz

Die Schweiz geriet in den letzten Kriegsjahren von den Alliierten zunehmend unter Druck, weil sie mit Deutschland wirtschaftlich zusammenarbeitete. Nach Kriegsende versuchte sie sich mit verschiedenen Massnahmen aus ihrer Isolation zu lösen.

Q1 Kriegsende! Das Kriegsende wurde auch in der Schweiz mit grosser Erleichterung aufgenommen. Menschen versammelten sich 1945, wie hier am Zürcher Paradeplatz, um die Nachricht von der Waffenruhe zu vernehmen und sich mit anderen darüber zu freuen.

Raubgold
Als Raubgold werden Wertgegenstände und Vermögen bezeichnet, die von den Nationalsozialisten vor und während des Zweiten Weltkrieges geraubt wurden. Gemeint sind also nicht nur Gegenstände aus Gold. Das Raubgold stammt hauptsächlich aus dem Besitz von verfolgten Personen.

Internationaler Druck

1943 zeichnete sich die Niederlage der Achsenmächte immer deutlicher ab. Die Alliierten begannen sich auf die Zeit nach dem Krieg vorzubereiten. Sie übten massiven Druck auf Staaten und Unternehmen aus, die mit Deutschland wirtschaftlich zusammenarbeiteten. Auch auf die Schweiz. Sie setzten Schweizer Unternehmen auf sogenannte schwarze Listen und boykottierten sie. Die Schweiz isolierte sich international. Im Februar 1945 kam es zu ersten Verhandlungen zwischen der Schweiz und den westlichen Alliierten. Die USA forderten beispielsweise die Herausgabe von deutschen Vermögen, die sich auf Schweizer Banken befanden. Doch die Schweiz zeigte sich vorerst unbeeindruckt. Die Schweizerische Nationalbank machte bis Kriegsende mit Deutschland Geschäfte. Die letzte Goldlieferung von Deutschland übernahm sie noch im April 1945.

Nach dem Krieg befand sich die Schweiz weiterhin in einer schwierigen Lage. Ihr wichtigster Wirtschaftspartner, Deutschland, lag am Boden. Das Verhältnis zu den Siegermächten blieb schwierig.

Der Weg aus der Isolation – auch Bilder sollten helfen

Dass die Schweiz vom Krieg verschont und Europa rundherum zerstört war, wurde in den Schweizer Medien intensiv diskutiert. Mit der Aufnahme von Kindern, die das nationalsozialistische Schreckensregime überlebt hatten, wollte die Schweiz ihre humanitäre Tradition unter Beweis stellen. Damit sollte bewusst das Image einer Schweiz gepflegt werden, die zwar nicht direkt in den Krieg eingebunden war, nun aber bereit war zu helfen.

Das Washingtoner Abkommen

1946 fanden in Washington weitere Verhandlungen zwischen der Schweiz und den Alliierten statt. Im Zentrum standen die Goldgeschäfte der Schweizerischen Nationalbank mit der Deutschen Reichsbank. Auch die deutschen Vermögen, die in der Schweiz lagen, waren wieder Thema. Unter grossem amerikanischem Druck stimmte die Schweiz im Mai 1946 dem sogenannten Washingtoner Abkommen zu und bezahlte 250 Millionen Franken. Für die Alliierten galt diese Summe als teilweise Rückerstattung des Raubgoldes, das die Schweiz übernommen hatte. Die Schweiz hingegen verstand die Zahlung als einen freiwilligen Beitrag zum Wiederaufbau Europas.

Q2 Der Schweizer Historiker Herbert Lüthy 1945 über die Schweiz am Ende des Zweiten Weltkrieges:

Wir erwarten den Dank der Welt für die Caritas, die wir übten, und werden tödlich erschrecken, wenn wir stattdessen Undank finden, der bis zum Hass gehen kann. Die Schweiz hat viel getan, gewiss, aber allzu oft tat sie es kalten Herzens, ohne Güte, als notwendig empfundene Rechtfertigung unseres Ausnahmeschicksals, als Rolle, die zu spielen wir verpflichtet waren, und allzu oft sah diese Caritas einer Reklameabteilung des Grossunternehmens Schweiz ähnlich, das die dabei angelegten Spesen mit Zins und Zinseszins wieder einzubringen hofft.

D1 Der Historiker Jakob Tanner sprach im Jahr 2012 über die Fotografie Q3:

Unter dem Titel «Rotkreuzkinder» sehen wir den jüngsten Knaben, der aus dem Konzentrationslager Buchenwald befreit wurde. Dieses Kind ist völlig verstört. Es trägt alle Insignien [Zeichen] der Unmenschlichkeit, diese KZ-Nummer und dieses Schild mit der Aufschrift «Buchenwald». Es ist eine bildliche Inszenierung, die zeigen soll: Jetzt ist ein Schreckensregime zu Ende gegangen und die Schweiz hilft. (…) Die Schweiz geriet gegen Ende des Zweiten Weltkriegs zunehmend unter Druck. Um das Image aufzupolieren, gab es nichts Geeigneteres als Bilder von Kindern, die mit offenen Armen empfangen werden.

Q3 Eine humanitäre Aktion im Sommer 1945, die das Image der isolierten Schweiz aufbessern sollte: Die Schweiz bot den Vereinten Nationen an, 2000 Kinder für ein halbes Jahr aufzunehmen. Die Kinder hatten die deutschen Konzentrationslager überlebt. Das Foto zeigt den jüngsten Knaben, der aus dem KZ Buchenwald befreit worden war, Rheinfelden 1945.

Aufgaben

1 Fasse zusammen, wie es zum Washingtoner Abkommen kam und was sein Inhalt war (VT1, VT3).

2 a) Beschreibe Q3 genau.
b) Welche Fragen möchtest du dem Jungen auf Q3 stellen? Formuliere drei verschiedene Fragen.

3 Welche Funktionen sollten die Fotografien von Kindern, die in die Schweiz zur Erholung aufgenommen wurden, haben? Erkläre (VT2, D1, Q3).

4 Wähle aus Q1 eine Person aus. Was könnte sie in diesem Moment gedacht und gefühlt haben? Schreibe einen kurzen Kommentar (VT2).

5 Kannst du zwischen Q2 und Q3 Zusammenhänge herstellen? Begründe deine Vermutungen (VT2, D1).

16 Flucht, Vertreibung und Gewalt

Mit dem Kriegsende wurde die Welle der Gewalt und Not auf dem europäischen Kontinent nicht gestoppt. Flucht, Vertreibung und Zwangsumsiedlungen haben noch viele Jahre danach das Schicksal von Millionen von Menschen geprägt.

Zeit der Not geht weiter

Während des Zweiten Weltkrieges verloren in Europa Millionen von Menschen ihre Heimat. In den letzten Kriegsjahren nahm die Zahl der Flüchtlinge dramatisch zu. Die sowjetischen Soldaten töteten bei ihrem Vormarsch Richtung Berlin zahllose Zivilisten, vergewaltigten Frauen und verschleppten wahllos Menschen zur Zwangsarbeit in die Sowjetunion.

Das Kriegsende im Mai 1945 bedeutete zwar Waffenstillstand – aber kein Ende der Gewalt. Die Zeit der Not und der Gefahren war für Millionen Europäer auch jetzt noch nicht vorbei. Fast alle «wanderten» in Ost-West-Richtung und fast immer geschah diese Umsiedlung unter Zwang.

Vertreibungen aus den deutschen Ostgebieten – ein Beispiel

Unmittelbar nach Kriegsende richtete sich der Hass, den die deutsche Besatzung bei den Tschechen hinterlassen hatte, gegen die Deutschen. Es begann die Vertreibung der deutschen Bevölkerung aus der Tschechoslowakei. Diese Deutschen lebten vor allem im Grenzgebiet der Tschechoslowakei zu Deutschland und Österreich. 1945 wurden sie offiziell ausgewiesen. Für die Betroffenen begann ein Leidensweg: Sie wurden aus ihren Häusern getrieben, gedemütigt, misshandelt und auch ermordet. Zu Fuss oder in Massentransporten schob man sie über die Grenze ab. Nun waren sie zwar in Sicherheit, mussten sich aber eine neue Heimat suchen

Ungefähr 12 Millionen Menschen mussten bis 1950 in einem nun verkleinerten Deutschland untergebracht werden. Das geschah vor allem in ländlichen Gebieten, die weniger zerstört waren als die Industriezentren. Es gab damals in Deutschland mehr als tausend Flüchtlingslager.

Q1 Ankunft einer Flüchtlingsfrau mit zwei Kindern am Bahnhof von Hannover. Foto, 1946. Neben Bayern und Schleswig-Holstein zählte Niedersachsen zu den späteren Bundesländern, die besonders viele Flüchtlinge und Vertriebene aufnahmen. In den weitgehend ländlichen Gebieten konnten die Menschen einfacher ernährt werden.

«Der wilde Kontinent»

Deutsche waren nicht die einzigen Menschen, die ihre Heimat verlassen mussten. Auch Polen, Ukrainer, Litauer, Weissrussen – unter ihnen auch Juden – wurden vertrieben, manche sogar mehrfach. Noch nie waren so viele Menschen zu einer Umsiedlung gezwungen worden. Der Krieg hatte auf dem ganzen europäischen Kontinent eine Welle von Gewalt entfacht, die sich mit der Kriegskapitulation nicht aufhalten liess. Bürgerkriege, zum Beispiel in Griechenland oder Rumänien, wüteten, jüdische und andere Minderheiten wurden in vielen Ländern weiterhin verfolgt, Plünderungen und Ermordungen aus Rache gehörten in vielen Teilen Europas weiterhin zum Alltag. Die Vorstellung, dass der Krieg in Europa mit der Kapitulation Deutschlands endete, ist also irreführend.

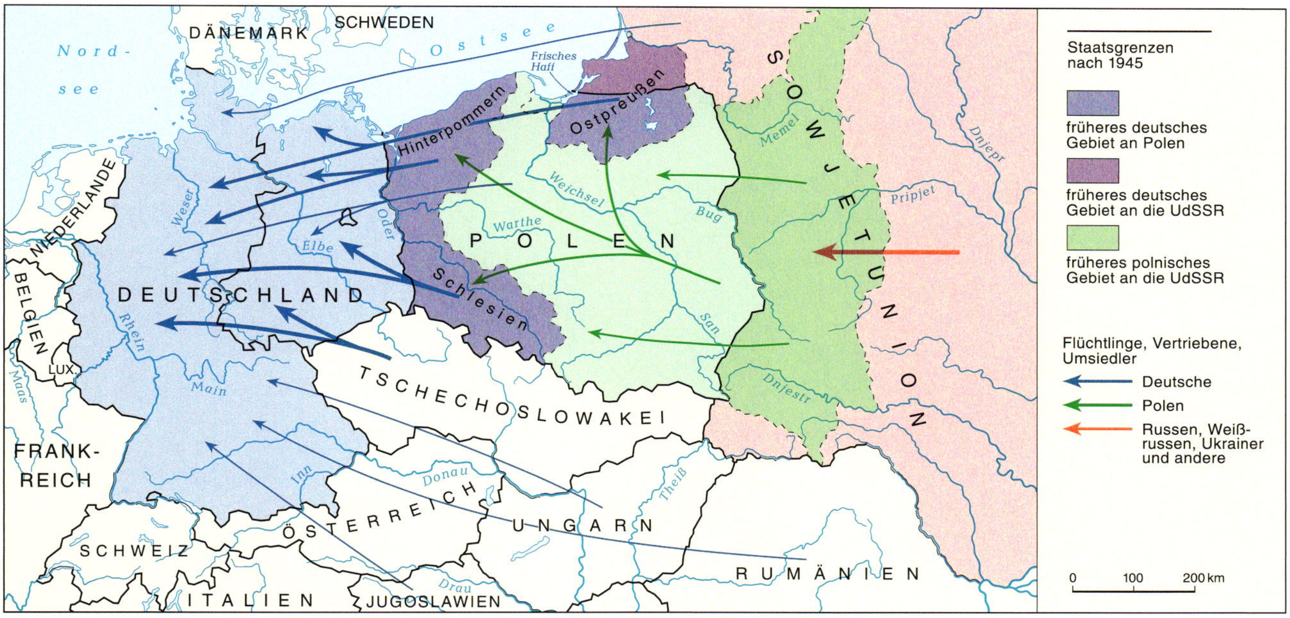

D1 Flucht, Vertreibung und Umsiedlung in Europa als Folge des Zweiten Weltkrieges bis 1950

Q2 Eine Frau berichtet über ihre Vertreibung aus der Tschechoslowakei:

Am 26. Juli 1945 kamen plötzlich drei bewaffnete tschechische Soldaten und ein Polizist in meine Wohnung und ich musste dieselbe binnen einer halben Stunde verlassen. Ich durfte gar nichts mitnehmen. Wir wurden auf einen Sammelplatz getrieben. (...) Gegen Abend wurden wir unter grässlichen Beschimpfungen und Peitschenschlägen aus dem Heimatort fortgeführt. Nach sechsstündigem Fussmarsch mussten wir im Freien übernachten. (...) Es wurde uns (...) nicht gesagt, was mit uns geschehen soll, bis wir am 2.8.1945 zum Bahnhof mussten und auf offene Kohlenwagen verladen wurden. Während der Fahrt regnete es in Strömen. (...) Die Kinder wurden krank und ich wusste vor Verzweiflung keinen Rat. Nach zwei Tagen wurden wir in Tetschen [heute Český Těšín] ausgeladen. Wir waren hungrig und erschöpft und mussten in diesem Zustand den Weg bis zur Reichsgrenze zu Fuss antreten.

D2 Der Historiker Keith Lowe schrieb 2014:

Der Zweite Weltkrieg glich einem Supertanker, der die Gewässer Europas durchpflügte: Er hatte derart Fahrt aufgenommen, dass er erst Jahre, nachdem die Maschinen im Mai 1945 gestoppt wurden, zum Stillstand kam und bis dahin einen reichlich chaotischen Kurs fuhr.

Aufgaben

1 Schau dir D1 genau an. Formuliere drei Aussagen, die du der Karte entnehmen kannst.

2 Erläutere, warum die Überschrift «Der wilde Kontinent» für VT3 gewählt wurde.

3 Was will der Historiker Keith Lowe mit dem Begriff «Supertanker» in D2 ausdrücken? Begründe deine Vermutungen.

4 Welche Zusammenhänge erkennst du zwischen VT1–VT2, Q1 und Q2? Führe deine Vermutungen aus.

5 Wähle aus Q1 diejenige Person aus, die dich am meisten anspricht. Versetze dich in ihre Lage. Schreibe auf, was ihr durch den Kopf gegangen sein könnte.

17 Der Zweite Weltkrieg und die Schweiz

1 Zu diesen Themen kann ich eine geschichtliche Frage stellen.

a) Holocaust

b) Schweizerische Flüchtlingspolitik 1938–1945

2 Diese Fragen kann ich beantworten.

a) Was versteht man unter dem Begriff «Geistige Landesverteidigung»?

b) Welche Ziele verfolgte die NS-Aussenpolitik in den Jahren vor dem Krieg?

c) Warum ist der Zweite Weltkrieg ein «globaler Krieg»?

d) Wie verlief das Kriegsende für die Schweiz?

3 Diese Begriffe kann ich erklären.

a) Schoah

b) Ghetto

c) Internierung

d) Deportation

e) Totaler Krieg

4 Die Daten auf dem Zeitstrahl kann ich erklären.

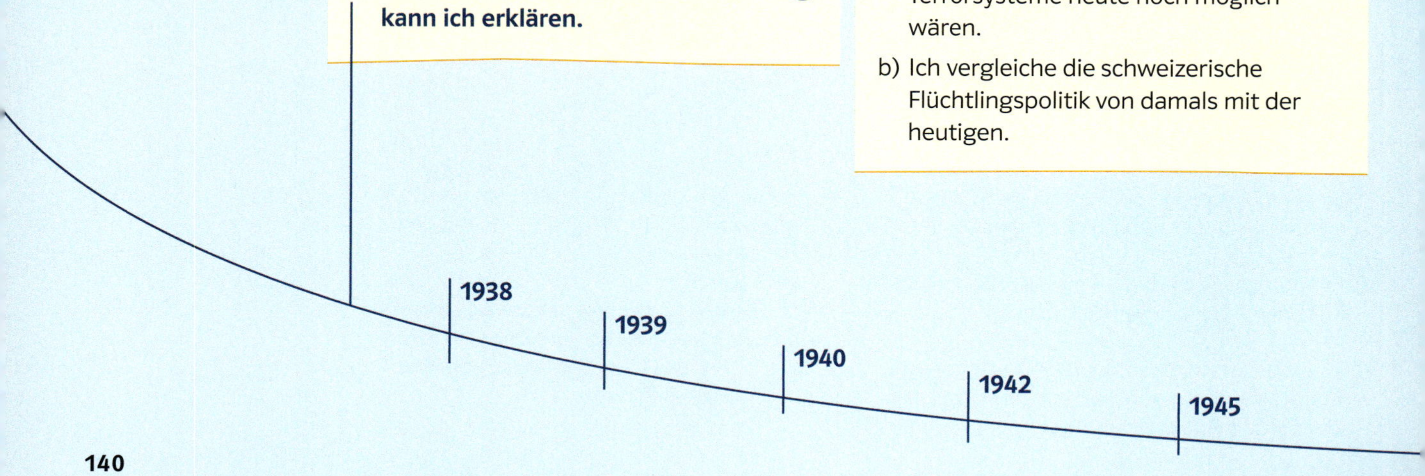

5 Zu diesen Fragen habe ich eine Meinung und kann sie begründen.

a) Konnten normale deutsche Bürger von den NS-Verbrechen gewusst haben?

b) Profitierte die Schweiz vom Zweiten Weltkrieg?

c) War das schweizerische «Flüchtlingsboot» voll?

d) Warum brachte das Kriegsende nicht überall Frieden?

6 Diese Methode kann ich anwenden.

Mit Spielfilmen Geschichte lernen:

a) Ich halte meine ersten Eindrücke zum Spielfilm fest.

b) Ich untersuche den Spielfilm genau: historisches Thema, historischer Hintergrund, Machart.

c) Ich suche zusätzliche Quellen oder Darstellungen und vergleiche sie mit dem Spielfilm.

7 Ich kann Geschichte für meine Gegenwart nutzen.

a) Ich überlege mir, ob faschistische Terrorsysteme heute noch möglich wären.

b) Ich vergleiche die schweizerische Flüchtlingspolitik von damals mit der heutigen.

Q1

Q3

D1 1936 wurde in Schwyz das Bundesbriefarchiv eröffnet, um darin den Bundesbrief von 1291 feierlich aufzubewahren. Die gemeinsame Geschichte sollte als Vorbild für die Gegenwart wirken. 1941 organisierte die Schweiz eine 650-Jahr-Feier der Eidgenossenschaft, die im Dienste der Geistigen Landesverteidigung stand. Die Skulptur «Wehrbereitschaft» wurde im Park des Bundesbriefarchivs in Schwyz aufgestellt, wo ein Feldgottesdienst als Teil der Feierlichkeiten abgehalten wurde. Foto, 1941

Q2

D2 Noch heute steht die Skulptur «Wehrbereitschaft» im Park des Bundesbriefmuseums in Schwyz. In den Sockel eingemeisselt ist eine Kurzversion des Bundesbriefs von 1291 in allen vier Landessprachen. Foto, 2016

D3 Die Skulptur «Wehrbereitschaft» wurde von Hans Brandenberger für die «Landi» (Landesausstellung) 1939 geschaffen. Vielen Besucherinnen und Besuchern blieb sie in Erinnerung. Sie wurde zu einem eigentlichen Symbol für die Zeit der Geistigen Landesverteidigung. Der Wille zur Verteidigung und Abgrenzung gegen aussen wurde von allen Bürgerinnen und Bürgern gefordert. Felix Landolt zeichnete die Skulptur als 11-Jähriger nach einem Besuch der Landesausstellung.

Aufgaben

1 a) Vergleiche die drei Abbildungen. Was fällt dir auf?
b) Lies die Bildlegenden D1–D3 und ordne sie den Bildquellen Q1–Q3 richtig zu.

2 a) Wie hat die Originalskulptur der «Landi» 1939 ausgesehen (Q1)? Recherchiere und beschreibe die Skulptur.
b) Was möchtest du von Felix Landolt über seine Zeichnung und seinen «Landi»-Besuch wissen? Formuliere drei Fragen.

3 Warum wurde die Skulptur zu einem eigentlichen Symbol für die Zeit der Geistigen Landesverteidigung? Begründe deine Vermutungen.

4 Welchen Stellenwert hat die Skulptur heute? Erläutere deine persönliche Meinung.

KV 14
Repetition

Hinweise für das Lösen der Aufgaben

Vergangenheit und Geschichte wahrnehmen

Suche: Du machst dich gezielt auf den Weg, um etwas zu finden oder herauszufinden. Du arbeitest beim Suchen in Bibliotheken, im Internet, in Archiven und evtl. draussen.

Vermute: Formuliere, was dir wahrscheinlich erscheint: Was könnten die Ursachen für ein bestimmtes Ereignis sein? Was könnte passieren, wenn dies oder jenes geschieht?

Stelle Fragen: Du legst fest, was du wissen willst.

Nenne: Du entnimmst vorgegebenen Texten und Materialien einzelne Begriffe und Informationen.

Betrachte: Du beobachtest Phänomene und versuchst sie präzise zu erfassen.

Beschreibe: Du gibst wieder, was du auf einem Bild, in einem Text oder einem anderen Material zu einem Thema erkennen kannst. Du reduzierst das Wahrgenommene auf das Wesentliche.

Skizziere: Stelle etwas in groben Zügen dar und beschränke dich dabei auf das Wesentliche. Versuche das Wichtigste wahrzunehmen.

Gib wieder: Du suchst in einem oder mehreren Texten nach wichtigen Aussagen/Informationen und wiederholst diese.

Zähle auf: Du entnimmst einem Text oder einem anderen Material einzelne Aussagen und ordnest sie sinnvoll.

Liste auf: Du schreibst Informationen in Kurzform auf, z. B. in kurzen Sätzen, nach Oberbegriffen geordnet, in Stichworten oder in einer Tabelle.

Vergangenheit und Geschichte erschliessen

Untersuche: Arbeite anhand von Fragen. Beantworte die gestellten Fragen kurz und prägnant.

Erkunde: Du versuchst, etwas vor Ort in Erfahrung zu bringen, um den Gegenstand, das Denkmal, den Dorfplatz usw. genauer beschreiben oder charakterisieren zu können.

Recherchiere: Du suchst nach bestimmten Informationen oder Materialien, trägst sie zusammen und hältst fest, wo du sie gefunden hast. Mach dir zum Recherchierten Stichworte. Zudem beschreibst du deinen Such-Weg, damit auch andere die von dir recherchierten Informationen selber finden können.

Finde heraus: Du suchst nach Lösungen für bestimmte Probleme und formulierst diese mit eigenen Worten.

Beantworte: Du suchst in verschiedenen Texten und Materialien nach Antworten. Du äusserst dich präzis zu einer Frage.

Prüfe: Du vergleichst Informationen aus den Materialien mit vorhandenen Kenntnissen und stellst fest, ob beides übereinstimmt oder sich widerspricht.

Dokumentiere: Halte die Informationen, die dir wichtig erscheinen, in geeigneter Form fest, z. B. in einer Skizze, Tabelle oder Grafik.

Arbeite heraus: Du liest einen Text oder schaust anderes Material unter einem bestimmten Gesichtspunkt an. Die wichtigsten Gedanken dazu gibst du mit eigenen Worten wieder.

Fasse zusammen: Du liest einen oder mehrere längere Texte und gibst den Inhalt in verkürzter Form wieder.

Sich in Vergangenheit und Gegenwart orientieren

Erzähle: Du berichtest zusammenhängend über etwas und achtest darauf, was vorher war und was nachher kommt. Du nennst Menschen, die gehandelt haben oder durch Ereignisse betroffen waren. Nenne zudem die genauen Zeitpunkte der Geschehnisse.

Erkläre: Du äusserst dich ausführlich zu Abläufen, Ereignissen, Zuständen oder Handlungen und machst dabei Gründe, Folgen und Zusammenhänge deutlich.

Erläutere: Du stellst Sachverhalte oder Handlungen ausführlich dar. Dabei entscheidest du selbst, was du für besonders wichtig hältst und demzufolge sehr genau darlegst, was du nur kurz erwähnst oder was du weglassen willst.

Ordne ein: Du stellst Sachverhalte oder Positionen in einen Zusammenhang. Dabei kann es hilfreich sein, die Informationen unter bestimmten Überschriften oder Oberbegriffen zu sortieren.

Vergleiche: Du stellst unterschiedliche Aussagen/Informationen gegenüber und findest heraus, worin sie sich gleichen, ähnlich sind oder sich völlig unterscheiden.

Beurteile/Nimm Stellung: Du vergleichst eine Aussage oder eine Behauptung zu einem historischen Sachverhalt mit dem, was du darüber weisst. Du entscheidest, ob die Aussage oder die Behauptung zutrifft oder nicht. Du äusserst dich auch dazu, wie du zu einem Sachverhalt bzw. zum Handeln von Menschen in einer bestimmten Situation stehst. (Beispiel: Etwas ist richtig oder falsch, gerecht oder ungerecht, gut oder schlecht usw.) Du begründest, warum du zu diesem Urteil gelangt bist.

Interpretiere/Deute: Du erklärst einen bestimmten Sachverhalt und beurteilst ihn.

Begründe: Du suchst in Texten und Materialien nach Ursachen, warum sich Ereignisse in einer bestimmten Form zugetragen haben, und nach Gründen, warum Menschen in einer bestimmten Art und Weise gehandelt haben. Anschliessend gibst du die Zusammenhänge ausführlich mit eigenen Worten wieder. (Beispiel: Die Reformation breitete sich auch in der Schweiz aus, weil …)

In Gegenwart und Zukunft handeln

Diskutiert: Du tauschst mit Gesprächspartnern Meinungen zu einer Frage oder einem Problem aus. Dabei wägt ihr ab, was für einen bestimmten Standpunkt spricht und was dagegen.

Schreibe einen Text: Überlege dir, um welche Textsorte es sich handelt und wer der Adressat deines Textes ist: In einem Tagebucheintrag kannst du deine ganz persönliche Sicht und deine Gefühle zum Ausdruck bringen. Mit einem Zeitungsartikel schreibst du für ein grosses Publikum. Um die Leser zu überzeugen, brauchst du gute Argumente. Bei einem Interneteintrag setzt du z. B. Links oder veröffentlichst in einem Wiki ein Bild. Hier ist besonders wichtig abzuklären, ob du das Bild veröffentlichen darfst.

Halte eine Rede: Mit einer Rede möchtest du viele Leute von deiner Meinung überzeugen. Du musst alles auf den Punkt bringen und wirkungsvoll begründen. Wenn du deine Rede vorträgst, achte darauf, dass du gut ankommst. Versuche, nicht nur auf dein Redeblatt zu schauen. Blicke deine Zuhörer an und sprich laut, deutlich und nicht zu schnell. So wirst du alle überzeugen.

Gestalte ein Flugblatt/ein Plakat: Du musst deine Botschaften mit wenigen Schlagwörtern zusammenfassen. Bilder oder Symbole müssen auf den ersten Blick verstanden werden. Plakate müssen auch gross genug sein, um von Weitem erkannt zu werden.

Führe ein Interview: Du bereitest Fragen und Antworten vor. Bedenke dabei genau, was du herausbekommen möchtest und was die Menschen, die du fragst, überhaupt wissen können.

Fertige an: Erstelle das Produkt, das von dir verlangt ist, also z. B. eine Tabelle, eine Zeichnung, einen Zeitstrahl, eine Dokumentation.

Wende an: Nutze dein Wissen und Können, das du im Umgang mit bestimmten Materialien aus der Vergangenheit erworben hast, auch bei neuen, dir noch unbekannten Materialien. Nutze Geschichte für deine Gegenwart!

Arbeitsschritte: Einen Zeitstrahl erstellen

1 Überlege dir, welche Zeitspanne dein Zeitstrahl umfassen soll.

2 Lege fest, wie viel Platz du für ein Jahr, ein Jahrzehnt, ein Jahrhundert brauchst.

3 Errechne, wie lange dein Zeitstrahl wird. Vielleicht musst du den Massstab teilweise stauchen, wenn der Zeitstrahl zu lang wird.

4 Beschaffe dir ein genügend breites Blatt Papier oder klebe mehrere aneinander. Du kannst das Papierband in der Art einer Handharmonika falten.

5 Zeichne den Zeitstrahl ein.

6 Trage nun die Zeitabschnitte resp. Epochen auf dem Zeitstrahl ein.

7 Trage dann die Ereignisse auf diesem Zeitstrahl ein. Überlege auch, wie du die gewählten Ereignisse veranschaulichen kannst. Der Zeitstrahl wird übersichtlicher, wenn du Bilder gebrauchst.

Arbeitsschritte: Ein Porträt entschlüsseln

Wahrnehmen

1 Betrachte das Bild und notiere dir Stichworte zu deinem ersten Eindruck.

2 Finde aus der Bildlegende oder dem Text wichtige Angaben heraus: zur abgebildeten Person, zum Auftraggeber des Bildes, zum Maler, zur Zeit.

3 Beschreibe Haltung, Blickrichtung, Haartracht, Kleidung, den Raum um die Person herum und den Rahmen des Bildes.

Erschliessen

4 Liste Symbole auf, die der Person zugeordnet werden.

5 Finde heraus, mit welchen Mitteln der Maler arbeitet, z. B. durch den Einsatz von Licht und Schatten, die Richtung des Lichteinfalls, die Anordnung von Personen und Dingen.

Orientieren

6 Überlege, zu welchem Zweck das Bild gemalt wurde und welche Wirkung der Auftraggeber damit erzielen wollte.

7 Ordne das Bild in die Zeit ein und beurteile, wie das Bild wohl auf den Betrachter damals gewirkt hat.

Arbeitsschritte: Schriftliche Quellen auswerten

Wahrnehmen

1 Lies den Text mindestens zweimal durch und mache dir klar, um welches Thema es geht.

Erschliessen

2 Gliedere den Inhalt in Sinnabschnitte und formuliere für jeden neuen Gedanken eine Überschrift.

3 Stelle fest, wer den Text geschrieben hat.

4 Kläre unbekannte Begriffe mithilfe eines Lexikons.

Orientieren

5 Ordne den Text in den grösseren geschichtlichen Zusammenhang ein.

6 Mit welcher Absicht könnte der Verfasser oder die Verfasserin den Text geschrieben haben?

7 Beurteile, ob der Verfasser oder die Verfasserin dir glaubwürdig erscheint.

Arbeitsschritte: Bilder zum Lernen nutzen

Wahrnehmen

1 Beschreibe deinen ersten Eindruck vom Bild.

2 Nenne Einzelheiten, die du auf dem Bild siehst.

Erschliessen

3 Finde heraus, welche Person, welches historische Ereignis, welche Gegenstände dargestellt werden. Hierfür benötigst du vielleicht Zusatzinformationen.

4 Arbeite heraus, wann das Bild gemalt wurde und von wem.

Orientieren

5 Erläutere Folgendes:
- Bildaufbau (Bildteile, Vorder-, Mittel-, Hintergrund, besondere Anordnung)
- Figurendarstellung (Körperhaltung, Blickrichtung, Darstellung des Gesichts und der Körperhaltung, Mimik, Gestik)
- Grössenverhältnisse
- Licht- und Farbwirkungen

6 Erkläre, was das Bild in der damaligen Zeit aussagen wollte.

Arbeitsschritte: Ein Organigramm zeichnen

Wahrnehmen

1 Suche Unterlagen zu einer Organisation, zu der du ein Organigramm zeichnen willst.

2 Zähle auf, wer in der gewählten Organisation eine Aufgabe hat.

3 Schreibe jede Aufgabe auf ein Kärtchen. Vielleicht kannst du auf die Rückseite die Namen von Menschen schreiben, die diese Aufgaben übernehmen.

Erschliessen

4 Finde nun heraus, wer wem etwas «befehlen» kann. Wer hat welche Macht? Wer wird von wem gewählt? Zeichne je einen Pfeil auf ein Kärtchen und lege die Kärtchen zwischen die Aufgaben oder Menschen.

Orientieren

5 Wenn du alle Kärtchen gelegt hast, überprüfst du das Dargestellte. Beschreibe in Worten, was du siehst. Benutze Wörter wie «leiten» oder «wählen».

Handeln

6 Zum Schluss gestaltest du einen A3-Bogen, auf dem du alles mit Farbe schön darstellst. Gib dem Organigramm einen Titel.

Arbeitsschritte: Statistiken auswerten

Erschliessen

1 Beachte Titel oder Legende. Auf welche Frage gibt die Zahlentabelle oder das Diagramm eine Antwort?

2 Greife eine Zahl aus einer Tabelle oder einen Punkt aus einem Diagramm heraus und formuliere eine Aussage.

3 Vergleiche dann mehrere solcher Zahlen oder Punkte. Formuliere eine Aussage mit: «Je …, desto …»

Orientieren

4 Was will die Tabelle/das Diagramm aufzeigen?

Handeln

5 Erstelle selbst ein Diagramm: Wähle den Massstab auf der waagrechten Achse und ermittle den höchsten und tiefsten Wert auf der senkrechten Achse. Werte sind Jahreszahlen, Prozentangaben u.a.

6 Lege die Art des Diagramms fest: ein Liniendiagramm zur Darstellung von ununterbrochen verlaufenden Werten; ein Säulendiagramm bei vereinzelt gemessenen Werten; ein Kuchendiagramm zur Darstellung von Anteilen.

Wahrnehmen

7 Welche neue Frage ergibt sich aus dem Diagramm? Wie liesse sie sich beantworten?

Arbeitsschritte: Geschichtskarten auswerten

Wahrnehmen

1 Lies den Titel und die Kartenlegende genau.

2 Beschreibe das Thema der Karte.

Erschliessen

3 Nenne den Zeitpunkt oder den Zeitraum, über den die Karte etwas aussagt.

4 Untersuche, welchen Raum die Karte zeigt. Ordne den Kartenausschnitt in einer grösseren Übersichtskarte ein. Nimm dazu deinen Geografie-Atlas zu Hilfe.

5 Kläre die Bedeutung von Farben, Linien, Punkten oder anderer Symbole. Schreibe dir stichwortartig Informationen dazu auf.

6 Fasse die Aussagen der Karte in wenigen Sätzen zusammen.

Orientieren

7 Überlege dir, welche Informationen die Karte dir nicht liefern konnte.

Arbeitsschritte: Fotografien analysieren

Wahrnehmen

1 Beschreibe genau, was auf der Fotografie abgebildet wird.

2 Gib wieder, welche Informationen die Legende liefert.

3 Halte fest, wie die Fotografie auf dich wirkt und was sie bei dir auslöst.

Erschliessen

4 Erläutere, welche Perspektive und welchen Ausschnitt der Fotograf gewählt hat.

5 Finde heraus, um welche Art Foto es sich handelt. Ist es ein Privatfoto, ein Pressefoto, ein Propagandafoto? Begründe deine Entscheidung.

Orientieren

6 Ordne die Fotografie in den grösseren geschichtlichen Zusammenhang ein.

7 Formuliere eine Gesamtaussage: Welche Absicht könnte der Fotograf mit der Aufnahme verfolgt haben?

Arbeitsschritte: Mit Spielfilmen Geschichte lernen

Wahrnehmen

1 Was erwartest du von diesem Spielfilm (resp. Spielfilmausschnitt)? Notiere Stichworte.

Erschliessen

2 Schaue den Spielfilm ein erstes Mal an. Welche Gefühle löst der Spielfilm bei dir aus? Fasse deine Eindrücke zusammen.

Orientieren

3 Was hast du gesehen? Mit welchem historischen Thema setzt sich der Spielfilm auseinander? Erzähle in wenigen Sätzen nach.

4 Betrachte den Spielfilm ein zweites Mal. Achte jetzt vor allem auf die Machart: Welche Rolle spielen die Bilder, welche der Ton (Kommentar, Musik, Geräusch)?

Handeln

5 Suche zwei zusätzliche Quellen oder Darstellungen zum Spielfilm und beurteile, ob sie das Gezeigte belegen oder ihm widersprechen.

Wahrnehmen

6 Welche Fragen hast du noch an den Spielfilm? Formuliere deine Fragen.

Gelb markiert sind Begriffe, die im Lehrplan 21 verbindliche Inhalte kennzeichnen.

Abendmahl/Kommunion
Die Kirche erinnert daran, wie Jesus mit seinen Anhängern am Abend vor seinem Tod eine letzte Mahlzeit eingenommen hat. Wird bei Abendmahl und Kommunion nur an Christus erinnert oder ist er tatsächlich anwesend – wenn ja, in welcher Form? Nicht nur Katholiken und Reformierte sehen dies verschieden, sondern auch die Reformierten untereinander. Das war der Grund dafür, dass eine evangelisch-lutherische und eine evangelisch-reformierte Kirche entstanden.

Ablass
Ab dem 12. Jahrhundert bot die Kirche Schriftstücke an, in denen stand, welche Sündenstrafen man durch eine bestimmte gute Tat erlassen bekommen konnte. Diese Schriftstücke wurden Ablassbriefe genannt.

Absolutismus
Bezeichnung für eine Staatsform mit einem starken König an der Spitze, der eine möglichst uneingeschränkte Herrschaft anstrebt. Im 17. und 18. Jahrhundert war sie in Europa weit verbreitet und wurde Monarchie genannt. Vorbild war Ludwig XIV., der König von Frankreich.

Achsenmächte
Damit bezeichnet man im Zweiten Weltkrieg das Deutsche Reich und seine Bündnispartner, insbesondere Italien und Japan.

Agrarsektor
(lat. «ager» = Acker; auch Landwirtschaftssektor oder Primärsektor) Wirtschaftszweige, die sich mit der Produktion von Nahrungsmitteln (Landwirtschaft, Fischerei) befassen; in erweiterter Bedeutung als Primärsektor wird auch der Bergbau eingeschlossen.

Aktie
Wertpapier, das belegt, dass man am Kapital (Vermögen) einer Firma beteiligt ist.

Aktiengesellschaft
Ein Zusammenschluss von Personen, die ihrem Unternehmen Kapital (Geld) zur Verfügung stellen und dafür an dessen Ertrag (Gewinn) beteiligt sind.

Alliierte
Damit bezeichnet man jene Grossmächte, die sich im Zweiten Weltkrieg gegen die Achsenmächte verbündeten: Grossbritannien, Frankreich, die USA und die Sowjetunion. Es gehörten noch weitere Bündnispartner dazu.

Alltagsgeschichte
Erschliessen und Erzählen der Vergangenheit von Gegenständen und Gewohnheiten, die unseren Alltag prägen.

Annexion, annektieren
(lat. «annectere» = anbinden) Bezeichnung für die oft gewaltsame Aneignung von fremden Gebieten durch Staaten.

Appeasement-Politik
(engl. «to appease» = beschwichtigen) Politik der britischen Regierung bis 1938: Zugeständnisse gegenüber Hitlers Aufrüstungsplänen und Gebietsansprüchen. Sie wollte ihn auf diesem Weg davon abhalten, einen Krieg zu beginnen.

Arbeitgeber
Eine Person oder ein Unternehmen bietet Arbeitsstellen an.

Arbeitnehmer
Eine Person, welche eine Arbeitsstelle annimmt.

Arier
(altindisch = der Edle) Nach der NS-Rassenideologie gehörten die Arier (gross, blond, blauäugig sowie tapfer, heldenhaft, opferbereit) der höchsten Rasse an. Den Kern der arischen Rasse bildeten nach dieser «Lehre» die germanischen Völker und hier vor allem die meisten Deutschen. Die Nationalsozialisten missbrauchten den Begriff «Arier» für ihre Rassenideologie. Die Arier sind ein Urvolk aus dem indisch-persischen Raum. Im Iran gibt es heute noch eine Volksgruppe mit diesem Namen.

Armenpflege, heute Sozialarbeit
Private und staatliche Unterstützung bedürftiger Menschen.

Astronom
(griech. «astron» = Stern) Ein Wissenschaftler, der sich mit den Sternen und dem Himmel befasst.

Aufklärung
Der Begriff bezeichnet eine neue Denkweise im 18. Jahrhundert, die darauf abzielte, alle Gebiete des Lebens durch die Vernunft zu erklären und Erkenntnisse kritisch zu überprüfen. Die Aufklärer forderten von Staat und Kirche die Freiheit der Meinung.

Auswanderung
(Emigration von lat. «emigrare» = auswandern) Dauerhaftes Verlassen der Heimat. Im 19. Jahrhundert verliessen viele Menschen die Schweiz aus wirtschaftlichen Gründen (Wirtschaftsflüchtlinge).

Behörde
Eine Gruppe von Menschen, die einen öffentlichen Auftrag und die dafür nötigen Kompetenzen haben.

Bewegung
Gruppierung, die sich für eine Verbesserung der politischen und sozialen Verhältnisse einsetzt.

Bolschewiki
Diese Partei ging aus der Sozialdemokratischen Partei Russlands hervor. Sie stellt den radikalen Flügel dar, der von Lenin geführt wurde.

Bund
Unter «Bund» verstehen wir die ganze Schweiz, auch Schweizerische Eidgenossenschaft genannt. Weil die Regierung in Bern tätig ist, spricht man auch von «Bern».

Bundesstaat
Zusammenschluss von Gliedstaaten (in der Schweiz «Kantone»), die nach aussen einen Gesamtstaat bilden. Beispiele: Schweiz, Deutschland, Österreich, USA.

Bürgerkrieg
Ein Krieg, der zwischen verschiedenen Gruppen innerhalb der eigenen Staatsgrenzen ausgetragen wird.

Chronologie
(griech. «chronos» = Zeit) Die Chronologie (Zeitrechnung) ordnet die Vergangenheit durch eine Jahreszählung. Die meisten Zeitrechnungen zählen die Jahre von einem bestimmten Ereignis aus vor und zurück. Chronos war in der Antike der Gott der Zeit.

Code civil
Eine Sammlung von Gesetzen, welche die Rechte der Personen, der Güter und des Eigentums in Frankreich festlegte. Er wurde unter der Herrschaft von Napoleon erschaffen und war lange Zeit das fortschrittlichste Gesetzbuch überhaupt.

Comic
In einem Comic wird eine Geschichte in einer Folge von Bildern dargestellt. In der Regel sind die Bilder gezeichnet und mit Text kombiniert. Typisch für Comics sind z. B. Sprech- und Denkblasen.

Darstellung
Das, was man über die Vergangenheit herausgefunden hat, kann auf verschiedene Art und Weise dargestellt werden: in Büchern, Zeitungsartikeln, Karten, Filmen, Schaubildern oder Tabellen. Solche Darstellungen erkennst du in diesem Buch an einem «D».

Demografie
Eine Wissenschaft, die sich mit der Entwicklung der Bevölkerung befasst. Sie untersucht z. B. ihre Gliederung nach Anzahl Personen und deren Alter im Laufe der Zeit.

Denkmal
Ein öffentliches Kunstwerk, das die Erinnerung an eine Person oder ein Ereignis wachruft.

Deportation
(lat. «deportare» = wegbringen, fortschaffen) Abtransport der europäischen Juden in Ghettos, Konzentrations- oder Vernichtungslager.

Deutscher Bund
1815 als loser Zusammenschluss der 35 deutschen Fürstenstaaten und vier freien Städte gegründet. Die Grenzen entsprachen dem 1806 aufgelösten alten Deutschen Reich. Das Königreich Preussen und das Kaisertum Österreich waren Grossmächte im Vergleich zu den anderen Beteiligten. Zwischen den beiden entwickelte sich eine grosse Konkurrenz um die Vormachtstellung.

Devisen
International gültige Währungen. Der Schweizer Franken blieb während des Zweiten Weltkrieges eine solche Währung. Bald war er die wichtigste Währung, die von allen Krieg führenden Staaten als Zahlungsmittel akzeptiert wurde.

Dienstleistungssektor
Dritter Sektor der Wirtschaft, der Dienstleistungen anbietet. Dazu gehören Tourismus, Schulen, Spitäler, Transport, Banken oder Versicherungen. Dem ersten Sektor der Wirtschaft werden Landwirtschaft und Bergbau zugeordnet, dem zweiten Sektor die Industrie.

Diktatur
Uneingeschränkte Herrschaft durch eine Person oder Personengruppe.

direkte Steuern
muss man direkt dem Staat bezahlen. Ihre Höhe wird nach Einkommen und Vermögen berechnet.

Direktorium
Regierung Frankreichs 1795–1799. Sie begünstigte das Besitzbürgertum und bekämpfte sowohl die Anhänger der alten Monarchie als auch die Jakobiner.

duale Ausbildung
(griech., dann lat. «duo, duae» = zwei) Eine Kombination von theoretischer und praktischer Ausbildung. Beispiel: die Berufslehre.

Eidgenossenschaften
Mit dem Schwören eines Eides haben sich gleichberechtigte Partner (Genossen) zu gegenseitiger Unterstützung und Hilfe verpflichtet. Vor allem im Mittelalter gab es viele solche Beispiele: in der Zentralschweiz, in der Ostschweiz, aber auch im Burgund, in Oberschwaben oder in Norddeutschland. Im offiziellen deutschen Namen der Schweiz (Schweizerische Eidgenossenschaft) ist dieser Begriff erhalten geblieben.

Einheitsstaat
Ein Staat, in dem die Staatsgewalt über das gesamte Staatsgebiet zentral ausgeübt wird. In diesem Staat gibt es keine Gliedstaaten.

elektronische Datenverarbeitung
Verarbeitung von Daten in einem elektronischen Gerät wie dem Computer.

Emanzipation
Befreiung von gesellschaftlichen Zwängen aus eigenem Antrieb.

Entente
Ein Militärbündnis zwischen Frankreich, Grossbritannien und Russland, das im Ersten Weltkrieg gegen die Mittelmächte kämpfte.

Epoche
Das griechische Wort bezeichnet einen langen Zeitabschnitt, der von wichtigen Ereignissen geprägt ist.

Erinnerungsort
Orte, an denen sich die Gesellschaft gemeinsam an die Vergangenheit erinnert. Sie besitzen eine symbolische Bedeutung und stärken das Zusammengehörigkeitsgefühl.

europäische Expansion
Ausbreitung der europäischen Herrschaft auf andere Kontinente wie Amerika, Asien und Afrika in der Neuzeit.

evangelisch
Von Luther vorgeschlagene Bezeichnung für seine Lehre, die sich hauptsächlich auf die Evangelien in der Bibel stützte. Später bezeichnete man alle Kirchen, die aus der Reformation hervorgegangen sind, als evangelisch.

Exekutive
Die Exekutive ist die Regierung, welche zusammen mit der Verwaltung die Gesetze ausführt.

Export/Import
Export ist die Ausfuhr von Waren in ein anderes Land. Das Gegenteil ist der Import, also die Einfuhr von Waren.

Fabrik
Anlage, in welcher mithilfe von Fremdenergie (z. B. Strom) und Maschinen in Arbeitsteilung Produkte hergestellt werden.

Faschismus
Politische Bewegungen in verschiedenen Ländern, die nationalistisch, antidemokratisch und antikommunistisch eingestellt waren. Sie wurden nach den «fasci di combattimento» (Kampfverbänden) Benito Mussolinis benannt. In faschistischen Staaten war alle Macht auf eine Person konzentriert.

Flucht
Meist bedeutet die Flucht ein plötzliches Verlassen eines Aufenthaltsortes oder Landes aufgrund von Gefahren, Bedrohungen oder einer Situation, die als unzumutbar empfunden wird. Kriegssituationen lösen oft die Flucht von zahlreichen Menschen aus.

Föderalisten
Anhänger einer politischen Ordnung, die den Kantonen möglichst viel Selbstbestimmung ermöglicht. Sie werden auch Konservative genannt, da sie die alte Ordnung bewahren (lat. «conservare» = bewahren) möchten.

Fotografie
Mithilfe von optischen Verfahren wird ein Lichtbild auf ein lichtempfindliches Medium projiziert und festgehalten (analoges Verfahren). Beim digitalen Verfahren wird das Lichtbild in elektronische Daten gewandelt und dann gespeichert.

Freiheit
ist ein Begriff, der in der Aufklärung eine grosse Bedeutung bekam und zu den Grundforderungen der Französischen Revolution gehörte. Jeder Mensch sollte die Garantie haben, ohne Zwang zwischen allen Möglichkeiten auswählen zu können.

Fronten
Sammelbezeichnung für eine Vielzahl von politischen Gruppierungen in der Schweiz, die sich stark an faschistischen Vorbildern Italiens und Deutschlands orientierten. Die «Nationale Front» vereinigte 1933 verschiedene Vorgängerparteien. Von Anfang an gehörte auch eine Jugendorganisation, die «Nationale Jugend», dazu. 1943 wurde die Frontenbewegung vom Bundesrat verboten.

Gegenwart
Kürzerer oder längerer Zeitabschnitt, dessen Ereignisse nicht abgeschlossen sind.

Geistige Landesverteidigung
Eine politisch-kulturelle Bewegung, die die Stärkung von schweizerischen Werten und die Abwehr des Faschismus zum Ziel hatte. Sie begann in den 1930er-Jahren und erlebte im Kampf gegen den Kommunismus (nach 1945) eine Fortsetzung bis in die 1960er-Jahre.

Generalstände
Das war in Frankreich die Versammlung der drei Stände: Adel, Klerus, Bürgertum/Bauernschaft. Die Versammlung hatte das Recht, Steuern zu beschliessen.

Genfer Konvention
Völkerrechtliche Verträge, in denen sich die unterzeichnenden Staaten dazu verpflichtet hatten, im Kriegsfall bestimmte Regeln einzuhalten. So sollten Verwundete, Sanitäter und Kriegsgefangene geschützt

werden. Noch nicht unter Schutz gestellt war die Zivilbevölkerung.

Genossenschaft
Zusammenschluss von Konsumenten oder Produzenten mit dem Ziel, dadurch die eigene Stellung am Markt als Nachfrager oder Anbieter zu verbessern.

geozentrisches Weltbild
(griech. «ge» = Erde) Die Erde ist das Zentrum dieses Weltbildes.

Gesamtarbeitsvertrag
Vertrag zwischen Unternehmerverband und Gewerkschaft(en).

Geschichtskarte
Eine Geschichtskarte ist eine Darstellung, die einen Sachverhalt der Vergangenheit – z. B. die Bündnisse um 1910 – als thematische Karte zusammenfasst. Unter einer historischen Karte versteht man hingegen eine Karte, die in der Vergangenheit gezeichnet wurde und uns heute als Quelle dient.

Ghetto
Abgeschotteter Wohnbezirk, in dem Juden unter Zwang leben mussten. Die Nationalsozialisten konzentrierten während des Zweiten Weltkrieges systematisch Juden in Ghettos, die in den besetzten Gebieten Osteuropas errichtet wurden. Von dort wurden die Juden in die Vernichtungslager transportiert.

Gewaltenteilung
Trennung der Staatsgewalt in gesetzgebende Gewalt (Legislative), vollziehende Gewalt (Exekutive) und Rechtsprechung (Judikative). Dadurch wird eine Diktatur verhindert.

Gewerkschaft
Zusammenschluss von Arbeitnehmern, die sich für ihre Rechte und die Verbesserung ihrer Arbeitssituation einsetzen.

Gleichheit
Die Aufklärer hatten vor allem die politische und rechtliche Gleichheit aller Menschen im Sinn. Während der Französischen Revolution wandelte sich der Inhalt des Begriffs. Unter «Gleichheit» verstanden jetzt die ärmeren Schichten vor allem wirtschaftliche Gleichheit. Sie wollten die Eigentumsunterschiede verringern.

Gleichschaltung
Nationalsozialistisches (NS) Schlagwort, das die Umwandlung von Vereinen, Verbänden und Parteien in NS-Organisationen meint. Das gesamte öffentliche Leben wurde nach den Vorgaben der NS-Regierung «gleichgeschaltet».

Gottesgnadentum
Wie Ludwig XIV. glaubten viele Könige von sich, sie seien Herrscher «von Gottes Gnaden», handelten also direkt im Auftrag von Gott. Auch die Kirche lehrte dies.

Grosser Krieg
In Frankreich, Grossbritannien und Italien ist das die Bezeichnung für den Ersten Weltkrieg. Damit werden die gewaltigen Verluste und Folgen des Krieges in diesen Ländern angesprochen.

Guillotine
So heisst das Fallbeil zur Enthauptung von Menschen, das der Arzt Guillotin erfunden hat, um Hinrichtungen zu beschleunigen.

Heimarbeit
Arbeit, die zuhause für einen auswärtigen Arbeitgeber verrichtet wird.

heliozentrisches Weltbild
(griech. «helios» = der Sonnengott) Die Sonne bildet den Mittelpunkt dieses Weltbildes. Die Erde und die anderen Planeten kreisen um die Sonne.

Helvetik
Als Helvetik wird die Phase der Schweizer Geschichte von 1798 bis 1803 bezeichnet. In dieser Zeit wurde die Alte Eidgenossenschaft unter französischem Einfluss radikal umgebaut. Es entstand ein Einheitsstaat mit dem Namen Helvetische Republik.

Hierarchie
Eine Hierarchie ist die Ordnung einer Gesellschaft oder einer Menschengruppe nach Kompetenzen.

Historiker/-in
Das Wort «historia» stammt aus der lateinischen Sprache und bedeutet so viel wie Geschichte. Historikerinnen und Historiker sind also Wissenschaftler, die sich mit Geschichte befassen.

historischer Schauplatz
Darunter versteht man einen Ort, an dem sich ein bedeutendes historisches Ereignis abgespielt hat. So ist z. B. wegen des «Rütli-Rapports» das Rütli für das Jahr 1941 und die Schweiz im Zweiten Weltkrieg ein wichtiger historischer Schauplatz. Dies gilt jedoch nicht für den Rütli-Schwur von 1291, da er ein Mythos ist.

Holocaust/Schoah
(griech. «holocaustos» = völlig verbrannt) Mit dem Begriff «Holocaust» bezeichnet man heute die Ermordung der Juden während der nationalsozialistischen Diktatur. Oft wird für dieses Verbrechen auch das hebräische Wort «Shoah» (Katastrophe) verwendet; deutsch «Schoah».

Humanismus
(lat. «humanus» = menschlich) Eine

Gruppe von Denkern, Künstlern und Wissenschaftlern, die den Menschen in den Mittelpunkt ihres Interesses stellte. Ihr Vorbild war die Antike. Der Humanismus breitete sich von Italien nach ganz Europa aus.

IKRK
Das Internationale Komitee vom Roten Kreuz ist eine neutrale und unabhängige Organisation, die die Opfer von bewaffneten Konflikten betreut. Henry Dunant hat 1863 in Genf die Gründung veranlasst. Seit 1875 trägt die Organisation den Namen IKRK. Noch heute ist der Hauptsitz Genf.

Imperialismus
(lat. «imperium» = Herrschaft, Reich) Allgemein bezeichnet der Begriff die Herrschaft eines Landes über die Bevölkerung anderer Länder. Im Zeitalter des Imperialismus von 1880 bis 1914 beherrschten die Industriestaaten Kolonialreiche in Afrika, Asien und im Pazifik.

indigene Völker
(lat. «indigena» = eingeboren) Die ersten Bewohner eines Gebiets. Sie wurden oft von den Eroberern unterdrückt, mit der Absicht, ihnen die eigene Kultur aufzuzwingen.

indirekte Steuern
bezahlt man auf eine Ware oder Dienstleistung. Sie werden vom Anbieter bezahlt, aber auf den Käufer übertragen. Der Käufer bezahlt also die Steuern indirekt, z. B. in Form von Mehrwertsteuern.

Industrialisierung
Umstellung auf Massenproduktion in Fabriken mithilfe von Fremdenergie (z. B. Strom).

Industriesektor
(lat. «industria» = Fleiss; auch Sekundärsektor) Wirtschaftszweige, die sich mit der Verarbeitung von Rohstoffen zu Produkten befassen (auch das Gewerbe gehört dazu).

Inflation
Wertverlust des Geldes. Der Staat lässt mehr Geld drucken, die Warenmenge wird aber nicht vermehrt. Dies führt zu steigenden Preisen.

Informationsgesellschaft
Die heutige, von elektronischer Datenverarbeitung abhängige Gesellschaft wird so bezeichnet. Sie hat die Möglichkeit, Informationen günstig, rasch und weit zu verbreiten, sicher zu speichern und effizient zu verarbeiten.

Internierung
Angehörige von Krieg führenden Staaten, die sich auf dem neutralen Territorium eines Drittstaates befinden, werden bis zum Ende des Konflikts vom neutralen Staat (z. B. Schweiz) festgehalten und versorgt.

Jakobiner
So nannte sich eine radikale politische Gruppe, die zu ihren Sitzungen in einem ehemaligen Sankt-Jakobs-Kloster zusammenkam.

Judikative
Die Judikative untersucht, ob Gesetze eingehalten werden.

Kaiserreich
In Frankreich: die Herrschaft Napoleons zwischen 1804 und 1815. In Deutschland: die Zeit von 1871 bis 1918.

Karikatur
ist eine bildliche Darstellung, bei der gesellschaftliche und politische Entwicklungen oder Ereignisse bewusst überzeichnet und bis zur Lächerlichkeit verzerrt werden. Der Kontrast zur Realität soll die Betrachter zum Nachdenken anregen.

Kinderarbeit
Erwerbsarbeit von Kindern, wobei die Altersgrenze je nach Land unterschiedlich angesetzt ist. Es wird zwischen ausbeuterischer und gesetzlich geregelter Kinderarbeit unterschieden.

Kirchenzehnter
So nannte man die Steuer für die Kirche, bei der die Bauern den zehnten Teil ihrer Ernte abgeben mussten.

Klerus
Bezeichnung für den geistlichen Stand. Dazu gehören Bischöfe, Priester, Äbte, Mönche und Nonnen.

Kolchose
Landwirtschaftlicher Grossbetrieb in Russland. Land, Vieh und Werkzeuge waren Gemeinschaftseigentum. Arbeitszeiten, Anbauarten und Anbaumengen, Ablieferung und Verteilung der Erzeugnisse wurden genau vorgegeben.

Kollektivierung
Enteignung von landwirtschaftlichen Betrieben und Zusammenschluss zu gemeinschaftlichen Grossbetrieben in kommunistischen Staaten.

Kolonialismus
Die Ausdehnung der Herrschaftsmacht von europäischen Staaten auf aussereuropäische Gebiete. Die wirtschaftliche Ausbeutung war ein zentrales Motiv. Es ging um billige Rohstoffe, neue Möglichkeiten für Exporte und Geldanlagen.

Kolonie
Land, das Europäer in Amerika und Ostasien ab Ende des 15. Jahrhunderts unter ihre Herrschaft stellten und besiedelten.

Kommunismus
Lehre von Karl Marx, dass alle Güter allen Menschen gemeinsam gehören

sollten. Marx setzte auf eine Weltrevolution, um den Zustand einer kommunistischen Gesellschaft zu erreichen.

Konfession
bedeutet Bekenntnis. Unter den Christen gibt es unterschiedliche Bekenntnisse, z. B. römisch-katholisch, evangelisch-lutherisch oder evangelisch-reformiert.

konfessionelle Spaltung
Spaltung der christlichen Religion in mehrere Konfessionen, die sich voneinander unterscheiden.

konstitutionelle Monarchie
Der König ist als Staatsoberhaupt an eine Verfassung (Konstitution) gebunden. Seine Macht wird durch eine Volksvertretung (Parlament) eingeschränkt.

Konsulat
So bezeichnet man die Regierung des Generals Napoleon Bonaparte zwischen 1799 und 1804.

Konvent
Neuer Name der französischen Nationalversammlung seit September 1792. Der Konvent wirkte als gesetzgebende Versammlung bis 1795.

Konzession
Staatliche Bewilligung, ein öffentliches Gut (Eisenbahnlinie, Funkwellen, Fluss/Bach) nutzen zu können.

KPD
Kommunistische Partei Deutschlands. Sie orientierte sich stark am sowjetischen Vorbild des Kommunismus.

Kredit
Geld, das ausgeliehen wird und wofür Zins bezahlt werden muss.

Kulturbegegnungen
Zusammentreffen und Austausch von verschiedenen Kulturen, wie z. B. der europäischen und der aztekischen. Beide Kulturen übernehmen Elemente der anderen Kultur und verändern sich.

Landesausstellung
In unregelmässigen Abständen zeigten diese Ausstellungen an verschiedenen Standorten die schweizerischen Leistungen in Industrie, Gewerbe und Kunst. Die erste Landesausstellung fand 1883 in Zürich statt, die zweite 1896 in Genf und die bisher letzte war die Expo 2002 (Biel, Murten, Yverdon-les-Bains, Neuchâtel).

Landesstreik
Damit wird in der Deutschschweiz der landesweite Generalstreik vom November 1918 bezeichnet. Er gilt als die schwerste politische Krise des Bundesstaates.

Lebenserwartung
Lebensdauer, mit der ein Mensch in einem bestimmten Alter im Durchschnitt rechnen kann.

Legislative
Als Legislative bezeichnet man die Behörde (meist ein Parlament), welche die Gesetze verabschiedet.

Legitimität
(lat. «legitimus, legitima» = rechtmässig) Auf dem Wiener Kongress wurde die Herrschaft von Fürsten, deren Vorfahren schon regiert hatten, als legitim angesehen.

Macht
Die Fähigkeit, über andere Menschen zu herrschen.

Manufaktur
(lat. «manu facere» = mit der Hand herstellen) In den Manufakturen wurden Waren arbeitsteilig in grosser Zahl von spezialisierten Handwerkern hergestellt. Im Gegensatz zur späteren Fabrik gab es kaum Maschinen.

Massaker
Brutale Tötung mehrerer Menschen im Krieg oder bei der Niederschlagung von Aufständen.

Massenproduktion
Herstellung von Gütern in grosser Zahl.

Menschenrechte
Darunter versteht man Rechte, die allen Menschen ohne Ausnahme zustehen.

Merkantilismus
So heisst die Wirtschaftsform des Absolutismus. Nach französischem Vorbild förderten die Herrscher vor allem die Produktion von Luxusgütern und die Ausfuhr von Fertigwaren, um möglichst viel Geld in die Staatskasse zu bekommen.

Meuterei, meutern
Von einer Meuterei spricht man, wenn die Mannschaft eines Schiffes sich gegen den Kapitän auflehnt.

Migration
(lat. «migrare» = wandern) Wechseln des Wohnsitzes innerhalb eines Landes (Binnenmigration), über die Landesgrenzen hinaus (Emigration) und in ein anderes Land hinein (Immigration).

Mission
(lat. «missio» = Sendung) Mission ist die Verbreitung des christlichen Glaubens. Immer wieder sind Missionare dabei auch gewaltsam vorgegangen.

Mittelmächte
Ein Militärbündnis zwischen Deutschland und Österreich-Ungarn, dem sich später das Osmanische

Reich und Bulgarien anschlossen. Im Ersten Weltkrieg kämpfte es gegen die Entente.

Mobilmachung
Alle Streitkräfte eines Staates machen sich bereit für einen bevorstehenden Kriegseinsatz.

Monarchie
(griech. «monos, mone» = allein; griech. «archein» = herrschen) heisst Alleinherrschaft. An der Spitze des Staates steht ein König.

Museum
Eine Institution, die eine Sammlung bedeutsamer Gegenstände aufbewahrt, erforscht und einen Teil davon für die Öffentlichkeit ausstellt.

Mythos
Ein Mythos ist eine Erzählung, mit der Menschen ihre Ursprünge erklären. Mit den schweizerischen Ursprungsmythen von Wilhelm Tell oder Winkelried wird der Ursprung der Schweiz erzählt. Dabei geht es nicht um historische Fakten.

Nation
(lat. «natio» = Stamm, Volk) Heute fasst man darunter Menschen gleicher Sprache oder Staatsangehörigkeit zusammen.

Nationalgefühl
Menschen, die sich aufgrund gemeinsamer Geschichte, Kultur und Volkszugehörigkeit als zusammengehörig fühlen. Eine Nation kann in einem Staat leben (Nationalstaat), aber auch in mehreren Staaten verteilt.

Nationalismus
Übertriebener Stolz auf die Leistungen und Werte des eigenen Volkes, manchmal verbunden mit einem übertriebenen Machtanspruch und mit der Verachtung anderer Völker.

Nationalsozialismus
Bezeichnung für eine politische Bewegung, die in Deutschland in den Krisen nach dem Ersten Weltkrieg entstand, 1933 die Weimarer Demokratie beendete und eine Diktatur errichtete. Der Nationalsozialismus verfolgte extrem nationalistische, antisemitische, rassistische und imperialistische Ziele.

Nationalversammlung
Das ist eine Versammlung von gewählten Vertretern des Volkes, die eine Verfassung oder Gesetze erarbeiten sollen.

Neutralität
(lat. «neuter, neutra» = keine/keiner von beiden) Ein Staat verpflichtet sich, sich nicht in militärische Konflikte von anderen Staaten einzumischen.

Notverordnungen
konnte der Reichspräsident nach Artikel 48 der Weimarer Verfassung im Krisenfall erlassen. Sie hatten Gesetzeskraft. Damit wurde das Parlament aus dem Gesetzgebungsprozess ausgeschaltet.

Novemberpogrome
(Pogrom, russ. = Massaker, Verwüstung) Das waren vom nationalsozialistischen Regime organisierte und gelenkte Gewaltmassnahmen gegen Juden im gesamten Deutschen Reich, insbesondere in der Nacht vom 9. auf den 10. November 1938. Die Pogrome dauerten mehrere Tage.

NSDAP
Nationalsozialistische Deutsche Arbeiterpartei. Den Parteivorsitz hatte Adolf Hitler, der 1933 zum Reichskanzler ernannt wurde. Unter Hitlers Führung wurde die NSDAP von 1933 bis 1945 zur einzigen zugelassenen Partei des Deutschen Reiches.

obligatorische Volksschule
Alle Kinder müssen ab dem 6. oder 7. Lebensjahr die Schule besuchen. Sie ist kostenlos und wird vom Staat organisiert. Vor über 150 Jahren, im Jahr 1874, wurde in der Bundesverfassung vorgeschrieben, dass die Schulpflicht in allen Kantonen obligatorisch ist.

Organigramm
Es veranschaulicht eine Hierarchie.

Ort
meint in der Alten Eidgenossenschaft dasselbe wie der Begriff «Kanton».

Orts- und Regionalgeschichte
Erschliessen und Erzählen der Vergangenheit der engeren Umgebung, in der man lebt.

Pantheon
Seit der Französischen Revolution die Grabstätte berühmter französischer Persönlichkeiten in Paris. Es wird auch als «nationale Ruhmeshalle Frankreichs» bezeichnet.

Partei
Politische Organisation, in der sich Menschen mit der gleichen politischen Überzeugung zusammenschliessen, um ihre Vorstellungen und Interessen im Staat durchzusetzen.

Planwirtschaft
bezeichnet eine Wirtschaftsordnung, bei der die Produktion, die Dienstleistungen und die Verteilung von Gütern planmässig und zentral – in der Regel durch den Staat – gesteuert werden.

Porträt
Bildliche Darstellung eines menschlichen Gesichtes bis zur Brust (Brustbild). Es gibt die besonderen persönlichen Eigenschaften wieder.

Privilegien
Sonderrechte für einzelne Personen oder Personengruppen im Staat.

Propaganda
(lat. «propagare» = ausdehnen, ausbreiten) Es werden systematisch politische oder weltanschauliche Meinungen verbreitet mit dem Ziel, das Bewusstsein der Bevölkerung auf eine bestimmte Weise zu beeinflussen.

Protestanten
(lat. «protestari» = öffentlich bezeugen) Auf dem Reichstag in Speyer (D) 1529 protestierte die evangelische Minderheit gegen den Beschluss, Luthers Lehre zu verbieten. Seitdem werden die Anhänger der Reformation auch Protestanten genannt.

Quelle
So werden alle Texte, Bilder und Gegenstände genannt, die aus vergangenen Zeiten übrig geblieben oder überliefert sind. Wir unterscheiden mündliche und schriftliche Quellen, Bild-, Ton- und Sachquellen. Quellen, die in diesem Buch abgedruckt sind, sind mit einem «Q» gekennzeichnet.

Quellenkritik
Eine Methode, die versucht die Zuverlässigkeit von Quellen, v.a. von Textquellen, zu beurteilen. Dabei sind zentrale Punkte die Untersuchung, wer genau die Quelle verfasst hat, mit welcher Motivation und an wen sie gerichtet war.

Rassismus
Anschauung, wonach Menschen aufgrund angeborener (äusserlicher) Eigenschaften in Rassen von unterschiedlichem Wert eingeordnet werden. Rassisten bewerten einen Menschen danach, ob er einer wertvollen oder minderwertigen Rasse angehört. Wissenschaftlich ist diese Lehre nicht haltbar.

Rationierung
In Krisenzeiten teilt der Staat nur beschränkt vorhandene Güter, wie z.B. Lebensmittel, den Menschen in vorgegebenen Mengen (Rationen) zu.

Raubgold
Als Raubgold werden Wertgegenstände und Vermögen bezeichnet, die von den Nationalsozialisten vor und während des Zweiten Weltkrieges geraubt wurden. Gemeint sind also nicht nur Gegenstände aus Gold. Das Raubgold stammt hauptsächlich aus dem Besitz von verfolgten Personen.

Rechtsstaat
In einem Rechtsstaat basieren alle Entscheidungen und Handlungen auf einer gesetzlichen Grundlage.

Réduit
(franz. Rückzugsbastion) bezeichnet den militärischen Verteidigungsplan der Schweizer Armee, sich auf den Alpenraum zu konzentrieren. Die Schweiz wollte nach aussen abschrecken und im Innern den Widerstandswillen fördern.

Referendum
(lat. «referre» = zurücktragen) Die Regierung unterbreitet den Bürgerinnen und Bürgern eine Verfassungsänderung zur Abstimmung.

Reformation
Bewegung zur Erneuerung der Kirche. Sie wurde von Martin Luther ausgelöst und führte schliesslich zur Spaltung der Kirche.

Regeneration
(lat. «regenerare» = von Neuem hervorbringen) So bezeichnen die Liberalen die Phase von 1830 bis 1848, in der die Ideen der Aufklärung und der Helvetik «wiedererweckt» werden sollten.

Regiment
Eine militärische Einheit von mehreren Truppen der gleichen Waffengattung.

Reichswehr
Die Armee der Weimarer Republik hiess Reichswehr. Sie war als Berufsarmee organisiert. 1935 wurde sie in «Wehrmacht» umbenannt.

Renaissance
(frz. = Wiedergeburt) Bezeichnet die Zeit von ca. 1350 bis 1550. Künstler und Wissenschaftler entdeckten das Wissen der Antike wieder. Vorstellungen aus der Antike wurden «wiedergeboren».

Reparationen
(lat. «reparare» = wiederherstellen) Wiedergutmachung für die Schäden eines Krieges, welche die Besiegten in Form von Sachgütern und/oder Geldzahlungen leisten müssen.

Republik
(lat. «res publica» = die öffentliche bzw. gemeinsame Sache) Bei dieser Staatsform wird das Volk als höchste Gewalt angesehen. Regierung und Parlament werden nur auf Zeit gewählt.

Restauration
(lat. «restaurare» = wiederherstellen) Die Konservativen versuchten nach 1815, die Zustände wieder so herzustellen, wie sie vor der Französischen Revolution gewesen waren.

Revolution
Darunter versteht man einen zumeist gewaltsamen Umsturz der staatlichen und gesellschaftlichen Ordnung.

Robotik
Technik, welche die Datenverarbeitung in die Geräte und Maschinen so zu integrieren versucht, dass diese möglichst selbstständig funktionieren.

Rotes Kreuz
Kurzbezeichnung für die verschiedenen lokalen, nationalen und internationalen Organisationen, die weltweit unabhängig und neutral Hilfe in Krisengebieten und Entwicklungsländern leisten.

SA
Die SA (Sturm-Abteilung) war die Parteiarmee der NSDAP. Sie zählte 1932 rund 400 000 braun uniformierte Mitglieder, die bereit waren, jederzeit Gewalt anzuwenden.

Schulgeschichte
Erschliessen und Erzählen der Vergangenheit einer einzelnen Schule oder auch des Schulsystems.

Schwarzmarkt
Von den Behörden nicht erlaubter Handel mit Waren. Auf dem Schwarzmarkt werden meist willkürlich festgesetzte Höchstpreise verlangt.

Sinti und Roma
Es handelt sich um eine Völkergruppe mit einer eigenen Sprache, die vor langer Zeit möglicherweise aus Indien eingewandert war. Der grösste Teil ist heute sesshaft geworden, eine Minderheit wechselt immer wieder den Wohnsitz. Die Sinti sind eine Untergruppe der Roma.

Slawen
Sprachverwandte Völker im Osten und Südosten Europas, u. a. Tschechen, Serben, Polen, Russen.

Söldner
(lat. «solidus» = feste Goldmünze) Jemand, der gegen Bezahlung (Sold) einem beliebigen Feldherrn Kriegsdienste leistet. Vom 16. bis 18. Jahrhundert war es üblich, Truppen gegen Besoldung anzuwerben.

Sonderbund
Die katholischen Zentralschweizer Kantone sowie Freiburg und Wallis schlossen sich 1847 zu einer Schutzvereinigung zusammen. Sie wollten sich gegen gewalttätige Übergriffe der Liberalen verteidigen. Die Liberalen verlangten eine Auflösung der Vereinigung, die sie als «Sonderbund» bezeichneten.

Sowjetunion (UdSSR)
Lenin gründete 1922 aus dem ehemaligen Zarenreich die «Union der Sozialistischen Sowjetrepubliken» (= UdSSR). Diesen Staat nannte man Sowjetunion. Sozialistische Planwirtschaft und staatliche Kontrolle der Gesellschaft gehörten zu seinen Kennzeichen.

Soziale Frage
Sammelbegriff für die sozialen Probleme, die mit der Industrialisierung entstanden: Kinderarbeit, lange Arbeitszeiten, schlechte Wohnverhältnisse sowie Verelendung der Arbeiterschicht.

Sozialismus
(lat. «socialis» = gesellschaftlich) Der Sozialismus strebt Veränderungen in der Gesellschaft zum Wohl der arbeitenden Bevölkerung an.

Spielfilm
Ein Film, der aus gespielten und inszenierten Szenen aufgebaut ist und der Unterhaltung dient. Meist ist die Handlung erfunden, diese kann aber unter Umständen auch realen Personen und Ereignissen nachempfunden sein.

Staatenbund
Zusammenschluss von selbstständigen Staaten (auch Kantonen). Die miteinander verbündeten Staaten bleiben grundsätzlich souverän. Beispiele: UNO (Vereinte Nationen), NATO (westliches Militärbündnis: Nordatlantikpakt).

Staatsstreich
Mitglieder der bisherigen Regierung stürzen die neue Regierung und übernehmen selber gewaltsam die Macht.

Stadtorte – Landorte
In der Alten Eidgenossenschaft wurden jene Kantone, in denen die politische Macht vor allem von der Stadt ausging, als Stadtorte bezeichnet. Ging die politische Macht von einer Landsgemeinde aus, nannte man diese Kantone Landorte. Die Unterschiede waren im politischen, wirtschaftlichen und kulturellen Bereich gross.

Ständegesellschaft
Darunter versteht man die Einteilung der Gesellschaft in Adel, Klerus und Bauernschaft/Bürgertum. Die Zugehörigkeit zu einem Stand war in der Regel durch die Geburt vorgegeben.

Stalinismus
Die in der Sowjetunion zwischen 1924 und 1953 herrschende Diktatur, in der Stalin kultisch verehrt wurde und politisch Andersdenkende gewaltsam verfolgt wurden. Zum stalinistischen Terror gehörten Massenverhaftungen, Hinrichtungen und Zwangsarbeitslager.

Statistik
Eine Statistik enthält Zahlenreihen, die Informationen über verschiedene Lebensbereiche liefern. Solche Zahlenreihen werden oft übersichtlich als Tabellen oder Diagramme dargestellt.

Stellungskrieg
Kampfhandlungen, bei denen sich der Frontverlauf zwischen den kämpfenden Parteien über längere Zeit nicht ändert. Sie werden meist von Schützengräben und Bunkern aus geführt.

Streik
Arbeitnehmer verweigern gemeinsam ihre Arbeit, um bessere Arbeitsbedingungen zu erreichen. Streiken die meisten oder alle Arbeitnehmer einer Region oder eines Landes, spricht man von einem Generalstreik. Damit sollen politische Forderungen durchgesetzt werden.

Sünden
Handlungen eines Menschen, mit denen er gegen göttliche Gebote verstösst.

technischer Fortschritt
Weiterentwicklung der technischen Methoden und Geräte durch Erfindungen (Innovation). Miteinander zusammenhängende grundlegende Fortschritte werden als technische Revolution bezeichnet.

totaler Krieg
Eine Kriegsführung, die möglichst alle Menschen und materiellen Ressourcen für den Krieg mobilisiert. Der Gegner soll nicht nur besiegt, sondern vernichtet werden.

Ultimatum
Letzte Mahnung, bis zu einem bestimmten Zeitpunkt Forderungen zu erfüllen, um Krieg zu vermeiden.

Untertanen
Personen, die von einem Herrscher ganz abhängig sind. Sie sind zu Gehorsam verpflichtet und nicht persönlich frei.

Urkunde
ist ein Schriftstück, das eine rechtliche Tatsache beweist. Alte Urkunden zeichnen sich meist durch ein oder mehrere Siegel aus.

Verband
Zusammenschluss mit einem wirtschaftlichen Ziel; ein Unternehmerverband ist ein Zusammenschluss von Arbeitgebern.

Verfassung
Die Verfassung enthält die grundlegenden Regeln eines Staates sowie Angaben über dessen Gliederung und Regierung. Die Bundesverfassung der Schweiz entstand 1848 anlässlich der Gründung des Bundesstaates. 1874 und 1999 wurde sie neu formuliert. Ihre Änderung muss von der Mehrheit des Volkes und der Kantone gutgeheissen werden.

Vergangenheit
Zeitabschnitt, dessen Ereignisse abgeschlossen sind.

Verlagssystem
Produktion von Gütern in Heimarbeit. Im Zentrum steht der Verleger, der Rohstoffe liefert und Fertigprodukte abnimmt sowie vereinzelt die Arbeitsgeräte zur Verfügung stellt.

Vierjahresplan
Programm von 1936, mit dem das Deutsche Reich innerhalb von vier Jahren kriegsbereit gemacht werden sollte. Verantwortlich für den Vierjahresplan war Hermann Göring. Der Staat griff in die freie Wirtschaft ein und steuerte die Produktion, um sie den Erfordernissen der Kriegsvorbereitung anzupassen.

Volksinitiative
Bürgerinnen und Bürger verlangen eine Verfassungsänderung.

Völkerbund
Weltfriedensorganisation von 1920 bis 1946. Wurde in der Folge des Ersten Weltkrieges gegründet. Dem Völkerbund gehörten 58 Staaten an, der Sitz war in Genf.

Völkermord
Massenhafte Vernichtung von Menschen einer nationalen, ethnischen oder religiösen Gruppe bis hin zur Ausrottung.

Völkerrecht
Regelt die Beziehungen zwischen Staaten. Es erleichtert die internationale Zusammenarbeit und stellt verbindliche Regeln auf, die für Frieden und Sicherheit in den Staaten sorgen sollen.

Völkerschau
Bezeichnet die Zurschaustellung von Angehörigen fremder Volksgruppen in Europa und Nordamerika. Völkerschauen fanden vor allem zwischen 1870 und 1940 statt. Sie lockten Millionen von Zuschauern an.

Waffenstillstand
Vorläufige Einstellung von kriegerischen Handlungen zwischen Kriegsparteien, meist gefolgt von Friedensverhandlungen.

Weltkrieg
Ein Krieg, an dem zahlreiche Länder beteiligt sind und der sich geografisch über mehrere Kontinente erstreckt.

Weltwirtschaftskrise
Grosse Wirtschaftskrise, die ab 1929 alle Industrieländer erfasste. Sie begann am Donnerstag, 24. Oktober 1929, in New York. An der dortigen Börse brachen die Kurse ein. Banken wurden zahlungsunfähig, Betriebe mussten ihre Produktion einstellen. In Amerika ging der Tag als «Schwarzer Donnerstag» in die Geschichte ein, in Europa wegen der Zeitverschiebung als «Schwarzer Freitag».

Wirtschaftsflüchtling
Jemand, der aus wirtschaftlichen Motiven auf eigene Initiative in ein anderes Land zieht. Im Gegensatz zum in der Heimat verfolgten oder bedrohten Flüchtling hat er kein Recht auf Aufnahme (Asyl).

Wucher
Bezeichnet die Verfahrensweise, beim Verkauf von Waren oder Verleihen von Geld einen unverhältnismässig hohen Preis zu verlangen.

Zentralisten
Anhänger eines Einheitsstaates, der die Bürger gleichstellt, ihnen Freiheitsrechte gewährt und sich für eine Zentralisierung einsetzt. Als Vorbild wirken die Forderungen der Französischen Revolution. Sie werden auch Liberale (frz. «liberté» = Freiheit) genannt.

Zivilcourage
Bezeichnet den Mut, sich für seine Überzeugung einzusetzen und dadurch persönliche Nachteile in Kauf zu nehmen.

Zukunft
Zeitabschnitt, dessen Ereignisse noch nicht eingetreten sind.

Zweikammersystem
Das gesetzgebende Organ, das Parlament, besteht aus zwei Teilen, sogenannten «Kammern». In der Schweiz sind dies der National- und der Ständerat. Das Parlament wird auch Legislative genannt.

Verwendete Abkürzungen:
amerik.: amerikanisch
bosn.-serb.: bosnisch-serbisch
brit.: britisch
dt.: deutsch
frz.: französisch
it.: italienisch
jüd.: jüdisch
österr.: österreichisch
schott.: schottisch
schweiz.: schweizerisch
sowj.: sowjetisch
ungar.: ungarisch

Hinweise:
→ Verweis auf ein Stichwort

Halbfett gesetzt sind Begriffe, die in den Lexikonartikeln des Buches erläutert werden und im Begriffsglossar stehen. Gelb markiert sind Begriffe, die im Lehrplan 21 verbindliche Inhalte kennzeichnen. Ländernamen beinhalten auch die entsprechenden Adjektive (Frankreich: französisch) und Einwohner/-innen (Franzosen).

Textquellenverzeichnis

5 Leben mit technischen Revolutionen

S. 11, Q2 Johann Heinrich Pestalozzi: Lienhard und Gertrud, Teil 2, Kapitel 69, Zürich 1927

S. 13, Q2–Q4 Rudolf Braun: Industrialisierung und Volksleben: Veränderungen der Lebensformen unter Einwirkung der verlagsindustriellen Heimarbeit in einem ländlichen Industriegebiet (Zürcher Oberland) vor 1800, Zürich 1979, S. 75, 77 f., 79

S. 13, D1 Nach: Albert Gasser: Caspar Honegger, 1804–1883. Hrsg. vom Verein für wirtschaftshistorische Studien, Zürich 1968, S. 30 (Schweizer Pioniere der Wirtschaft und Technik 20)

S. 13, Aufgabe 3 Nach: Lorenz Stucki: Das heimliche Imperium. Wie die Schweiz reich wurde, Zürich 1968, S. 123

S. 15, Q2 Nach: Olga Meyer: Anneli kämpft um Sonne und Freiheit, Rascher Verlag, Zürich 1927, S. 16 f.

S. 15, Q3 Arbeitsalltag und Betriebsleben. Zur Geschichte industrieller Arbeits- und Lebensverhältnisse in der Schweiz, Verlag Rüegger, Diessenhofen 1981, S. 157, Herausgeber: Schweizerisches Sozialarchiv, Signatur: GR 3801

S. 18, D1 Nach: Joseph Jung: Alfred Escher, 1819–1882. Aufstieg, Macht, Tragik, Zürich 2007

S. 19, Aufgabe 3 Markus Somm: Der Vaterlandsvater, aus: Die Weltwoche, Ausgabe 02/2006, 11. November 2015

S. 21, Q5–Q6 Zitate aus: Konrad Kuoni: Allein ganz darf man die Humanitätsfrage nicht aus dem Auge verlieren: Der Bau des Gotthard-Eisenbahntunnels in wirtschaftlicher, politischer und sozialer Hinsicht. Lizenziatsarbeit Universität Zürich, 1996

S. 23, D2 Zahlen aus: François Bergier: Wirtschaftsgeschichte der Schweiz, Zürich, Köln 1983, S. 255 f., ergänzt um Angaben der Chocosuisse, http://www.chocosuisse.ch/chocosuisse/de/documentation/facts_figures.html (Oktober 2015) und des Schweizer Brauerei-Verbandes, http://www.bier.ch/deu/kennzahlen-wussten-sie.php (Oktober 2015)

S. 24, D1 Nach: Michael Herrmann, Heiri Leuthold: Atlas der politischen Landschaften – ein weltanschauliches Porträt der Schweiz, Zürich 2003

S. 25, Q1 Nach: J. A. Zumbühl: Das eidg. Fabrikgesetz und seine nachtheiligen Folgen für Industrie und Landwirthschaft, Aarau 1877, S. 6

S. 25, Q2 Nach: Fridolin Schuler: Das Fabrikgesetz und die Konkurrenzfähigkeit der schweizerischen Industrie, 1897, aus: H. Wegmann (Hrsg.): Ausgewählte Schriften von Fabrikinspektor Dr. Fridolin Schuler, Karlsruhe 1905, S. 92

S. 27, Q3 Mentona Moser: Die weibliche Jugend der oberen Stände, Zürich 1903, S. 13 f.

S. 27, Q4 A. Wild: Besprechung des Buches von Mentona Moser, aus: Der Armenpfleger, Monatsschrift für Armenpflege und Jugendfürsorge, 1. Jg., Nr. 3, Zürich 1903, S. 23

S. 28, D1 Quellen: Bundesamt für Statistik, BFS, Hansjörg Siegenthaler: Historische Statistik der Schweiz, Chronos Verlag, Zürich 1996, S. 286

S. 28, D2 Quellen: Bundesamt für Statistik, BFS, Jakob Tanner: Fabrikmahlzeit, Chronos Verlag, Zürich 1999, S. 153

S. 28, D3 Quelle: Bundesamt für Statistik, BFS

S. 29, Q1 Nach: Jakob Tanner: Fabrikmahlzeit, Chronos Verlag, Zürich 1999, S. 144

S. 30, D1 Daten aus: Hansjörg Siegenthaler, Hermann Ritzmann-Blickenstorfer (Hrsg.): Historische Statistik der Schweiz, Chronos Verlag, Zürich 1996, S. 368, Darstellung nach: Georg Kreis (Hrsg.): Geschichte der Schweiz, Schwabe Verlag, Basel 2014, S. 473

S. 31, Q3 Nach: Another pauper immigrant, aus: The New York Times, 18. November 1879, © The New York Times, übers. v. Hans Utz

S. 35, Q1 Nach: Peter Voß fragt Manfred Spitzer. «Macht uns der Computer dumm?», Sendung vom 13. August 2012

S. 35, Q2 http://www.quadbeck-seeger.de/aphorismen/index.html (November 2016)

S. 37, Q2 Pamela McCorduck, Edward Feigenbaum: Die Fünfte Computer-Generation, Birkhäuser Verlag, Basel 1984, S. 112 f. (orig. 1983)

6 Imperialismus und Erster Weltkrieg

S. 43, Q2 Wolfgang J. Mommsen: Imperialismus. Seine geistigen, politischen und wirtschaftlichen Grundlagen. Ein Quellen- und Arbeitsbuch, Hoffmann & Campe, Hamburg 1977, S. 89

S. 43, Q3 Gottfried Guggenbühl: Quellen zur Allgemeinen Geschichte, Bd. IV, Schulthess, Zürich 1954, S. 303 ff.

S. 47, Q2 Heinz Dieter Schmid (Hrsg.): Fragen an die Geschichte, Bd. 3, Hirschgraben, Frankfurt/Main 1981, S. 302

S. 47, Q3 Klaus Wohlt: Gloire à la plus grande France. Imperialismus – das französische Beispiel, aus: Praxis Geschichte, 1/1993, Westermann, Braunschweig 1993, S. 22, © Klaus Wohlt, Bergisch Gladbach, Paffrath

S. 49, Q2 National-Zeitung, 21. Mai 1899

S. 49, Q3 Christlicher Volksbote, 22. Juli 1885

S. 51, Q3 Marie-Luise Baumhauer: Imperialismus, Beltz, Weinheim/Basel 1978, S. 36, übers. v. Marie-Luise Baumhauer, Silvia Kurze, Dieter Hein

S. 51, Q4 Martha Mamozai: Herrenmenschen. Frauen im deutschen Kolonialismus, Rowohlt Verlag, Reinbek bei Hamburg 1982, S. 36, © Martha Mamozai, Garmisch-Partenkirchen
S. 55, Q2 Conrad von Hotzendorf: Aus meiner Dienstzeit 1906–1918, Bd. 3, Rikola Verlag, Wien 1922, S. 12f.
S. 55, Q3 Wolfgang Kleinknecht, Herbert Krieger (Hrsg.): Materialien für den Geschichtsunterricht in den mittleren Klassen, Bd. 5, Diesterweg, Frankfurt/Main 1965, S. 140
S. 57, Q2a Stefan Zweig: Die Welt von Gestern. Erinnerungen eines Europäers, S. Fischer Verlag, Frankfurt/Main 1955, S. 208f.
S. 57, Q2b Ludger Grevelhörster: Der Erste Weltkrieg und das Ende des Kaiserreichs. Geschichte und Wirkung, Aschendorff Verlag, Münster 2004, S. 34f.
S. 59, Q2 Ernst Johann (Hrsg.): Innenansicht eines Krieges. Deutsche Dokumente 1914–1918, dtv, München 1973, S. 58
S. 59, Q3 Philipp Witkop (Hrsg.): Kriegsbriefe gefallener Studenten, Albert Langen Verlag und Georg Müller Verlag, München 1928, S. 90
S. 61, Q3 Das Tagebuch von Elisabeth Schmid-Fehr, Blog zur Ausstellung «14/18 – Die Schweiz und der Grosse Krieg», Eintrag «01.09.1914 – Krieg spielen», http://baselersterweltkrieg.com/2014/08/27/01-09-krieg_spielen (Dezember 2015)
S. 63, Q2 Hannes Nussbaumer: Einige wollten schon heulen, aus Tages-Anzeiger, 3. Juli 2014
S. 63, Q3 «Die Schweiz mobilisiert!» Tagebuchaufzeichnungen von Louise Burckhardt-De Bary ab Juli 1914, aus: Basler Zeitung, 30. Juli 2014
S. 65, Q2 Aufruf zur Teuerungs-Protestversammlung der Sozialdemokratischen Partei in Zürich, Schweizerisches Sozialarchiv, 338/343 – Z1, Flugblatt, 27. Juli 1916
S. 67, Q2 Heinz-Ulrich Kammeier: Der Landkreis Lübbecke und der Erste Weltkrieg. Alltagserfahrungen in einem ländlichen Raum Ostwestfalens, Verlag Marie Leidorf, Rahden/Westf. 1998, S. 264, © Heinz-Ulrich Kammeier, Steinhagen
S. 67, Q3 Bernd Ulrich, Benjamin Ziemann (Hrsg.): Frontalltag im Ersten Weltkrieg. Wahn und Wirklichkeit. Quellen und Dokumente, Fischer Taschenbuch Verlag, Frankfurt/Main 1994, S. 203f.
S. 69, Q4 Ernst Johann (Hrsg.): Innenansicht eines Krieges. Deutsche Dokumente 1914–1918, dtv, München 1973, S. 148
S. 69, Q5 Ernst Johann (Hrsg.): Innenansicht eines Krieges. Deutsche Dokumente 1914–1918, dtv, München 1973, S. 181
S. 71, Q2 Emil Wyss: Erinnerungen an die Grippeepidemie im Aktivdienst 1918, aus: Berner Zeitschrift für Geschichte und Heimatkunde, Band 39, 1977, S. 123–124, Herausgeber: Bernisches Historisches Museum
S. 73, Q2 Nach: Werner Conze, Karl-Georg Faber, August Nitschke (Hrsg.): Funk-Kolleg Geschichte, Bd. 2, Fischer Taschenbuch Verlag, Frankfurt/Main 1981, S. 233
S. 73, Q3 Walter Tormin: Die Weimarer Republik, 10. Aufl., Fackelträger Verlag, Hannover 1973, S. 99
S. 75, Q2 Hans J. Berckum: Die Schweizerische Schokoladenindustrie nach dem Kriege, Bern 1918, S. 6–7

7 Europa zwischen Demokratie und Diktatur

S. 79, Q2 Stenographische Berichte des Reichstages, Bd. 427, S. 4728
S. 79, Q4 Erich Maria Remarque: Im Westen nichts Neues, Köln 1996, S. 261f.
S. 83, Q2 Georg v. Rauch: Machtkämpfe und soziale Wandlung in der Sowjetunion seit 1923, Klett, Stuttgart 1979, S. 15f.
S. 83, Q3 Lew Kopelew: Aufbewahren für alle Zeit, dtv, München 1979, S. 53f., übers. v. Heinz Dieter Mendel, Hedwig Pross
S. 85, Q2 Ernst Nolte: Der Faschismus. Von Mussolini zu Hitler, Desch, München 1968, S. 43f.
S. 85, Q3 Benito Mussolini: Der Geist des Faschismus. Ein Quellenwerk, Beck, München 1943, S. 45, übers. v. Horst Wagenführ
S. 89, Q2 Schulchronik der Schule Lucienstrasse, Altona (Hamburg), 1932, aus: Zeiten und Menschen, Bd. 4, Neue Ausgabe B, Schöningh, Paderborn 1983, S. 65, bearb. v. Günter Moltmann
S. 89, Q3 Arbeiter Illustrierte Zeitung, Jahrgang 1930
S. 91, Q2 Nach: Dokumentation Migros-Genossenschafts-Bund, Audiovisuelles Archiv, Migros, 1. Flugblatt 1925
S. 93, Q2 Joseph Goebbels: Wesen und Gestalt des Nationalsozialismus, Berlin 1934, S. 13
S. 93, Q3 Werner Conze: Der Nationalsozialismus 1919–1933, Ernst Klett Verlag, Stuttgart 1995, S. 72
S. 93, Q4 Reichsgesetzblatt 1933, T1, S. 83
S. 95, Q4 Klaus-Jörg Ruhl: Brauner Alltag. 1933–1939 in Deutschland, Droste Verlag, Düsseldorf 1990, S. 35
S. 95, Q5 Erich Matthias, Rudolf Morsey: Das Ende der Parteien 1933, Droste Verlag, Düsseldorf 1960, S. 241
S. 99, Q2 Adolf Hitler: Mein Kampf 1925/1927, München 1933, S. 739ff.
S. 99, Q3 Adolf Hitler: Mein Kampf 1925/1927, München 1933, S. 420ff.
S. 101, Q3 Adolf Hitler: Rede in Reichenberg, 2. Dezember 1938, aus: Völkischer Beobachter, 4. Dezember 1938

S. 103, Q3 Archiv für Zeitgeschichte, AfZ: NL Rolf Henne/326, Flugblätter Nationale Front, Landesleitung und Ortsgruppe Zürich, Nationale Front – unser Programm, undatiertes Heft

8 Der Zweite Weltkrieg und die Schweiz

S. 109, D1 (links) René Erbe: Die nationalsozialistische Wirtschaftspolitik im Lichte der modernen Theorie, Schulthess/Polygraph, Zürich 1958, S. 36

S. 109, D1 (rechts) Deutsche Bundesbank (Hrsg.): Deutsches Geld- und Bankwesen in Zahlen 1876–1975, Verlag Fritz Knapp, Frankfurt/Main 1976, S. 313, René Erbe: Die nationalsozialistische Wirtschaftspolitik im Lichte der modernen Theorie, Schulthess/Polygraph, Zürich 1958, S. 36

S. 109, Q2 Fritz Blaich: Wirtschaft und Rüstung im Dritten Reich, Schwann, Düsseldorf 1987, S. 65

S. 111, Q2 Bundesblatt, 14. Dezember 1938, Band II, 90. Jahrgang, S. 997 f., http://www.amtsdruckschriften.bar.admin.ch/viewOrigDoc.do?id=10033812 (Mai 2016)

S. 111, Q3 L'Histoire c'est moi. 555 Versionen der Schweizer Geschichte 1939–1945, DVD 2: Konflikte, Cinémathèque suisse, fonds Archimob

S. 113, Q3 Ian Kershaw: Hitler, Pantheon, München 2009, S. 385, übers. v. Jürgen Peter Krause

S. 115, D2 Zusammengestellt nach Gerd R. Ueberschär, Wolfram Wette (Hrsg.): Der deutsche Überfall auf die Sowjetunion. «Unternehmen Barbarossa» 1941, Fischer Taschenbuch Verlag, Frankfurt/Main 1997, überarbeitete Neuausgabe (Originalausgabe: Schöningh, Paderborn 1984), S. 241–260

S. 117, Q2 L. Wüthrich: Ich war Meisterknecht, aus: Das Rote Heft, 1985, S. 5

S. 119, D1 Carole Gürtler: Gold, Geld und Waffen, aus: www.swissinfo.ch, 22. März 2002 (August 2016)

S. 119, D2 Nach: Christophe Gross, Thomas Notz u. a. (Hrsg.): Schweizer Geschichtsbuch 3. Vom Beginn der Moderne bis zum Ende des Zweiten Weltkriegs, Cornelsen, Berlin 2009, S. 281

S. 119, Q2 Markus Heiniger: Dreizehn Gründe, warum die Schweiz im Zweiten Weltkrieg nicht erobert wurde, Limmat Verlag, Zürich 1989, S. 94

S. 123, Q2 Gideon Greif: Wir weinten tränenlos …, Fischer Taschenbuch Verlag, Frankfurt/Main 2010 (Originalausgabe: Böhlau Verlag, Köln 1995), S. 65 f., übers. v. Matthias Schmidt

S. 125, Q2 Sascha Feuchert, Robert Martin Scott Kellner, Erwin Leibfried, Jörg Riecke, Markus Roth (Hrsg.): Vernebelt, verdunkelt sind alle Hirne. Tagebücher Friedrich Kellners, 2 Bde., 2. Aufl., Wallstein Verlag, Göttingen 2011, S. 176, 191 f., 311

S. 127, Q2 Bundesarchiv, BArch R 3018 (alt NJ)/1704, Bd. 32

S. 127, Q3 Herbert Michaelis (Hrsg.): Ursachen und Folgen. Eine Urkunden- und Dokumentensammlung zur Zeitgeschichte, Bd. 19, Dokumenten-Verlag Wendler, Berlin 1973, S. 527

S. 129, Q3 Alfred A. Häsler: Das Boot ist voll, Diogenes Verlag AG, Zürich 1989, S. 25

S. 129, Q4 Diplomatische Dokumente der Schweiz, http://dodis.ch/14256 (Juni 2016)

S. 129, Q5 Alfred A. Häsler: Das Boot ist voll, Diogenes Verlag AG, Zürich 1989, S. 25

S. 131, Q2 Kantonsbibliothek Vadiana St. Gallen, Fotoarchiv Rietmann, VSR D GRÜN, S. 4, 5

S. 133, Q3 Peter Kamber: Schüsse auf die Befreier. Die «Luftguerilla» der Schweiz gegen die Alliierten 1943–1945, Rotpunktverlag, Zürich 1993, S. 198

S. 135, Q2 Sibylle Meyer, Eva Schulze: Wie wir das alles geschafft haben, dtv, München 1988 (Originalausgabe: Beck, München 1984), S. 122 f.

S. 135, Q3 Rede von Bundespräsident Richard von Weizsäcker an der Gedenkveranstaltung im Plenarsaal des Deutschen Bundestages zum 40. Jahrestag des Endes des Zweiten Weltkrieges in Europa am 8. Mai 1985 in Bonn, aus: http://www.bundespraesident.de/SharedDocs/Reden/DE/Richard-von-Weizsaecker/Reden/1985/05/19850508_Rede.html (September 2016), www.bundespraesident.de

S. 137, Q2 Herbert Lüthy: Bis zur Neige. Epilog des Zweiten Weltkriegs 1944/45, Zollikofer & Co., St. Gallen 1945, S. 260 f.

S. 137, D1 Jakob Tanner: Im verschonten Land, aus: NZZ Folio «Belichtete Schweiz», September 2012, © Jakob Tanner

S. 139, Q2 Alois Harasko: Die Vertreibung der Sudetendeutschen, aus: Wolfgang Benz (Hrsg.): Die Vertreibung der Deutschen aus dem Osten, Fischer Taschenbuch Verlag, Frankfurt/Main 1985, S. 138

S. 139, D2 Keith Lowe: Der wilde Kontinent. Europa in den Jahren der Anarchie 1943–1950, Klett-Cotta Verlag, Stuttgart 2014, S. 444

5 Leben mit technischen Revolutionen

S. 8, Q1 INTERFOTO/Granger, NYC; **S. 11, Q3** Staatsarchiv Appenzell Ausserrhoden, StAAR, Ja.005-06, Nr. 4659, Fotograf: Heinrich Bauer; **S. 12, Q1** Archiv Industriekultur Neuthal Webmaschinen-Sammlung; **S. 13, Q5** Archiv Industriekultur Neuthal Webmaschinen-Sammlung; **S. 14, Q1** Archiv für Zeitgeschichte, AfZ: IB LG-Audiovisuals/F.01766; **S. 16–17** Nach: UNICEF 2009, ILO; **S. 16, Q1** KEYSTONE/EPA/Cezaro De Luca; **S. 16, Q2** Daniel Rosenthal/laif; **S. 16, Q3** Schweizerische Nationalbibliothek, Graphische Sammlung, Eidgenössisches Archiv für Denkmalpflege (EAD): Archiv Rudolf Zinggeler; **S. 17, Q4** Getty Images/Getty Images News/Tom Stoddart; **S. 17, Q5** GMB Akash/Akash Images; **S. 19, Q1** Zentralbibliothek Zürich, Graphische Sammlung und Fotoarchiv; **S. 19, Q2** DIE SCHWEIZER – ALFRED ESCHER UND STEFANO FRANSCINI – KAMPF UM DEN GOTTHARD, © 2013 SRG SSR; **S. 20, Q1–Q4** Leipziger Illustrierte Zeitung, 21. August 1875, Nr. 1677, S. 141, Zentralbibliothek Zürich; **S. 23, Q1** Baugeschichtliches Archiv der Stadt Zürich; **S. 23, Q2** Museum für Kommunikation, Bern; **S. 25, Q3** Staatsarchiv Basel-Stadt, Bild 3, 1431; **S. 26, Q1** Mentona Moser: Ich habe gelebt, Limmat Verlag, Zürich 1986; **S. 27, Q2** Gretler's Panoptikum zur Sozialgeschichte inkl. Bildarchiv zur Geschichte der Arbeiterbewegung, Roland Gretler, Herisau, Fotograf unbekannt; **S. 29, Q2** Hans Utz; **S. 31, Q1** Staatsarchiv des Kantons Basel-Landschaft, StABL, PA 6013, 02.03 Jahresdossier 1918; **S. 31, Q2** Library of Congress Prints and Photographs Division, Washington, D.C.; **S. 32, Q1** ®/© Migros-Genossenschafts-Bund; **S. 33, Q2** Dr. Roland Flückiger-Seiler, Bern, www.historischehotels.ch; **S. 33, Q3** Google; **S. 35, Q3** KEYSTONE/AP Photo/Heinz Nixdorf Museumsforum; **S. 36, Q1** Werksfoto Lely/Lely Deutschland GmbH; **S. 37, Q3** Nebelspalter, Heft Nr. 44, 29. Oktober 1958, Karikatur: H. Mätzener; **S. 39, D1** Wassily, Wikimedia Commons, CreativeCommons-Lizenz by-sa-3.0; **S. 39, D2** ullstein bild/Photo12/Gilles Rivet; **S. 39, D3** KEYSTONE/AP Photo/Heinz Nixdorf Museumsforum; **S. 39, D4** SBB Historic; **S. 39, D5** mauritius images/imageBROKER/Helmut Meyer zur Capellen; **S. 39, D6** Taxiarchos228, Wikimedia Commons, CreativeCommons-Lizenz by-sa-3.0; **S. 39, D7** iStock/samsonovs

6 Imperialismus und Erster Weltkrieg

S. 40, D1 Jacques Tardi, Jean-Pierre Verney: Elender Krieg 1914–1919, Copyright für die deutschsprachige Ausgabe Edition Moderne, Zürich 2013; **S. 42, Q1** bpk/Kunstbibliothek, Staatliche Museen zu Berlin; **S. 46, Q1** Karl Stehle, München; **S. 48, Q1** Stadtarchiv Eisenach, Signatur: 41.3/J 559.2; **S. 49, Q4** Schweizerische Nationalbibliothek, Graphische Sammlung: Plakatsammlung; **S. 49, Q5** KEYSTONE/Sue Cunningham Photographic/Sue Cunningham; **S. 50, Q1** ullstein bild; **S. 51, Q2** ullstein bild; **S. 54, Q1** Der Brand am Balkan. Der vereinigten europäischen Feuerwehr gelang es leider nicht, den Brand zu löschen. Karikatur von Thomas Theodor Heine, 1912, akg-images, © 2017, ProLitteris, Zürich; **S. 56, Q1** ullstein bild; **S. 57, Q3** akg-images; **S. 58, Q1** bpk/Franz Tellgmann; **S. 59, Q4** Dr. Brigitte Hamann, Wien; **S. 60, Q1** Photo12/Société Française de Photographie; **S. 61, Q2** Staatsarchiv Basel-Stadt, PA 743 A 1 12.1; **S. 62, Q1** Schweizerisches Bundesarchiv, CH-BAR#E27#1000/721#14093#918*, cc-by-sa 3.0 CH; **S. 63, Q4** Schweizerisches Bundesarchiv, CH-BAR#E27#-1000/721#14095#2917*, cc-by-sa 3.0 CH; **S. 63, Q5** Nebelspalter, Heft Nr. 45, 10. November 1917, Karikatur: Julius Friedrich Boscovits; **S. 64, Q1** Schweizerisches Nationalmuseum, DIG-29800; **S. 65, Q3** Fondation Charles Clément, Lausanne (L'Arbalète, 1. Dezember 1917, Schweizerische Nationalbibliothek, Bern); **S. 65, Q4** Staatsarchiv Basel-Stadt, Bild 13, 606; **S. 66, Q1** ullstein bild/Heritage Images/Ann Ronan Pictures; **S. 67, Q4** akg-images; **S. 68, Q1** akg-images; **S. 69, Q2** ullstein bild/Archiv Gerstenberg; **S. 69, Q3** bpk; **S. 70, Q1** Schweizerisches Sozialarchiv, Sozarch_F_5008-Fa-002; **S. 71, Q3** Gosteli-Stiftung, Archiv SV, F-1025; **S. 71, Q4** Kulturhistorisches Museum Grenchen; **S. 72, Q1** Bridgeman Images; **S. 75, Q1** Musée d'art et d'histoire, Neuchâtel (Suisse)

7 Europa zwischen Demokratie und Diktatur

S. 76, D1 Verkehrshaus der Schweiz, Luzern/Damian Amstutz; **S. 78, Q1** Flandern. Ölgemälde von Otto Dix, 1934–1936, bpk/Nationalgalerie, SMB/Jörg P. Anders, © 2017, ProLitteris, Zürich; **S. 79, Q3** Deutsches Historisches Museum, Berlin; **S. 80, Q1** bpk; **S. 81, Q2a** ullstein bild/Granger, NYC; **S. 81, Q2b** akg-images; **S. 82, Q1** KEYSTONE/SPUTNIK/Alpert; **S. 83, Q4** Dr. Klaus Waschik, www.russianposter.ru; **S. 84, Q1** bpk; **S. 85, Q4** bpk; **S. 86, Q1** bpk/Carl Weinrother; **S. 87, Q2** Deutsche Bundesbank, Frankfurt am Main; **S. 88, Q1** Walter Ballhause-Archiv, Plauen; **S. 89, Q4** Hunger. Lithografie von George Grosz, 1924, Deutsches Historisches Museum, Berlin, © 2017, ProLitteris, Zürich; **S. 90, Q1+Q3** Nutzung des Fotomaterials mit freundlicher Genehmigung des Migros-Genossenschafts-Bundes (Audiovisuelles Archiv). Alle Rechte vorbehalten; **S. 91, Q3** Nutzung des Fotomaterials mit freundlicher Genehmigung des Migros-Genossenschafts-Bundes (Audiovisuelles Archiv). Alle Rechte vorbehalten; **S. 91, Q4** Schweizerisches Wirtschaftsarchiv, Schweizerische Spezereihändler-Zeitung, Zf 13, Jg. 47 (1925), 20. November 1925 (eigene Fotografie); **S. 92, Q1** akg-images; **S. 93, Q5** ullstein bild/

Archiv Gerstenberg; **S. 94, Q1** akg-images; **S. 95, Q2** Süddeutsche Zeitung Photo/SZ Photo; **S. 95, Q3** bpk/Atelier Bieber/Nather; **S. 96, Q1** Deutsches Historisches Museum, Berlin; **S. 97, Q2** Bayerische Staatsbibliothek München/Bildarchiv; **S. 98, Q1** Süddeutsche Zeitung Photo/IMAGNO/Austrian Archives; **S. 99, Q4** bpk/Heinrich Sanden; **S. 99, Q5** Volkswagen Aktiengesellschaft; **S. 100, Q1–Q2** Deutsches Historisches Museum, Berlin; **S. 101, D1** Bergmoser + Höller Verlag, Aachen; **S. 102, Q1** Archiv für Zeitgeschichte, AfZ: NL Rolf Henne/125; **S. 103, Q2** Archiv für Zeitgeschichte, AfZ: NL Rolf Henne/120; **S. 103, Q4** Nebelspalter, Heft Nr. 45, 5. November 1937, S. 3, Karikatur: Gregor Rabinovitch; **S. 105, Q1** © Hans Staub, Fotostiftung Schweiz/Schweizerisches Sozialarchiv, Sozarch_F_5092-Na-001; **S. 105, Q2** akg-images/Walter Ballhause; **S. 105, Q3** REUTERS/Sergio Perez

8 Der Zweite Weltkrieg und die Schweiz

S. 106, D1 Thomas Züger, Kontrast Atelier, Zürich; **S. 108, Q1** Süddeutsche Zeitung Photo/Scherl; **S. 110, Q1** KEYSTONE/PHOTOPRESS-ARCHIV/STR; **S. 111, Q4** KEYSTONE/PHOTOPRESS-ARCHIV/STR; **S. 112, Q1** bpk; **S. 113, Q2** Süddeutsche Zeitung Photo/Scherl; **S. 113, Q4** Reproduced with permission of Punch Ltd., www.punch.co.uk; **S. 115, Q1** akg-images; **S. 115, Q2** akg-images; **S. 116, Q1** © Fotostiftung Schweiz/Schweizerisches Bundesarchiv Bern; **S. 117, Q3** KEYSTONE/PHOTOPRESS-ARCHIV/STR; **S. 118, Q1** Schweizerisches Bundesarchiv, E5792#1988/204#395*, Kriegstechnische Abteilung (KTA), Werkbesichtigung Munitionsfabrik, Altdorf, 1941; **S. 120, Q1** © IWM (D 6194); **S. 120, Q3** © IWM (NA 12032); **S. 121, Q4** © IWM (K 4943); **S. 121, Q5** Australian War Memorial; **S. 122, Q1** ullstein bild/LEONE; **S. 123, Q3** akg-images; **S. 124, Q1** bpk/Hermann Otto; **S. 125, Q3** Medienzentrum Hanau – Bildarchiv; **S. 126, Q1** Süddeutsche Zeitung Photo/Scherl; **S. 127, Q4 (links)** Schwaneberger Verlag GmbH, Ohmstrasse 1, 85716 Unterschleißheim; **S. 127, Q4 (rechts)** akg-images/Florian Profitlich; **S. 128, Q1** Sammlung Stadtmuseum Aarau; **S. 128, Q2** Archiv für Zeitgeschichte, AfZ: NL Wilhelm Frank/2.1.; **S. 129, Q6** Diplomatische Dokumente der Schweiz, http://dodis.ch/12054 (Juni 2016); **S. 130, D1** Copyright by c-films; **S. 130, Q1** Kantonsbibliothek St. Gallen, VMs S Q 25, S. 182; **S. 132, Q1** Staatsarchiv des Kantons Bern, N Gribi 3.21; **S. 133, Q2** Peter Kamber: Schüsse auf die Befreier. Die «Luftguerilla» der Schweiz gegen die Alliierten 1943–1945, Rotpunktverlag, Zürich 1993, S. 206; **S. 133, Q4** Staatsarchiv des Kantons Bern, N Gribi 2.32; **S. 134, Q1** Deutsches Historisches Museum, Berlin; **S. 135, Q4** Getty Images/The LIFE Picture Collection/John Florea; **S. 136, Q1** KEYSTONE/Fotostiftung Schweiz/Theo Frey; **S. 137, Q3** Theo Frey © Fotostiftung Schweiz; **S. 138, Q1** bpk/Wilhelm Hauschild; **S. 141, Q1** Privatarchiv Felix Landolt; **S. 141, Q2** Staatsarchiv Schwyz; **S. 141, Q3** Vera Inderbitzin

Der Verlag hat sich bemüht, alle Rechteinhaber zu eruieren. Sollten allfällige Urheberrechte geltend gemacht werden, so wird gebeten, mit dem Verlag Kontakt aufzunehmen.

zeitreise 2
Schulbuch
Ausgabe für die Schweiz
auf der Grundlage von «Zeitreise 2» und «Zeitreise 3»
aus dem Ernst Klett Verlag GmbH, Stuttgart,
2011/2012

Bearbeitung für die Schweiz: Karin Fuchs, Hans Utz

Fachdidaktische Leitung: Peter Gautschi

Projektleitung: Vera Inderbitzin
Redaktion: Vera Inderbitzin, Wibke Oppermann

Beratung und Erprobung: Folgende Sekundar- und Realschullehrerinnen und -lehrer haben in den Jahren 2015/16 Kapitel aus der «Zeitreise» erprobt und beratend an der Entwicklung der Schweizer Ausgabe mitgewirkt: Dorothe Zürcher, AG; Enrique Gerber, BE; Carmen Neuenschwander, BE; Katharina Wälchli, BE; Dominique Oeri, BL; Trix Buholzer, LU; Urs Gilli, LU; Beatrice Gutmann Keller, SG; Elsbeth Stamm, ZH

Fachwissenschaftliche Beratung: Georg Kreis, Universität Basel; Volker Reinhardt, Universität Freiburg im Uechtland; Regina Wecker, Universität Basel

Satz und Layout: Krause Büro, Jens Krause, Leipzig

Reproduktion: Meyle & Müller, Medien-Management, Pforzheim

Umschlag- und Gesamtgestaltung: normaldesign, Jens-Peter Becker, Schwäbisch-Gmünd

Umschlagillustration: Peter McBride, www.petemcbride.com

Illustrationen/Piktogramme: Krause Büro, Jens Krause, Leipzig; Lutz-Erich Müller, Leipzig; Sandy Lohss, Chemnitz; Eike Marcus, Berlin

Schaubilder: Sandy Lohss, Chemnitz

Karten: Kartografisches Büro Borleis & Weis, Leipzig; Ingenieurbüro für Kartografie Dipl.-Ing. Joachim Zwick, Giessen

Computergrafiken: Kreaktor, Axel Kempf, Hannover

Fotografie: Roger Wehrli, Baden (S. 4–5)

Korrektorat: Stefan Zach, z.a.ch GmbH, Langenthal

Rechte und Bildredaktion: Silvia Isenschmid

Redaktionsassistenz: Silvia Schmidt

Die Schweizer Ausgabe der «Zeitreise» wurde in Zusammenarbeit mit dem Zentrum Geschichtsdidaktik und Erinnerungskulturen, Pädagogische Hochschule Luzern, entwickelt.

PH LUZERN
PÄDAGOGISCHE
HOCHSCHULE

Originalausgaben
zeitreise 2, 978-3-12-451020-4
zeitreise 3, 978-3-12-451030-3
zeitreise 3, Ausgabe Südtirol, 978-88-8266-699-6, S. 136–137

Autorinnen und Autoren: Sven Christoffer, Maria Heiter, Klaus Leinen, Peter Offergeld, Dirk Zorbach; mit Beiträgen von: Wilfried Dähling, Arno Höfer, Volker Scherer, Eckhard Spatz, Hans Steidle, Sylvia Turger, Antonius Wollschläger

1. Auflage 2017

ISBN 978-3-264-84161-9
www.klett.ch/zeitreise
info@klett.ch